班主任工作艺术论

（第2版）

张宝臣　著

哈爾濱工業大學出版社

内容提要

本书系统介绍了班主任工作操作技巧与策略，既有较强的理论性，又突出实践性、可操作性，精辟阐述了班主任了解和研究学生、了解和研究班级、科学创建班集体、教育转化后进生、谈话、表扬、批评、人际交往、组织主题班会、开展班集体活动等工作的艺术，为中小学教师做有效的班主任、成为优秀的班主任提供了理论与技术支撑。

面对经济社会的深刻变化，教育改革的不断深入，中小学生成长的新情况、新特点，本书有助于中小学班主任提高自身的素质、工作能力、效果和水平，不断提升班主任工作理论方面的素养和工作成效。本书也是高等院校班主任课的好教材。

图书在版编目(CIP)数据

班主任工作艺术论/张宝臣著. —2版. —哈尔滨：哈尔滨工业大学出版社，2012.2(2020.1)
ISBN 978-7-5603-2548-4

Ⅰ.①班… Ⅱ.①张… Ⅲ.①班主任-工作方法 Ⅳ.①G451

中国版本图书馆CIP数据核字(2011)第217252号

策划编辑 王超龙 张 荣
责任编辑 苗金英
出版发行 哈尔滨工业大学出版社
社 址 哈尔滨市南岗区复华四道街10号 邮编150006
传 真 0451-86414749
网 址 http://hitpress.hit.edu.cn
印 刷 哈尔滨圣铂印刷有限公司
开 本 787mm×960mm 1/16 印张18.25 字数328千字
版 次 2009年6月第1版 2012年2月第2版
2020年1月第5次印刷
书 号 ISBN 978-7-5603-2548-4
定 价 35.00元

第2版前言

中小学班主任是中小学教师队伍的重要组成部分，是班级工作的组织者、班集体建设的指导者、中小学生健康成长的引领者，是中小学思想道德教育的骨干，是沟通家长和社区的桥梁，是实施素质教育的重要力量。班主任兢兢业业、教书育人、无私奉献，做了大量教育和管理工作，为促进中小学生的健康成长作出了重要贡献。班主任是学校教育第一线的骨干力量，是学校教育工作最基层的组织者和协调者；班主任与学生接触较多，沟通便利，影响深刻，肩负着育人的重要职责。因此，班主任的基本素质、工作能力和工作技巧及策略直接关系到学校教育教学任务的完成、培养目标的实现。正是班主任的辛勤工作，铸就了教育领域的时代辉煌。2006年6月4日《教育部关于进一步加强中小学班主任工作的意见》中指出："中小学班主任工作是学校教育中极其重要的育人工作，既是一门科学，也是一门艺术。"2009年8月12日教育部印发了《中小学班主任规定》，此规定对班主任来说无疑是一个新的工作培养方向，这是教育部第一次以规定的形式在工作量和待遇上给予班主任一些倾斜。此规定让我们看到了我国目前对于青少年教育的重视程度，以及对于教师队伍的规范。

由于教育在发展经济、增强综合国力、提高民族凝聚力和国民素质、培养一代新人和现代社会发展所必需的各种人才中的重要性被凸显出来，基础教育遇到了前所未有的发展机遇与挑战。经济社会的深刻变化、教育改革的不断深化、中小学生成长的新情况新特点，对中小学班主任工作提出了更高的要求。在普遍要求全体教师都要努力承担育人工作的情况下，一个"完整教师"不仅要能教好功课，还要能够胜任班主任工作，班主任的责任更重，要求更高。班主任工作是光荣的，也是神圣的。国运兴衰，系于教育，教育成败，系于教师。教师尤其是班主任的素质决定着学生的素质，学生的素质关系到国家的前途和命运。

为了加强高校班主任工作教材建设，满足有关教育培训机构对班主任培训教材的需要，以及中小学班主任对既具有较强的理论性又具有可操作性班主任工作理论读物的需求，作者在原版《班主任工作操作策略》(1998年)和《班主任工作艺术》(1994 年)的基础上,全面修订撰写了《班主任工作艺术论》(2009 年)一书。本书力图在班主任工作理论与实际操作的结合上做一点尝试。既具有较强的理论性又突出实践性、可操作性是撰写本书的基本出发点。①

此次《班主任工作艺术论》(2009)的修订,删掉了第一章导论,新撰写了第一章班主任工作艺术概述,重新撰写了第二章了解和研究学生艺术、第八章表扬艺术,对“引导案例”原文的文字及语法进行了校对和修正,有的有适当的删减。增加或更新了部分“拓展阅读”(原“资料卡片”)。

本书初版的撰写得到了几位挚友的无私帮助和大力支持。董周法教授、张华研究员、杨海民博士、刘贤利教授、张志勇副教授、李成彦副教授、孙耀成副教授提供了大量的素材和资料,使我顺利完成了本书的撰写。在此,对他们真挚的朋友之情深表感谢!

本书能够问世,要感谢许许多多“无名英雄”——因为我只见其成果,未见其人。没有他们大量的研究成果,如果不是站在他们的“肩膀”上,我是摘不到这颗“果子”的。本书在撰写过程中参阅了大量专家、学者、同仁的成果,引述良多,未一一注明,在此说明,恳请原作者见谅,并向原作者致以深深的谢意。我想原作者的心情和我的心情是一样的——愿中小学教师队伍里涌现出许许多多既掌握丰富的班主任工作理论知识,又有高超艺术的班主任——愿他们在我国基础教育改革的进程中发挥更大的作用。

基础教育改革在不断深入和发展,面对知识经济和信息社会的挑战,对班主任工作的理论研究将不断创新;班主任工作的内容、途径和方法等也必将随之发生相应变革,加之作者水平所限,书中不足之处在所难免,希望广大读者不吝赐教。

张宝臣

2011 年 12 月 5 日

① 张宝臣. 试论高师班主任课程内容体系的构建[J]. 中国高教研究,2002(5). 在本篇论文中提出了本书框架的指导思想。

目　录

第一章　班主任工作艺术概述

【引导案例】

班主任该怎样忙?

最近听到一位老班主任大发感慨:“我从学生入学开始,每天早上都比学生到校早,放学也比学生走得晚。可现在临近毕业了,只要我哪天不到教室,学生就不好好学习,班上乱了套。我干了这么多年班主任,如今竟然不会当了!”

现实生活中,这样的感慨并不少见。我们经常看到这样的现象:在学习上,班主任比学生着急,每天早来晚走,兢兢业业,不辞劳苦,可学生依旧缺乏学习的自觉性。结果是班主任累得腰酸背疼,学生在叫苦不迭的同时无动于衷。这些感慨道出了现今不少人的心声。但当大家慨叹现在学生的自觉性如何差,班主任如何不好当时,却往往忽视了一个重要的问题——班主任工作的目的是什么,到底该怎样忙?

许多班主任辛辛苦苦干了几十年,却没有成为学生管理、教育的专家;学生在班主任辛辛苦苦的管理下,也没有养成自我管理意识,没有自我教育能力。这种“管理”的价值到底有多大,很值得反思。

班主任们在一起交流时,大家都讲自己的工作是如何忙,如何辛苦。但当问及成效如何时,却只有感慨,大有反正没闲着,没有功劳也有苦劳之意。的确,班主任工作是很辛苦的。但不是所有的“忙”都有价值。班主任没白没黑地与学生“靠”,到底要达到什么目的?这个问题很需要探讨。

如果班主任工作不注重科学性,一天到晚忙忙碌碌,学生一如听话的“羔羊”,缺乏自律意识,一旦没有了这种外在的约束,学生们还会不会认真、自觉地学习?从不少班主任的实际体会来看,答案多半是否定的。

“功夫不负有心人”,班主任工作不仅要下功夫,更要做“有心人”。要遵循教育规律,既舍得花力气,又善于动脑筋,想办法提高管理的效益,着眼于增强学生的自我教育和自我管理的能力。这样的"没闲着"才是值得称道的工作态度和工作方法。

没有目的和缺乏科学性的"忙",不是班主任工作的正确方式。在素质教育的浪潮中,不动脑筋,不讲求科学方法,不去培养学生的创新精神和实践能力,仅满足于"没闲着""没有功劳也有苦劳"的思想是不可取的。

班主任必须更新观念,好钢要用在刀刃上,班主任的"忙"要忙到点子上。①

2006年6月4日《教育部关于进一步加强中小学班主任工作的意见》指出:"中小学班主任工作是学校教育中极其重要的育人工作,既是一门科学,也是一门艺术。"一位优秀的班主任就是一位教育专家,要当一名称职的班主任,必须掌握班主任工作的全部艺术。截止到2010年,全国小学专任教师561.71万人,在校生9 940.70万人;全国初中专任教师352.54万人,在校生5 279.33万人;全国高中阶段教育(包括普通高中、成人高中、中等职业学校)专任教师297.26万人,在校生4 677.34万人。如果在校生按一个班级50人计算,应该有近400万个班级,也就是说,全国中小学专任教师1 211.51万人,其中有近400万名班主任。在中小学教师队伍中,班主任是排头兵,2009年8月12日教育部印发的《中小学班主任规定》指出:"班主任是中小学日常思想道德教育和学生管理工作的主要实施者,是中小学生健康成长的引领者,班主任要努力成为中小学生的人生导师。"班主任不仅要教书而且要育人,不仅要培育学生成才,而且要培养学生成人。为了把工作做得更好,班主任不仅要研究班主任工作的理论与原则,更要研究班主任工作的艺术。如果没有教育理论,班主任工作便失去了依托;如果只有一些脱离了实践的理论,班主任工作便会成为空中楼阁。理论与实践相结合的最好体现就是班主任工作艺术。班主任要积极学习教育理论,提高教育艺术。

一、班主任工作艺术的界定

(一)关于"艺术"的理解

《现代汉语词典》对"艺"的解释:①技能;技术。②艺术。③〈书〉准则;限度。对"艺术"的解释是:①用形象来反映现实但比现实有典型性的社会意识形

① 翟召博.班主任该怎样忙[J].人民教育,2002(3):31.

态，如文学、舞蹈、电影等。②指富有创造性的方式、方法。③形状独特而美观的物品。关于“艺术”，还可以从以下几个方面来理解。

(1)泛指六艺以及术数方技等各种技术技能。《后汉书·伏湛传》：“永和元年，诏无忌与议郎黄景校定中书五经、诸子百家、藝术。”李贤注：“藝谓书、数、射、御，术谓医、方、卜、筮。”①《晋书·艺术传序》：“艺术之兴，由来尚矣。先王以是决犹豫，定吉凶，审存亡，省祸福。”②〈宋〉孙奕《履斋示儿编·文说·史体因革》：“《后汉》为方术，《魏》为方伎，《晋》艺术焉。”③〈清〉袁枚《随园随笔·梁陈遗事出〈广异记〉》：“庾肩吾少事陶先生，颇多艺术，尝盛夏会客，向空大嘘，尝盛夏会客向空大嘘，气尽成雪。”④

(2)特指经术。〈清〉方苞《答申谦居书》：“艺术莫难于古文，自周以来，各自名家者，仅十数人，则其艰可知也。”⑤

(3)通过塑造形象以反映社会生活而比现实更有典型性的一种社会意识形态，如文学、绘画、雕塑、音乐、舞蹈、戏剧、电影、曲艺、建筑等。〈清〉吴敏树《与筱岑论文派书》：“文章艺术之有流派，此风气大略之云尔，其间实不必皆相师效。”⑥毛泽东《在延安文艺座谈会上的讲话》：“在现在世界上，一切文化或文学艺术都是属于一定的阶级，属于一定的政治路线的。为艺术的艺术，超阶级的艺术，和政治并行或互相独立的艺术，实际上是不存在的。”⑦

(4)比喻富有创造性的方式、方法。毛泽东《〈共产党人〉发刊词》：“党开辟了人民政权的道路，因此也就学会了治国安民的艺术。党创造了坚强的武装部队，因此也就学会了战争的艺术。”⑧徐怀中《西线轶事·上篇》：“严莉把管理弟妹们的艺术运用到总机班长的职务上来了。”⑨

(5)谓形象独特优美，内容丰富多彩。丁玲《韦护》第二章：“她当面非议到浮生他们的生活太单调，太不艺术。”⑩萧军《五月的矿山》第八章：“这字写得艺

① 范晔．后汉书第二十六卷[M]．上海：中华书局，1965：898.
② 房玄龄．晋书第九十五卷[M]．上海：中华书局，1974：2467.
③ 王云五．丛书集成初编[M]//孙奕．履斋示儿编第一编第七卷．上海：商务印书馆，1935：63.
④ 王英志．袁枚全集第五集[M]．南京：江苏古籍出版社，1993：59.
⑤ 方苞，刘季高校点．方苞集(上)[M]．上海：上海古籍出版社，2009：164.
⑥ 吴敏树．柈湖文集续修四库全书本第六卷[M]．上海：上海古籍出版社，2002：196.
⑦ 毛泽东．在延安文艺座谈会上的讲话[C]//毛泽东选集第三卷．北京：人民出版社，1991：865.
⑧ 毛泽东．《共产党人》发刊词[C]．毛泽东选集第二卷．北京：人民出版社，1991：611.
⑨ 徐怀中．西线轶事[M]．上海：上海文艺出版社，1981：63.
⑩ 丁玲．莎菲女士的日记·韦护[M]．北京：人民文学出版社，2009：86.

术极了。”①

艺术无处不在，每一种职业，每一个动作，每一句话语，每一种形态都可拥有艺术的成分。一般认为，艺术是人们把握现实世界的一种方式，艺术活动是人们以直觉的、整体的方式把握客观对象，并在此基础上以象征性符号形式创造某种艺术形象的精神性实践活动。艺术与其他意识形态的区别在于它的审美价值，这是它最主要、最基本的特征。除审美价值外，艺术还具有其他社会功能，如认识功能、教育和陶冶功能、娱乐功能等。艺术是一种特殊的社会意识形态和特殊的精神生产形态。通过生产实践活动，反映从物质世界到精神世界，从生产关系到思想关系的人类的全面的社会生活，创造美的精神产品，满足人类精神上的审美需要。通俗地说，艺术也就是人的知识、情感、理想、意念综合心理活动的有机产物，是人们现实生活和精神世界的形象表现。

（二）班主任工作艺术的概念

依据《现代汉语词典》对“艺术”的解释，具体到各种工作方面，“艺术”就应该是“富有创造性的方式、方法”。因此，“班主任工作艺术”就是班主任工作中富有创造性的班级教育管理方式、方法。其实，现实生活中人们对艺术的理解有许多扩展，比如人们把美的、娴熟的、高雅的、精湛的、多变的一些技艺、技巧也称做艺术。从这个角度讲，“班主任工作艺术”又应该是一些美的、娴熟的、高雅的、精湛的、多变的班级教育管理工作技能和技巧。如此可概括为：班主任工作艺术就是班主任在班级教育管理实践活动中一些方式方法、技能技巧。李汉生认为：“班主任工作艺术通常是班主任在教育实践中所表现出来的精湛、娴熟、巧妙、显效并带有鲜明个性化特点的教育教学技艺。”笔者认为，班主任工作艺术是在教育教学及班级管理实践活动中，班主任遵照美的、娴熟的、高雅的、精湛的、多变的要求，准确把握学生的生理、心理特点、教育契机，讲求工作的技巧和方法，为取得最佳教育效果而施行的一套独具风格的工作的技巧和灵活恰当的方法。班主任工作艺术是其教育观念、崇高的职业道德和教育智慧的综合反映。

班主任工作不仅是科学，也是艺术。班主任工作是科学，指的是班主任工作的内容是科学的，态度是严谨的；班主任工作是艺术，说的是班主任工作的方法、途径、策略是多变的、因人而异的，像艺术一样变幻无穷。班主任工作艺术是在长期的教育实践过程中锻炼造就的一种能力，是借鉴其他班主任先进的教育管理经验，融会贯通领悟于心并升华外现于行的教育管理实践活动。班主任工作

---

① 萧军. 五月的矿山[M]. 哈尔滨：黑龙江人民出版社，1982：259.

艺术是班主任在教育教学及管理实践中深入钻研教育教学和管理规律,并深入反思、了然于心的结晶。班主任工作艺术主要有以下几个方面的表现:善于精心设计和灵活把握教育活动过程,把教育目的与学生实际发展水平有机地结合起来;善于激发学生内在的活力,教育形式灵活多样,富于变化;善于化解矛盾与冲突,妥善而巧妙地处理偶发事件;善于把握情感尺度,情感流露自然,具有很强的感染力;具有逻辑力量和鼓动性,语言表达生动、活泼、形象、幽默;善于使用各种体态语表达对学生言行的肯定、鼓励、赞许、制止、批评,从而使班级教育管理活动达到理想的境界,并获得最佳效果。

二、班主任工作艺术的重要性

班主任开展班级教育管理工作不仅要有科学性,也要讲求艺术。班主任工作是艺术的科学,也是科学的艺术;既是科学事业,也是艺术事业。班主任是教育方针、课程计划等各项教育任务的具体贯彻执行者。班主任工作既是中小学教育工作中的一种分工,又是社会上不可缺少的一种工作。无论是从班主任工作的任务、职责来看,还是从其所担负的工作分量及所起的作用来看,都可以说班主任工作是教师这一职业最完整和最充分的体现。“作为一名中小学教师,如果不做班主任,就不会尝到当老师的真正滋味。”①班主任是塑造人类灵魂的总工程师、总设计师。中小学学生求知欲强,具有探求真理的强烈上进心,他们不满足于现状和某些问题已有的答案,不惧怕权威,所有这些都要求班主任开展工作要讲究艺术。班主任靠强制和命令是不能完成工作任务的,也根本无法完成教书育人的重任。班主任工作艺术是班主任教育思想、教育能力、教育素养、教育风格和教育机智等方面素质的综合反映和体现。

班主任工作内容繁多、任务繁重,除了常规的教学任务外,还要组织和管理班级。一个人的时间和精力是有限的,要想在较短的时间内,取得较大的工作效益,就离不开高超的技巧和恰当的方法。做任何事情都有个技巧和方法问题,我们大家非常熟悉的“田忌赛马”的故事,就是极好的证明。这个故事说的是在两千多年前的战国时期,齐国都城临淄的赛马场上,金鼓齐鸣,人欢马叫。这是齐国将军田忌和齐威王在进行紧张的赛马,并以千金为注。田忌同齐威王曾多次交手,但每次都以败北告终。这次比赛,他请了著名军事家孙膑当参谋,孙膑答应一定使他获胜。比赛一共分三轮,结果田忌以两胜一负夺魁。田忌的几匹马

---

① 林崇德.教育的智慧——写给中小学教师[M].北京:开明出版社,1999:183.

同以前一样，为什么以前总输，此次却赢了呢？原因就在于技巧和方法上。第一轮，田忌用下等马对齐威王的上等马而输；第二轮，田忌用上等马对齐威王的中等马而赢；第三轮，田忌用中等马对齐威王的下等马而赢。班主任工作如果讲求技巧和方法，就会收到事半功倍的效果。班主任工作的各个方面、各个层次都离不开艺术性。

班主任工作要想达到学生动其心、激其情、导其行的效果，就必须讲求艺术。《学记》中说："善歌者，使人继其声。善教者，使人继其志。"①这里强调一个"善"字，"善"就是指技巧，指艺术性。班主任在开展班级各项工作的过程中，不能采用"闪电式"的方式，追求立竿见影，也不能采用"保姆式"的看管，而要善于变急风暴雨为和风细雨，变操之过急为循序渐进，变耳提面命为拨动心弦，变生硬呆板为巧妙疏导……善于掌握教书育人的艺术。掌握了班主任工作的艺术，艺术性地展开工作，班主任工作才能开展得有广度和深度，才能如虎添翼，向更高层次进展。

三、班主任工作艺术的教育学分析

（一）班主任工作的重要意义

班级是学校中进行教育和教学工作的基本单位，是培育青少年一代走向美好生活的重要环境。一个学校的教学、思想品德教育、生产劳动、课外活动等都是通过班级来进行的。班主任的工作态度如何，教育方法是否恰当，教育水平的高低，组织管理能力的强弱，以及是否能以身作则、身体力行，做学生的楷模，都直接关系到教育方针的贯彻和教育目的实现，关系到教学计划的实施和教育质量的提高。实践证明，一个班级的好坏，班主任工作起着决定性的作用。一个班上几十名学生是否能成为全面发展的一代新人，很大程度上取决于班主任工作的成效。老教育家于北辰说："天下之主任多矣！有极大的主任，也有极小的主任。我这里想以一种极重要、极普遍、极光荣、极伟大的主任为例，来分析一个主任这种官的特色。我说的这个主任就是人人都见过的班主任。""班主任是一个班的主要负责人。他担负着贯彻教育方针、培养一代新人，塑造未来国民灵魂的责任。德、智、体、美、劳全面发展的人，就要在这些主任的工作中造就。人间一切主任中，责任之重，有逾此者乎？" 班主任工作的重要意义具体讲有以下几个方面。

---

① 高时良. 学记评注[M]. 北京：人民教育出版社，1982：3.

1. 班主任是学生直接的组织者、领导者和教育者

班主任在校长和教导主任的直接领导下进行工作，是党政机关对学生进行教育的依靠力量和助手。班主任工作的质量决定着学校的教育质量，班主任与科任教师相比，对提高学生的社会主义觉悟、思想品德、学习成绩、身体健康等方面的影响更全面、更具体、更细致，因此，班主任在学生心目中，是一位最有权威的长者，在家长的心目中是学校的代表和最可信赖的朋友。总之，一个班级几十名学生，能否成为全面发展的新一代，班主任工作起着十分重要的作用。

2. 班主任是各种教育力量的协调者和组织者

班主任要把几十名来自不同社区、不同家庭文化背景的学生，培养成为一个团结友爱、奋发向上的集体，这是一项十分艰巨的任务。段力佩同志说："每所中学有二三十个班级，每个班级都有几十个学生集合在一起上课、活动。如果学校没有一支二三十人的班主任队伍起主导作用，则各班就不可能形成健全的班集体，学校就只有二三十个难以驾驭的学生群。"这就要求班主任除了充分发挥自身的主导作用以外，还必须把所有任课教师、学生家长及社会各方面的教育力量统一起来，步调一致地提高教育教学质量。

3. 班主任是学生提高学业成绩的教导者和鼓励者

班主任在班级里虽然只担任一门（或两门以上）课程的教学任务，但是对提高全班学生各科学习成绩都负有责任。班主任通过帮助学生树立明确的学习目的，端正学习态度，提高学习自觉性，改进学习方法，及时向科任教师反映学生的意见和要求，利用与学生接触较多的机会给学生辅导等措施，达到提高全班学生学习成绩的目的。

4. 班主任是团队工作的积极参与者

学校共青团组织和少先队组织，是青少年学生的群众组织，对学生的健康成长有重要作用。共青团吸收青年中的先进分子为团员，通过共青团员的先锋模范作用，教育影响广大青年。共青团通过向广大青年提出明确的政治要求，开展符合青年特点的教育活动，全面关心中学生健康成长。少先队是对少年学生进行教育的群众性组织，通过少年学生的集体活动，明确学习目的，调动少年学生的积极性，培养少年学生自觉遵守纪律的意识，丰富少年学生的生活。这些活动与班级的培养目标是完全一致的，班主任往往都积极主动参与共青团、少先队的活动，与共青团、少先队积极协作，共同促进学生的成长。

5. 班主任是联结科任教师的纽带，是学生家长和学校之间沟通的桥梁

为了保证各种因素对学生影响的一致性，班主任首先应与校内的各种教育力量取得联系，使他们在教育管理学生时保持观点一致。如果科任教师与班主

任各行其是，对学生要求不一致，就会造成学生的行为、思想上的矛盾。班主任应当经常与科任教师交流情况，同时征求科任教师对班级教育管理的意见和建议，以便更好地完成教育教学任务。

班主任要与学生家庭取得联系，要架设家长和学校之间的沟通桥梁，协调对学生教育的各方面要求。每一个学生都受着家庭的熏陶，家庭成员对孩子的教育极大地影响着班主任工作的开展。如果家庭成员文化层次较高，具有良好的品德素养，能自觉地与班主任共同一致地教育学生，就能有效地促使学生健康成长。反之，当家庭的要求与班主任对学生的要求相互抵触时，班主任必须认真细致地做好家长的思想工作，使家长自觉地与学校密切配合，共同教育好学生。

总之，学生人生观的树立，生活道路的选择，思想品格的完善，智能的开发，学识的长进，都离不开班主任的潜在影响。我国中小学在校生有 2 亿多，他们是跨世纪的一代青少年，这一代人的知识水平、精神面貌如何，关系到祖国的前途。要把他们培养成为 21 世纪我国四化建设的具有创新精神和创新能力的人才，班主任工作起着重要的作用。因此，班主任不仅要有高度的责任感和使命感，还要勇于实践，善于探索教育规律，熟练掌握班主任的工作艺术，为社会主义现代化建设培养出更多的优秀人才。

（二）班主任工作内容繁多，任务繁重

1. 班主任工作内容繁多

①了解和研究学生；②组织和培养班集体；③做个别学生的教育工作；④帮助学生搞好学习，努力提高全班学生的学习成绩；⑤协调各方面的教育力量；⑥评定学生的操行；⑦拟订班主任工作计划，撰写班主任工作总结。

2. 班主任工作任务繁重

①对学生进行思想品德教育；②教育学生学好功课；③组织学生参加生产劳动，树立劳动观念；④指导学生的课外活动，关心学生的身心健康；⑤指导班级团队工作，培养班干部；⑥加强与社会的联系、与家长的配合，充分调动校内外各方面的积极因素共同做好学生的教育培养工作。

面对上述如此繁多的工作内容和繁重的工作任务，班主任要练就一身“以柔克刚”的本领，运用技巧，讲究方法，使班主任工作开展得有条不紊，忙而不乱。

（三）班主任工作对象——学生的特殊性

作为班主任工作对象的学生，与其他劳动对象相比，有其自身的特殊性。

1. 学生是人

学生是人，这是毋庸置疑的、人人皆知的命题，但是当“人”作为被生产加工

的对象，我们必须明确学生的人的属性：

（1）学生是一个能动体。与其他生产劳动的对象不同，教育的对象——学生不是静止的物，而是活的能动体，主要表现在以下两个方面。

第一，学生作为活的能动体，意味着学生具有发展自身的动力机能。学生不仅与其他生物一样能够通过对外界的摄取活动，使自己的机体得以保存和发展，更为重要的是，这种动力机能还表现为学生能够以人所特有的能动性，创造和满足自己的物质需要与精神需要，并用以发展自己的身心。

第二，作为教育实践对象，学生不是消极被动地接受塑造和改造，而是能够意识到自己是被他人所塑造和改造的，从而有可能自觉地参与到教育过程中去，以一种与教师相重叠的目的活动，共同完成教育的过程。

（2）学生是具有思想感情的个体。学生是有血有肉的活生生的人，有自己的思想感情，这一点与作为物的劳动对象是完全不同的。与其他物的实践对象不同，在教师的心理上，不仅仅把学生作为一种认识对象，而且必然会与学生之间建立起其他心理系统，诸如情感、需要等的联系，而各种心理联系同时又必然是双向的，如教师对学生产生某种感情，学生对教师必然也会有这种感情。同时，学生作为一个具有思想感情的个体，又意味着他具有自身独立的人格，他有自己的需要、愿望和尊严，这一切都应当得到正当的满足和尊重，学生不同于其他物可以听任摆布，屈从于人。

（3）学生具有独特的创造价值。人具有其独特的价值，这是因为人有能动的创造力，人有智慧，能劳动，具有创造价值物的积极作用，可以说，世间的一切有价值的东西，都是由人创造的，从这个意义上说，人是世界上最可宝贵的。处于学习期间的学生虽然尚未进入创造价值的过程，但是通过教育却可以使他们对社会、对人类作出积极的贡献，甚至创造出伟大不朽的价值。人的这种特性也是与物完全不同的。在教育过程中应当珍视学生作为人的无与伦比的价值，不能任意损伤他们。

2. 学生是一个完整的人

现实生活中的每个人都有其自然属性和社会属性，都存在着身体和心理等各方面的发展，都是一个完整的人。但就以人为对象的某些社会实践来看，他们所面对的往往只是人的某一方面，如医生所面对的只是人的生理方面，艺术家所面对的只是人的精神方面。而教育工作作为一种培养人的社会实践活动，它所面对的人——学生，却是一个完整的人。教育不仅要改变人的认识、情感、行为习惯等精神因素，也要改变人的身体、生理等因素；教育不仅要使学生在将来能承受社会现有的生产力，与自然作斗争，还必须使他们能够承受社会现有的社会关系，以适应社会生活；教育不仅要使所培养的学生具有推动社会发展的知识等精神力量,同时还要使他们具备相应的身体等物质基础。总之,教育所要实现的是人的德、智、体、美、劳等全面的发展。班主任对全班学生的全面发展负主要之责,必须把学生视为一个完整的人。

(四)教师职业性质的特殊性

在国际劳工组织制定的《国际标准职业分类》中,教师被列入了"专家、技术人员和有关工作者"的类别中。1986 年 6 月 21 日,我国国家统计局和国家标准局发布的《中华人民共和国国家标准职业分类与代码》中,各级各类教师被列入了"专业、技术人员"这一类别。1993 年,我国颁布的《教师法》中把教师界定为"履行教育教学工作的专业人员"。教师是专业人员,因此,教师职业性质具有特殊性。

(1)社会生产力的发展对教育事业提出了许多新的要求,进而要求教师必须形成完整新型的知识结构和技能结构体系。教师不仅要有深厚的学科知识,还要比较完备地掌握心理科学和教育科学方面的知识,熟悉现代化的教学手段和新型的教育技术和技巧。世界上有各种各样的职业,教师这一职业仅仅掌握专业知识是不能胜任本职工作的。

(2)教育工作要求教师有高度的社会责任感、自觉性和献身精神。教师有其高尚的职业道德规范,在重服务献身和轻经济报酬方面,教师已远远超过其他专业人员。老教育家于北辰同志说:"班主任之为主任,事无巨细都要亲躬,大至家事、国事、天下事,小至扫地、值日、关窗户,几十名学生的思想、学习、身体、生活事事都要操心。尤其是青春年少的中学生,处于人生最活跃的时期,面临青春断乳期,可塑性极大,多少事要班主任去操心啊。"

(3)教育事业的发展,要求教师不断在职进修,提高自己的知识与专业素养。随着社会的不断发展和进步,教育内容和方法必然会不断更新。教师这一职业决定了他们不能沿袭已有的方法和现成的模式,别人的经验只能借鉴但不能套用,这和有些职业是大不相同的。

(五)教师职业需要健全的品质特征

教师,尤其是班主任需要健全的品质特征,这一点是绝大多数职业无法比拟的。

有人通过调查研究,认为健全教师应具备下列品质:适应能力、仪表端庄、兴趣广泛、精细准确、和蔼可亲、合作互助、切实可靠、办事热心、语言流利、坚决果断、判断中肯、身心健康、诚实正直、吃苦耐劳、情操高尚、乐观旷达、整齐清洁、襟怀坦白、创新思维、进取精神、敏捷守时、文雅风度、学者态度、自制能力、俭约简朴。这 25 条品质特征，只有教师这一职业才需要，也唯有教师这一职业才需要如此健全的、需要付出极大努力才有可能做到的品质特征。

综上所述，无论是从班主任工作的意义看，还是从班主任工作的内容和任务看，无论是从班主任工作的对象——学生的特殊性看，还是从教师职业性质的特殊性和品质特征看，班主任工作是科学性与艺术性高度统一的工作。班主任工作必须讲求技巧和方法，离开艺术，班主任工作就无法取得应有的成效，就无法实现培养目标，就不能深入学生的心田，就不能为国家的经济建设培养出优秀的人才。

四、班主任工作艺术的特点

班主任工作艺术的本质是班主任教师对班主任工作科学性的理解和对班主任工作独特艺术性的领悟结合与统一。班主任工作艺术有以下五个基本特点：①

（一）个体性

艺术个性，指艺术家特有的生活经历、生活经验、世界观、感情气质、个性、艺术修养等主观因素，在创作过程和作品风格中体现出来的和其他艺术家相区别的独特性，是艺术家的审美意识、个性差异在艺术创作上的特殊表现。艺术最重要的内涵就是你对它独有的理解，世上独一无二，这艺术，只属于你一个人，你独有的艺术个性，会在其中表现得淋漓尽致。个体性是班主任工作艺术的一个重要特点。班主任工作也有共同的原则、方法可寻。这些原则、方法是许许多多班主任工作经验的总结、工作智慧的结晶，是理应遵循的班主任工作的共性。但是，班主任工作的共性必须寓于个性之中，班主任工作更注重追求鲜明的个性。可以说有一千个班主任，便会有一千种班主任工作艺术。班主任工作艺术是班主任在长期的教育实践过程中，不断学习和探索的结果。它不仅受教育制度、政策和观念的影响，更受班主任自身的教育理论素养、认识水平、能力强度和个人经历、兴趣、爱好、特长、性格气质等个体因素的影响。因此，班主任的工作艺术风格就会呈现出个性色彩。由此，班主任在学习和借鉴其他班主任工作艺术时，生搬硬套是行不通的。要想成为一名教育教学技艺高超的班主任，必须经过长期学习、修炼和实践探索的过程。

---

① 李汉生．班主任工作艺术概述[EB/OL]．(2004-04-27)[2011-06-08]．http://www.wxcxzx.com/web/detail.asp?zid=29&did=889.

(二)情感性

艺术是人的生命情感性的象征性形式,正是因为有了情感性,艺术才开始被世人接受并膜拜,才有了各类触人心扉的艺术作品。班主任在教育教学实践活动中的情感因素,不仅影响着学生的认知发展,而且影响着学生的情感发展。没有情感参与的艺术活动是不存在的,因此班主任工作中不能没有情感。“请你任何时候都不要忘记:你面对的是儿童的极易受到伤害的、极其脆弱的心灵,学校里的学习不是毫无热情地把知识从一个头脑里装进另一个头脑里,而是师生之间每时每刻都在进行的心灵接触。”①一个智慧型的班主任,一次成功的教育教学活动,无论班主任采用的是语言方式还是非语言方式,都要使学生感受到班主任积极、肯定的情感,或热烈赞许,或强烈反对,或深情安慰。班主任工作艺术的核心是热爱和真诚的情感,热爱和真诚是班主任工作艺术力的重要源泉。有人说:爱孩子是做教师的底线。没有爱不行,光有爱也不行,要懂得爱的科学、爱的技巧。思想要变成艺术,就必须把自己消融在情感里,只有“从思想和情感互相消融里才产生高度的艺术性”。“没有爱的教育就像池塘里没有水一样,不成其为池塘。”情感是班主任工作艺术的灵魂。没有情感,班主任工作艺术就失去了血肉和灵魂。

(三)时代性

从原始社会到现代社会,艺术发展的每个阶段都有其鲜明的时代特征。艺术作为意识形态的性质决定它必须在总的发展趋势上同当时的时代要求相一致。时代不同,文化心理结构不同,审美心理结构不同,艺术也因此不同。艺术个性是创造个体个性的外现,而创造个体是现实生活的综合。因此,班主任工作艺术带有时代的色彩。班主任工作艺术的前提是掌握教育科学知识,一定时代的班主任工作艺术与当时教育科学发展水平及人们对教育现象的认识水平密切相关。同时,中小学学生的思想状况和个人发展需要会随着社会的进步而发生变化,班主任的工作目的、要求、途径、方法和手段必然要随之变化。因此,在班主任工作过程中所形成的工作艺术,也就必然烙上时代的“烙印”。时代性的才是有效的、生态的,班主任工作艺术必须紧跟时代。

(四)机变性

机变即随机应变,指随着时机而变化;多形容人的机灵善变。班主任工作艺

① [前苏联]苏霍姆林斯基.给教师的建议[M].北京:教育科学出版社,1984:315.

术的机变性是指班主任为适应主客观情况的变化，依据不同的时间、地点、对象和条件，灵活机动地运用班主任工作的方式与方法。班主任工作艺术的机变性是班主任在反复实践的基础上所形成的敏捷的反应能力和高超的运筹技巧的体现。即使是同一类性质的事件，也应审时度势灵活处置；即使是对同一个学生，昨天的方法，可能不适于今天。课堂内不适用的方法，课堂外可能适用。班主任工作艺术的核心是实事求是，从有利于学生健康发展这一教育根本目的出发，采取的任何教育方式方法都应该有利于学生的成长。机变性是班主任在长期实践基础上所形成的敏捷的反应能力和高超的教育能力的体现，它决定着班主任的创造能力，也是班主任工作艺术的生命力所在。只有当班主任具有随机应变的能力时，他才会主动地适应千变万化的条件，机敏地处理错综复杂的和意想不到的各种各样的问题。

五、班主任工作艺术风格的类型

所谓风格主要与某些特征的重复出现有关。比如，平常我们形容某人办事的方式具有某种一贯的特性，就会说他办事具有某种风格。班主任工作艺术风格指班主任在教育管理实践活动中形成的相对稳定的工作风貌、特色、作风、格调和气派。它是班主任鲜明独特的工作个性的体现，是班主任走向成熟的重要标志。班主任工作艺术风格是班主任在长期的教育管理实践中长期努力、不断学习探索实践的结果，绝不是靠灵机一动，或投机取巧所能形成的。它需要远大的目标、顽强的意志、艰苦的追求，甚至需要献身精神才能最终如愿以偿。

我们从总体上对班主任工作的艺术风格进行分类，但这种划分仅是从相对意义上进行的。班主任工作艺术风格分类只是理论上的分类，在实际教育教学及班级管理活动中常常是各种艺术类型互相渗透。

（一）情感型

情感是人类独有的一种心理状态，大到对真理的追求，小到日常行为，我们时刻都受到情感的支配，认识自己的情感，才能认识自己。人在认识周围事物时，常常表现出一定的态度。因为人不是漫无目的地去认识，而总是抱着自己的一定需要。当事物符合自己的需要时，就表现出肯定态度；反之，则表现出否定态度。对事物持肯定态度，就体验到满意、愉快、喜悦、爱或尊敬的感受；对事物持否定态度，就体验到憎恨、不满意、痛苦、忧愁或恐惧等感受。这些主观上的体验就是人的情绪和情感。

情感型班主任在教育教学实践活动中着重于以情感人，或情理并举，互相渗透；在知识结构上，表现为知识有相当的广度和深度，事实材料占的比重较大，有细腻、准确的感受能力;思维特点是灵活、敏捷,偏重于形象思维,善于演绎和分析,长于理论联系实际。无论是组织班级活动,还是与学生个别谈话,无论是课上教学,还是课下谈心,做什么工作,情感总是很投入。语言有浓厚的情感色彩,具有形象性、鼓动性和感染力。无论什么样的学生,无论发生了什么问题,学生总能从班主任那里得到热情的鼓励和帮助。情感型班主任往往是不善于或者不喜欢掩饰自己的情感,他们敢说敢干,敢怒敢爱,对善行佳绩,喜形于色,对恶言败行,直言不讳。他们的教育思想是高尚的,对自己的要求是严格的,对学生是善意的。他们易于与学生在思想、心理和感情上互相沟通。他们对学生的要求,"严"与"宽"结合得恰到好处。他们的"严"使学生从情感上无法拒绝,心甘情愿地按班主任的要求去做,因为不去做便觉得对不起班主任;他们的"宽"使学生在感情上无法回避自己的错误,使学生感到如果不改正自己的错误,就对不起班主任的一片爱心。学生从班主任的"宽"里体会到信任,从班主任的"严"里体会到老师的希望,从而更增强了学习的自觉性。

(二)理智型

理智在人的性格特征中,是指人在感知、记忆、想象和思维等方面表现出来的态度以及行为方式上的特点。理智特征主要表现在以下三个方面:第一表现在感知方面。是主动观察,还是被动感知;是按照自己的目的、任务来观察,还是容易受环境信息的干扰。第二表现在思维方面。是敏捷、独创,还是迟缓、依赖;是全面、深刻,还是片面、粗略。第三表现在记忆、想象方面。是主动,还是被动;是想象丰富,还是单调;是有现实感的幻想,还是脱离实际的幻想。理智型的人能够冷静地思考问题,能用理智来衡量一切并支配行动。

理智型班主任为人、处事、工作常常不露声色,一板一眼,有条不紊。他们往往具有敏锐的洞察力,常常能依据一些学生言行的蛛丝马迹发现学生内心深处的波澜,能做到见微知著。他们长于说理,善于将教育要求与学生个体内心发展的需要有机地结合起来,用强有力的语言逻辑力量征服学生。一般地说,理智型班主任的自我控制能力都比较强,能把自己的一切置于理智控制之下。他们对学生从不感情用事,从不在感情冲动的时候处理学生的问题,学生对理智型班主任往往佩服大于亲近。

(三)灵活型

"灵活"是一个描述个体存在状态的形容词,与一个名词或动词结合后成为一种命名事物的存在状态;是指一个人善于应变而不拘泥。灵活的思想成为头脑神经系统的主要内容,也正是因为如此才能让人体现出一种灵活的生命状态。

灵活型班主任性格开朗,思路开阔,思维活跃,反应敏锐、迅速。处理事物、解决问题喜欢求新求异。在日常生活中,灵活型班主任常常不拘小节,语言风趣幽默,善于运用体态语。在与学生相处时常以朋友的身份出现,对各种性格和爱好的学生都能用十分得体的方式开展工作。对学生发生的各种事情常以灵活的教育方式给予处置,有时表面看来不合乎常规,但学生的感觉常常是回味无穷,教育效果比较理想。组织学生活动时强调活动的独创性、新颖性,班级活动方式变化多端,令学生耳目一新。灵活型班主任与情感型班主任在思维、举止、兴趣、爱好等方面常有相通之处。

(四)严谨型

严谨形容态度严肃谨慎,不胡乱说话。这种性格的人办事严谨认真、一丝不苟,喜欢按部就班地处理问题,倾向于严格、努力地工作,以便能看到自己付出努力后完成的工作效果。

严谨型班主任思维缜密,举止严肃,办事条理性强,工作讲究计划性和系统性。他们对班集体的建设目标、标准和程序的设计环环相扣,紧密相连。他们言必信,行必果;时间观念强,工作计划性强;做任何事情都有板有眼,有条不紊。他们不能容忍懈怠和拖拉。他们对自己、对学生的最高要求标准是严谨的态度和作风。严谨型班主任常常在工作作风、工作方法等方面与理智型班主任有相通之处。

(五)专家型

专家是指对某一事物精通,或者说有独到见解的人。专家有两类,一是有胆识的战略专家,二是有突破能力的业务专家。专家型班主任具有精深的专门知识、广博的知识面和过硬的专业技能。其素养的核心是观念新。

专家型班主任大多学识渊博,博学强记,好学不倦,在某一学术领域有自己的专长。他们的教态讲究风度,方法讲究稳重,对待学生讲究尊重与礼貌,具有一定的学者风范。他们相信人格的教育力量;重视身教,很少说空话和修饰性很强的话。他们严于律己,宽以待人,对学生的错误点到即止,讲究让学生自己去体会、改正。他们经常提出一些问题与学生一起研讨。专家型班主任与理智型班主任有相通之处。

(六)活动型

活动是指由共同目的联合起来并完成一定社会职能的动作的总和。活动由目的、动机和动作构成,具有完整的结构系统。人的心理、意识是在活动中形成和发展起来的。通过活动,人认识周围世界,形成人的各种个性品质;反过来,活动本身又受人的心理、意识的调节。

活动型班主任长于社会人际交往,社会活动面广,组织能力强。他们组织活动喜欢与社会实际相联系,形式多样。他们善于把领导的教育教学要求转化为一个个具体的集体活动。他们认为对青少年的教育,没有丰富的社会活动就没有有效的教育。他们常常把学生带到社会实践中去体会观察。他们往往有比较敏锐的政治感觉,常常抓住社会热点问题组织学生活动。活动型班主任常常与情感型班主任有相通之处。

无论哪一种类型的工作艺术都有它的优点和不足,在实际工作中要注意掌握分寸,才能取得最佳效果。班主任应该是知识的传播者,智慧的启迪者,精神的熏陶者,人格的影响者,道德的体现者,应该是一个对学生充满魅力的引导者和效仿的榜样,因此必须重组素质结构,增强自身的魅力。由于每个班主任在品德修养、知识结构、思维特点、工作追求等方面有所区别,各有所长,所以就出现了不同的工作艺术风格。每一位班主任在工作中并非是运用单一的艺术手法,而常常是综合运用多种方法。在实际教育工作中常常是各种艺术类型互相渗透。在实际教育管理活动中,只能说某些班主任倾向于这种类型,而另外一些班主任倾向于另外一种类型。①

六、班主任工作艺术的基本取向②

“教育是一个使教育者和受教育者都变得更完善的职业,而且,只有当教育者自觉完善自己时,才能更有利于学生的完善与发展。”③今天的班主任工作是在知识经济的大背景下开展的,因此,立足于知识经济,班主任工作艺术的基本取向有以下几个方面。

(一)树立以学生为本的教育理念

观念是人的高层次心理需要的反映,教育理念是班主任素质的重要组成部分,它可以产生一种强大的内驱力,激励每一位班主任以全身心的投入,去实现自己的教育管理追求。教育理念的作用具体地体现为强大的教育管理动力作用、教育管理行为的导向作用和调控作用。班主任的教育理念,关系到教育管理的成败。知识经济时代要求班主任树立以学生为本的现代教育理念,因而,班主任应该重新审视自己的学生观。我国工业经济发展的历史比较短暂,所以,影响

---

① 李汉生. 班主任工作艺术概述[EB/OL]. (2004-04-27)[2011-06-08]. http://www.wxcxzx.com/web/detail.asp? zid=29&did=889.

② 本节改写自:张宝臣. 论知识经济对教师素质的挑战[J]. 社会科学战线,2002(1):207-208.

③ 叶澜,等. 教师角色与教师发展新探[M]. 北京:教育科学出版社,2001:3.

班主任学生观念的经济背景更多源于农业经济。农业经济中自给自足的传统和简单的劳动方式使班主任对学生的理解往往停留在承继和复制上,在知识经济时代,构成知识经济内涵的信息技术、生命科学、空间技术等都是创新的结果。因此,班主任必须把创新能力作为学生的主要素质。知识经济的发展更依赖于人的创新能力的发挥。在知识经济时代,应该把学生的发展和社会的发展统一起来,并且应该把重点放在学生的发展上,对学生的自身给予深切的关注和深入的研究。人类社会的发展是通过人的发展来实现的,人的发展是社会发展的基础。即使在工业社会,人们也关心创新能力的价值,爱因斯坦就曾说过:“一个由没有个人独创性和个人志愿的规格统一的个人所组成的社会,将是一个没有发展可能的社会。”[①]在21世纪的知识经济时代,创新能力的价值将更加突显,它将最终决定人才的质量和民族的综合素质,所以江泽民特别强调“创新是一个民族进步的灵魂,是国家兴旺发达的不竭动力”。“知识经济时代,一个国家能否胜出,起决定性作用的不是对物质资源和资金的占有,而是对智力和知识的占有。国与国之间的竞争,实质上是个体素质与全民族素质的竞争。从这个意义上,把人的发展摆在首位,不仅符合人自身的需要,而且符合社会发展的需要,人与社会也将达到空前的和谐。”[②]

(二)良好的科学知识和人文知识素养

知识经济是以现代科学技术为核心的,是科学技术大显身手的时代。我们要造就一大批具有从事科学创新的欲望和勇气、掌握先进科学技术、善于发明创造、推动知识经济发展的尖端人才,需要具有强烈的科学意识的创新型班主任去完成。“打铁先要自身硬。”要使学生成为适应未来社会发展需要的公民,必须从小培养他们学科学技术、爱科学技术、用科学技术的志趣。这就要求班主任具备科学技术的素质、强烈的科学技术意识和科学技术观念。只有班主任具有强烈的科学技术意识,以自身热爱科学技术的精神培养学生痴心追求科学技术的品质,才能有效地造就热爱科学技术的人才。目前,班主任队伍可以分成文科和理科两大阵营,不但文科班主任缺乏科学技术的基础知识,而且理科班主任也普遍缺乏对科学技术的热情。在知识经济时代,时时处处离不开科学和技术,科学和技术进步决定着社会的进步、民族的振兴。如果班主任缺乏科学意识,不仅难以用自身热爱科学的形象去熏陶学生,也无法完成教书育人的重任。因此,强化

---

① 爱因斯坦.爱因斯坦文集第三卷[M].北京:商务印书馆,1979:82.

② 张红娟.知识经济背景下的教育理念[J].学术研究,1999(11).

科技意识是当今班主任的重要修养之一。

同时，班主任还要加强自身人文素质的培养，使自己具备人文知识的基本素养。一个班主任人文素养的高低，对其他素养的形成和发展具有很强的渗透力和极大的影响力。我国教师教育在历史发展过程中，也受科技主义教育观的影响。专业教育中片面强调科技教育，而忽视人文教育，班主任普遍比较重视专业知识的积累而忽视人文素养的提高，导致班主任既不能深刻理解本学科的文化内涵，也不能形成科学素养与人文素养融为一体的知识结构，更不可能培养出科学素养与人文素养完美融合的学生。班主任要把坚实的文化底蕴转化为高尚的品德、开阔的视野，进取的意识，爱岗敬业，教书育人。因此，班主任在追求科研、学位、专业知识的同时更要重视所具有的专业知识和学位应达到的人文素养。

“20 世纪中叶以来社会发展和科学发展的事实使得越来越多的人认识到，科学知识与人文知识是两类不同的知识范型，有着不同的知识基础、社会价值和增长方式，彼此之间是不可代替并相得益彰的。”①“科学知识和人文知识日益融合，近代以来知识界的分裂状况正在得到积极的克服，不同知识共同体之间的‘自由交流’正在成为现实，成为知识增长的必要条件。”②由此观之，知识经济时代的班主任应该具有良好的科学知识和人文知识素养。

(三)较强的创新意识、创新精神和创新能力

一个国家的富强、民族的振兴、个人的健康和谐发展都将依赖于对知识的创新、开拓和应用。一个没有创新意识、创新精神和创新能力的民族，就不能屹立于世界民族之林。创新是知识经济时代的一面旗帜，高举这面旗帜的是具有创新意识、创新精神和创新能力的人才。而缺乏创新，是我国科技界当前存在的主要问题，而这正是与我国教育的弊端紧密相联的。要培养出具有创新意识、创新精神和创新能力的符合知识经济时代要求的高素质的复合型人才，必须先造就具有创新意识、创新精神和创新能力的高素质的班主任。“一个墨守成规的教师对于学生创造性的发展无疑是一种近乎灾难的障碍。”③“没有教师的教育创造，就很难有学生的创造精神。”④因此，只有具有创新意识、创新精神和创新能力的班主任才会用自己创造性的观念和行为去影响学生，从而培养出适应知识经济时代需要的具有现代观念、现代思维、较强创新能力的人才。

---

① 石中英. 当代知识的状况与教师角色的转换[J]. 高等师范教育研究，1998(6)：54.

② 石中英. 当代知识的状况与教师角色的转换[J]. 高等师范教育研究，1998(6)：55.

③ 叶澜. 新编教育学教程[Z]. 上海：华东师范大学出版社，1991：15.

④ 叶澜，等. 教师角色与教师发展新探[M]. 北京：教育科学出版社，2001：3.

(四)树立终身学习的理念

当代班主任的知识结构,不仅表现为科学与人文、工具与学科、教育与心理、经验与实践等多学科、多层次的丰富的知识,而且表现为知识的不断更新。班主任不仅要不断地获取新知识,丰富自己的知识结构,还要指导学生学习,教给学生学习方法,教会学生学习,使学生成为一个终身学习者,因此,班主任首先要树立终身学习的理念。

希腊一位哲学家说过:“人的大脑不是一个要被填满的容器,而是一支等待点燃的火把。”作为一名具有高超工作艺术的班主任,应该想方设法点燃学生的这支火把,充分挖掘学生的潜力,培养学生不断学习和进取的欲望和能力。班主任要由重课本、重分数向重能力转变,不仅要教学生掌握必备的基础知识,更应该注意培养学生“发现问题—提出问题—分析问题—解决问题”的能力,培养学生的创造力,使学生在未来知识经济社会激烈的竞争中,能够不断地更新自己的知识结构。

拓展阅读1-1

感悟班主任工作艺术

学校是对中小学生进行思想道德教育的主渠道和主阵地,班级是开展中小学生思想道德教育的基本组织形式,也是中小学生在班主任和任课教师指导下,进行自我教育、自我管理和自我服务的主要组织载体。故而,中小学思想道德教育要着力加强班集体建设,班主任要组织中小学生参加丰富多彩的主题班会和课外实践活动,充分发挥班干部的作用,使班集体成为团结学生、组织学生、教育学生、管理学生的有效组织载体。

本选题在贯彻落实《中共中央国务院关于进一步加强和改进未成年人思想道德建设的若干意见》的基础上,总结中小学班级管理经验以及开展班级主题活动教育的成功做法,交流班主任工作艺术,探讨加强班级管理的理念更新。这些感悟和体验来自一线教师的直接感受,我们期望中小学有更多的教师参与班级管理的讨论和交流,以使班级集体真正成为引领青少年健康成长的主要组织载体。

著名教育家魏书生在《班主任工作漫谈》中曾说过:“班级像一座长长的桥,通过它,人们跨向理想的彼岸。”而班主任就好比学生过桥的引路人,如果引导得好,一批批孩子将在一座座桥上顺利通过,最后到达理想的彼岸,成为对家庭、对社会、对国家有用的人。笔者在多年做班主任工作的实践中,曾多次尝试一些教育方法,也学习许多优秀教师的先进经验,收到了较好的效果。

“人治”还是“法治”

一个高水平的班主任会指挥,工作驾轻就熟,班级积极向上,学生健康成长;一个缺乏经验的班主任对学生的能力缺乏信心,就容易大包大揽,唱独角戏,不能引起学生的共鸣,往往是吃力不讨好。特别是在班上有学生犯错误或者是遇到一些棘手问题时,极易埋怨和发火:“平时怎么教育你们的?对你们讲过多少遍啦?怎么老是记不住啊?”有时还会因冲动而采取简单粗暴的方式处理问题。其实学生很不服气,心理也很不平衡,这种不服气和不平衡达到一定程度,他们就会“造反”。其实,在价值多元化的今天,这种教育方法早已捉襟见肘了。

早在一个多世纪以前,德国教育家第斯多惠就曾说过:“一个蹩脚的教师是将现成的真理奉送给学生,而一个优秀的教师则是引导学生自己去寻得真理。”为此,我们在教育管理上应摒弃“人治”而采用“法治”——此“法”指的是“约法三章”之“法”,是经过班集体讨论后达成共识,每个成员都必须遵守的“公约”。大家按“约”办事!尤其是要设定“惩罚教育”公约!谁违约谁受罚,心服口服!人格平等,尊严相当,让“班荣我荣”“我辱班辱”的荣辱观植根于每个学生心中。实践证明,这种“法治”远比“人治”有成效得多!

“虎威镇山”还是“刚柔并济”

毋庸置疑,治班必须有“威”,无“威”也就谈不上“望”或“信”。有的班主任以“严”立威,有的班主任以“冷”树威,有的班主任则以“松”取威,更有的班主任以“人格魅力”在学生心中生威……其结果明显不同:“严”者,使学生沉默对抗,消极而生恨;“冷”者,使学生热情凝固;“松”者,则常被学生取乐嬉弄,威信全无。唯有“人格魅力”者,才会树立真正的威信和赢得学生的敬重!那么作为班主任,如何才能在班里树立威信呢?

一个有威信的班主任,首先会巧妙运用“刚性原则”来立威——用约法三章中的“惩罚教育”作为“班威”来治理班级。这里的“惩罚教育”不是体罚,而是根源于制度的遵章办事,是合理合法的“法治”,在班级管理中,刚性管理是严格要求、严格管理。“惩罚”要惩之有理,惩之有情,惩之有度,惩之有恒,惩而不苛。这条惩罚的“红线”,会使班级很快进入良性循环!大家遵守约定的游戏规则,一切将井然有序。其次,他还要会“柔性管理”。“柔”就要使学生感受到班级里的温暖和亲情。而要形成这样的氛围,班主任就要用情去开展工作,巧用五“相”:一是从第一天与学生接触开始就要亲切“相迎”,以平等、民主、和蔼、和谐与微笑的姿态迎接每一个学生,一视同仁地接待他们;二是真诚“相识”,在亲切相迎后,班主任应以快速相识法认识班里每位学生;三是无私“相交”,在“相迎”“相识”以后,班主任应主动向全班同学作自我介绍,一句话,就是把心交给学生，把底亮给学生；四是无间“相知”，在这一阶段，师生关系应该已经密切无间，无话不谈了。最后是依依“相送”。

“占台”“拆台”还是“搭台”“补台”

班级管理成功与否，关键是如何运用好班长和班委，这也是一门艺术。大多数班干部都是经过“擂台”初步竞选后，再经过一段时间的考察、考验、民意检测、评选而产生的。他们有扎实的群众基础，也有较好的工作能力，各方面都比较优秀。有的班主任由于求好心切，办事往往事必躬亲，结果筋疲力尽，效果不佳。有经验的班主任，首先是不“占台”，推行班干部责任制，给班干部搭好“舞台”，为他们提供一个可以充分发挥才能的环境。其次，对班长更要以诚相待，满怀热诚地把他请上台，大胆地让他唱主角，演重头戏。在舞台上，班主任主动热诚撑腰，关心班干部的学习成绩，使他们在台上有实力，说话有底气，做事腰杆硬，站在台上有威信。

但是班干部毕竟是学生，由于年龄、经验、能力等原因，在工作中难免出现失误或疏漏，面对这种情况，有经验、有修养的班主任会怎么办呢？他们此时决不会批评、埋怨或者推卸责任，“晒台”甚至于“拆台”，让班长“冷场”。相反，他们会积极“补台”，有的放矢地“补”或“暗补”（暗补，就是当班长在工作中出现失误或陷入僵局时，班主任以冷静、间接、含蓄、不直接为他人所觉察的方式，在非对抗的情况下为其弥补或挽回工作中所造成的负面影响），主动承担事情的责任。如此精心扶持，有利于班干部在管理班级的过程中，全面锻炼和发展自己的能力，使他们在今后的工作实践中日趋成熟。

“冷漠责备”还是“热情引导”

班主任平时工作中最棘手的莫过于遇到屡教不改的“顽劣分子”。其实，面对这类学生，首先，在引导他们改错的同时，要给他们信心和勇气，要了解和分析他们犯错的原因，设身处地地为他们着想，让他们感觉到老师是公正的、关心他们的；其次，也是极为重要的一点，就是创设机会，搭建舞台，给他们发挥特长、展露才华、重树形象的机会。

我以前所带的班里有一个“顽劣分子”小马，他不但爱冲动，还曾持械斗殴、严重伤人，学校有意要开除他。但我出面担保并留下了他，而且主动承担起帮教的任务。我发现他动手能力较强，人也机敏，就说服校科技组老师收下他，让他参加头脑 OM 活动。半年以后，他成为我校参加市级竞赛的主力队员。临走那天，我给他围上亲手编织的围巾并祝福他：“相信你一定会成功的！”三个孩子不负众望，过五关斩六将，在国际竞赛中荣获冠军。回来的那天，在人群中，我注视着三个好男儿中的小马，他也正在欢迎的人群中搜寻着。当看到我时，他不顾一切地冲到我面前,紧紧地抱住了我,泪水在师生的面颊上流淌……从那以后,他彻底变了,懂事了。三年后,他被中国科技大学破格录取!

在多年的教育实践中,我深深体会到:一个好的班主任犹如一位出色的雕塑家,而要能雕塑出高质量、高品位的艺术珍品,雕塑者本身就必须具有高尚的品格和深厚的艺术鉴赏能力。①

拓展阅读 1-2　细节——班主任工作艺术的体现

班主任工作的艺术是什么?我想,细节决定成败。班主任工作的艺术就体现在平常一桩桩细碎的小事中。

对于班主任来说,必须拥有锐利的眼睛和灵敏的耳朵,随时关注学生的一举一动、一言一行,关注他们各个方面的表现,并根据他们的表现去分析其可能存在的思想、心理方面的问题,及早将问题解决在萌芽状态。下面试举几例,简单分析。

【案例 1】

张海涛:六年级,学习能力强,学习成绩出类拔萃,全面发展,年年被评为"三好学生",是教师心中的好学生,父母心中的好孩子。

2005 年 5 月 10 日清早,我 7 点钟就到了学校。正当我把车停好,准备离开车棚的时候,忽然听到车棚另一边传来了一排自行车倒地的声音。我回头一看,原来是张海涛停车时不小心把别人的车碰倒了,引起了连锁反应。他并没有注意我看到了他。我装作不知道,走出了车棚,站在墙角处观察他接下来会怎么做。因为我想知道这样一个优秀学生的社会公德以及责任心到底怎么样。然而令我失望的是,他站在那一排倒掉的自行车前犹豫了一会儿,还是拎起书包走出了车棚。我想,他犹豫是因为他在做思想斗争——到底是扶还是不扶?接下来他拎起书包走出车棚是因为面对自己的错误采取了逃避的态度,他没有勇气承担责任,没有及时采取措施弥补自己的过失,这是一种缺失社会责任心的表现。在道德良知面前,他成了一个懦夫。我们可以想象,今天,他在面对一排倒掉的自行车时可以逃避,明天,他走入社会,面对自己造成的错误甚至灾难,仍然会采取逃避的态度,到那时,他给他人、社会带来的不良后果是让人不敢想象的。同时,我也为自己对学生的教育感到汗颜!因为我对学生的教育是不完善的。幸好,我及时发现了问题,还有机会补救。

---

① 耿瑜. 感悟班主任工作艺术[J]. 思想理论教育(新德育),2007(2):21-23.

我随即叫住了他，与他就这个问题进行了交流，帮助他认识到了自己这个错误的危害性，并和他一起扶起倒掉的自行车。

【案例2】

方鹏，六年级，成绩差，行为习惯较差。

一天中午，我和方伟等同学打乒乓球，或许是高兴的缘故，方鹏开始“口无遮拦”。他在和徐杰同学闹着玩时，可能是徐杰不小心弄疼了他，他随即面带怒色地说：“你甩啊，我马上砍你！”当时，听到他说的这句话，我笑了笑并没有说什么。方鹏在其他同学的提醒下，也意识到了自己的错误，马上自我解嘲地说：“我是说着玩的！”

事后，我找到他，问了他几个问题：“你喜欢看港台警匪片吗？你平时都跟哪些人在一起玩？”他的回答证实了我的猜测，他不仅喜欢看警匪片，而且结交了有不良行为的中学生。由于他自身缺乏辨别是非的能力，缺乏审美能力，又缺乏良好的教育引导，因此，认为说黑话很酷，很帅，便盲目模仿，并且在不良伙伴那里获得强化的机会。我决定为他补上这一课。首先，我帮助方鹏明白要有选择地收看电视节目，还要增强辨别能力，分清哪些能学，哪些不能学。接着，在第二天的晨会上，我采用讨论的方式，帮助全体学生明白应以怎样的态度对待电视节目。同时发出号召：“看健康节目，健康成长。”最后，我加强了课外阅读的推广工作，用好书去填补学生精神生活的空隙。

这次系列教育活动的效果比较好，此后，我们班几乎听不到那些不三不四的话，看不到那些不三不四的行为。

【案例3】

柏丽娴，五年级，大队委员，德、智、体、美、劳全面发展。

那天下午放学后，我刚出校门，就看见柏丽娴低着头在校门口徘徊。她的行为有些反常。我轻声问她为什么不回去。她说不敢回去。我问她为什么，她说，爸爸妈妈吵架，吵得很厉害，要闹离婚。我告诉她，不用怕，我送她回去。她同意了。

到了她家后，柏丽娴一头钻进了自己的房间，而她的父母互不理睬，气氛非常紧张。不过，他们对我还是比较客气的(在对他们孩子的教育过程中，我和他们已经彼此信任，建立了良好的合作关系)。我坦率地表明了来意。随即，我成了他们倾诉的对象。原来，他们之间产生矛盾的根源就是生活上的一些小事。我耐心地调解、劝说，直到深夜11点多。终于，他们夫妇和好了。第二天，我又在柏丽娴的脸上看到了灿烂的笑容。

我想，班主任这项工作对一个人的要求是比较高的，作为一个班主任一定要有不断发展自己和完善自己的意识。这样，才能更好地胜任这项光荣、艰巨而责任重大的工作。

【案例4】

李士化,六年级,性格较为内向,行为习惯和成绩都比较好。

9月30日上午第一节语文课上,我让学生同桌练习分角色朗读课文时,他与同桌陈开星各读各的。我走过去了解情况,陈开星说李士化不愿分角色读。我问李士化是怎么回事,他低头不语。为了不影响其他同学上课,我没有再说什么。

课后,我把他喊到办公室,耐心了解情况,他终于说出了实情:他对陈开星很反感,因为陈开星每天上课都把腿伸到他这边,影响他上课,他抗议过也没有用。我告诉他,我可以理解他的感受,但他应及早把这件事向老师反映,由老师帮助解决。现在,他们之间的矛盾已经化解。

我想,如果老师课堂上没有注意到这个细节,或即使注意到也只是简单处理,则可能带来以下不良后果:①他们继续“冷战”下去,影响彼此的学习,加剧矛盾。②教师简单“教训”可能会使李士化这样性格内向的学生更加封闭,再发展下去,可能还会出现极端化性格,甚至出现人格分裂的情况。

【案例5】

颜丙伟,六年级,本学期刚从三河小学转过来,在原学校是个品学兼优的学生。

2005年10月13日早晨7点10分,我从本班教室路过去办公室。当时颜丙伟正双手托腮趴在窗台上两眼茫然地望着窗外。我马上联想到开学一个月来,他沉闷、孤单的表现,当即意识到他的情绪出现了问题。过了一会儿,我把他喊到办公室,与他聊了起来,我问他从转学到现在过得快乐吗?他摇了摇头,我问他原因,他说主要是成绩不够理想。我补充了一点,与同学的关系一般,还没有融入集体中。他点了点头。接着,我帮他分析他不快乐的原因:①性格的内向影响对新环境的适应,影响他与同学的关系。②被动的学习方式和不科学的学习方法影响学习能力的提高。他很坦率地承认了自己的不足。然后,我给他提供了几点意见:①敞开胸怀,主动热情地与同学交往,多参加班级与同学们组织的活动。②课堂上积极思考,主动参与,首先在课堂上改变自己,锻炼自己。③培养多方面的兴趣爱好。④学习用微笑面对学习和生活。

班主任的工作不是惊天动地的伟业,更多的是细节,但它关乎无数孩子能否健康成长,无数家庭能否和谐幸福,社会能否稳定发展的大局。班主任,责任重于泰山![①]

---

① 梅永钢. 细节——班主任工作艺术的体现[EB/OL]. (2006-04-17)[2011-06-08]. http://www.djyw.org/user1/262/archives/2006/5414.html.

第二章　了解和研究学生艺术

【引导案例】

走进学生心里

班上有一名女生杨×，初二一接班时她给我的印象是性格开朗，泼辣。我分配她负责清洁区的卫生工作，她很负责任，从上课回答问题方面看，智力水平也不低，可是她的学习成绩总是在全班后几名里，这是为什么呢？我在和其他学生聊天中了解到：杨×平时情绪很不稳定，爱哭。为了帮助这个学生，我开始侧面了解这个学生各方面的情况。原来，这个学生的家庭情况比较复杂，继父比母亲大二十几岁，杨×对继父不满，和继父关系紧张。她常常把家里的事和周围的同学说，弄得班上几个女生也常常为她打抱不平、掉眼泪。但也有个别同学在背后议论她，歧视她，影响非常不好。

通过对杨×的侧面了解，知道了她的家庭情况后，我感觉到要帮助杨×提高学习成绩首先要帮助她解决她和继父的关系问题。让她从心理上接纳继父，理解继父。我便用单独谈话的方式和杨×接近。第一次我从关心家庭生活的角度和她聊天，没多说什么。但我能感受到这个孩子对于获得重视和尊重的强烈渴望。

第二次谈话我就特意问到她和继父的关系。杨×是个性格直率的孩子，谈到继父她就开始发泄自己的不满，说着就失声痛哭起来，我递给她一块纸巾，用手轻轻地拍拍她的后背，望着她，一直静静地听她诉说。"你挺不容易的，年纪不大经的事却不少。不过话说回来你继父也不容易，他已经退休了，他的退休金养活你妈也就罢了，还要养活你和你姐两个和他毫无血缘关系的人，他能供你吃喝，又供你上学，就不简单了。别要求太多。"听我说到这，杨×说："他特别爱唠叨，烦人。""谁都有缺点，他唠叨就让他唠叨，你忍着点，再说，你总和你继父闹矛盾,你妈多为难啊,做孩子的也要理解这一点,从另外一方面想,父母的唠叨也是对你的关心,是爱护孩子的一种特殊表达方式,你是个懂事的孩子,听老师的话,在继父面前做一些让步,不要顶撞,过一段时间情况就会好转,要找机会为继父做点事,化解冲突最重要的方法是付出,亲情是建立在付出的基础上的,只有双方互相体贴、谅解,你的家才会有快乐,可以把缓和你和继父的冲突看成是你人生的一次考验。"谈话之后我又和她母亲进行了一些沟通。

过了些日子,我再找杨×聊天,她非常高兴地说:"我继父对我比以前好多了。"我拍着她的肩膀说:"怎么样,心情好多了吧?因为你理解别人,别人就会善待你。"我又进一步引导道:"以后有什么难事,多跟我说,我一定尽力帮助你,也可以跟好朋友说说,她们也会帮你解决问题的。"听了我的话,杨×感激地点了点头。在给杨×做工作的同时,我又分别找了她周围的同学,告诉她们要用恰当的方式帮助杨×,否则只会起反面作用。我还以班会的形式教育学生学会换位思考,要学会站在别人的角度上考虑问题,要做一个善于倾听、乐于助人、富有同情心的人。

经过我多方面做精心、耐心细致的思想工作,杨×再也不为家里的事在班上哭了,她的情绪稳定了,心情愉快了。从此她的脸上也有了笑容。不仅和继父,而且和继父的亲生子女关系也很融洽。同时她的学习成绩在练习、测试、月考中有了显著提高,初三毕业时也考上了自己理想的高中。

看到杨×学习成绩的大幅提高,我在欣喜的同时,又对育人有了更深的理解与体会。教育是事业,是科学,更是一门艺术。如果我听了杨×的情况后,也为她洒下同情的眼泪,对于她来说,肯定会认为老师多么的疼她、爱她,但效果会怎么样呢?只能助长她的任性,加深她和继父的矛盾。最终只能是害她。而我是站在做人的角度上,以理解别人、宽容别人的处世方法来开导她,引导她,关心她的内心世界。以自己健康的心理去塑造她心理的健康,使她正确处理了自己和家庭的矛盾,排除了非智力因素干扰,从而促进了她的学习。①

新课程标准的最高宗旨和核心理念是"一切为了每一位学生的发展"。可怎样才能更好地促进"每一位学生的发展"呢?这就需要班主任做大量的工作,而首要任务就是要对学生进行深入细致的了解,因为学生不但有其独特的生理发展特质,也有其独特的心理发展特质,只有在掌握这些特质的基础上,才能更

① 吕久清.走进学生心里[J/OL].(2008-03-18)[2011-02-14].http://www.banzhuren.com/article.asp?id=524.

好地进行教育教学活动。正如俄国教育家乌申斯基所说："如果教育家希望从一切方面去教育人，那么就必须首先从一切方面去了解人。"也只有对学生的各方面都有了细致入微的了解，才有利于在实际的教育教学中做到从学生的实际出发，因材施教，促进全体学生的良好发展，从而达到教育最优化。此外，了解和研究学生也是成为优秀班主任的充要条件。如今时代的飞速发展对教育提出了更高的要求，传统的教师中心、学科本位早已成为历史。班主任工作要想取得更大的成效，必须要转变教育观念，并为学生能够更好地发展创造各种有利的条件。要做到"一切为了学生的发展"，就要对学生的思想动态、学业成绩、兴趣爱好、才能特长、性格特征、健康状况、家庭环境及社会交际等各方面都进行深入细致的了解与研究，掌握学生的发展情况、干部情况、班风、主流与倾向等，为自己和其他教师的工作提供依据，这样才能够更快地完成从"新手型"教师向"专家型"教师的成功转变。正如前苏联教育家克鲁斯卡娅所说："最要紧的是教师应该了解自己的学生，优秀的教师对自己的学生总是很了解的。"此外，由于班级中每个学生都是处于不断发展变化中的独特的个体，因此，班主任在了解和研究学生的过程中，不要遵循固定的程序和模式，要不断地创造与发现更好地了解学生的方法，做到科学地、艺术地了解和研究学生。

一、了解和研究学生的重要意义

毛泽东在《反对本本主义》一文中提出"没有调查，没有发言权"。这句话对于班主任工作具有很强的指导意义，同时也指出了班主任了解与研究学生的必要性。由于班主任的工作对象是班级里的每一位学生，具有总体数量多、个体差异大的特点。面对这些千差万别的学生，班主任要想在教育教学中避免"一刀切"现象的发生，就必须要了解与研究每一位学生。只有对学生学习状况、性格特征以及思想动态进行深入的了解与研究，才更有利于班主任抓住学生的闪光点，因势利导，充分挖掘学生的潜能，尽可能地为使学生更好地发展创造各种有利条件，使每个学生都能健康成长，都能在为班级工作中体会到自我价值与成就感，逐渐形成积极向上的班风和利于学生健康成长的良好环境。

若没有对学生进行深入的了解与研究，不仅无法把握学生对知识与技能的认知，过程与方法的掌握，情感、态度、价值观的发展，更难发现学生薄弱之处。因为没有深入的了解与研究，班主任不可能真正熟悉他的学生，加上我国的教学方式主要为传递—接受式，教师习惯于一味地讲解，学生习惯于静听并不敢提出质疑或倾吐学习困难，这样班主任对全班同学就不能有一个完全正确的认识，学生也就会失去教师个别指导的机会，从而使教育效果大打折扣。正所谓育人必先知人,班主任只有在了解与研究学生的基础上发挥学生之长,补救学生之短,才能使教育教学工作富有成效。

了解与研究学生有助于形成良好的师生关系。班主任在了解与研究学生的过程中,要让学生体会到班主任的关心与爱护,把班主任看成是自己的良师益友,并努力让学生对班主任产生尊敬与喜爱之情,这种积极的情感会使学生产生持久的学习动力与强烈的学习兴趣;还要让学生对班主任有一定的了解,使其从心底里接纳班主任,这样班级气氛就会是和谐的、充满爱意的。这种良好的气氛对于顺利开展班级工作有着十分重要的意义,同时也会使教学过程充满乐趣、生机盎然,教与学的效果势必能达到高峰。

(一)了解和研究学生有利于"教"与"学"的最优化

要想使班级的各项工作都有章可循,使教学效果达到最优化,简单地备课、上课是远远不够的。班主任必须要制订详细的班级计划,并灵活地尽量按计划行事。班级计划是使班主任工作制度化、科学化、条理化的基础和前提,也是落实学校教育目的和任务的有力保证。因此,每一个班级都必须有一份周密可行的计划,从而使各项工作统筹安排、序列分明。要想制订完善、周密的班级工作计划,必须要从班级的实际情况出发,深入细致地了解和研究班级里的每一位学生。对于所有学生的要求要尽量避免"一刀切"的现象,要做到因人而异,制订出有差异的目标。此外,制订教学目标,也要在了解与研究学生的基础上进行。尽可能地使目标处于学生的"最近发展区"。伟大的心理学家维果茨基提出:那些高于学生现有水平,但又是经过学生的努力可以达到的学习目标对学生的激励作用是最强的,也就是让学生面对伸出手来够不着,只有使劲跳起来才可以抓得到的目标,来充分激发学生的学习潜能。要想这些工作得以顺利实施,班主任必须要充分、全面地了解和研究学生,只有这样才能从班级的实际情况出发,从学生身心发展规律出发,将学校的各种任务分项具体地落实到班级;才能使工作计划更有针对性、科学性与可操作性,使每位学生都能找到适合自己的目标,充分发挥自己的潜在能量,为实现目标而不断努力,从而极好地激发每位学生的积极性,在班级上才会产生强大的推动力和凝聚力,使纷繁复杂的班级工作层层展开,井然有序,逐渐形成班级和班级工作的特色以及优良班风与健康成长的优化环境。

(二)了解和研究学生有利于避免不良现象的发生

及时地了解和研究学生,是指必须尽快地对全班学生的基本情况有一个了解和分析。学生具有极强的主观能动性,其身心时刻发生着变化,如果没有对学生进行深入的了解与研究,则会使很多本可避免的不良因素发展为不良现象。比如学年、学期伊始之时,经过一个假期的放松加之其他各种因素的影响,学生会有不良表现与不良倾向,这时候班主任就要细心观察,争取在第一时间摸清并掌握有关情况,并在此基础上进行认真分析,及时地发现导致不良现象的问题所在,之后对学生加以正确的引导,使导致不良现象的消极、不利的因素消失在萌芽状态,及时消除学生心理上及生活中的"污染源",清除潜在的不良因素,防微杜渐,尤其在发生重大事件时,更应该做到刻不容缓,及时、全面地分析问题之后要果断地采取行之有效的措施,积极掌握工作的主动权,控制势态,以避免造成严重后果。魏书生曾说:"教育治的是心病,心病是个难于诊断和认识的病。而要治好心病,第一步当然是认识心,知道心,即育人先知人。"在班级的教育教学中,班主任要想正确地引导、教育每位学生,必须要用心去观察、去发现、去捕捉任何一个微小的细节,并且要勤于思考,准确地把握学生的个性特点,选择科学合理的教育方法和措施,抓住教育的契机,因势利导,对症下药,这样各种问题就会迎刃而解,班级教育教学工作也会收到行之有效的效果。

(三)了解和研究学生是形成良好师生关系的必经之路

教学是教师的教和学生的学所组成的一种人类特有的人才培养活动,狭义的教学简单说来,就是"教师教学生学"。在教学过程中,教师是教学活动的主导,学生是教学活动的主体,两者缺一不可,具有很强的互动性。教师和学生在教育、教学过程中一定会结成某种相互关系,这种关系就是我们所说的师生关系。可以说,师生关系是永恒存在于教学过程中的。因此,要想取得更好的教学效果、形成良好、坚强的班集体,就要在班主任与学生之间建立一种平等、友好的师生关系。而良好的师生关系则会随着班主任对学生了解与研究的深入而自然形成。

美国著名心理学家马斯洛在需要层次理论中指出:人有五个层次的需要,其中第三层次为社交的需要,第四层次为尊重的需要。班主任在了解与研究学生的过程中,要满足学生的这种需要,让学生充分感受到班主任的关怀与尊重。学生感受到老师的爱护与信任,自然会积极配合老师的工作甚至会主动与老师交流,这使班主任有机会了解到学生内心世界,也为建立良好的师生关系奠定坚实的基础。在班主任了解学生的过程中,会对他们的个性特征有一定的掌握,这样,班主任在实施教育的过程中就会做到有的放矢。比如,对于粗心大意并且易犯错误的学生,班主任可以与他们一起分析自己的缺点与不足,并共同制订改正的措施;对腼腆却又比较敏感的学生,在接触的过程中一定要逐层深入、循循善诱,帮助他们走出困境,切勿急于求成。与学生交流时,要做到真诚、平等,对待学生要像对待朋友一样。对于心里有疑惑的学生,要认真地倾听他们内心的声音,做到感同身受。这样,在教师了解与研究学生的过程中,自然就建立起了良好的师生关系。

(四)了解和研究学生有助于从“新手型”教师转变为“专家型”教师

要想尽早实现从“新手型”教师向“专家型”教师的成功转变,就要对学生进行深入的了解和研究,这种了解和研究包括各个方面,班主任不但要做学生身心发展规律的学习者,更要做学生身心发展规律的研究者。为更好地了解与研究学生,此处列举班主任应努力打造自己的五种能力:①敏锐的观察能力。②明辨是非的评价能力。③强有力的组织协调管理能力。④润物细无声的批评教育能力。⑤磁性化的表扬激励能力。要想拥有这些能力,首先,班主任要不断学习,全面提高自身各方面素养。为了适应新时期的教育发展的需要,新时期的教师应该树立起终身学习的理念,不仅要学习专业知识,积极听取有经验的教师的课或多请他(她)们听听自己的课,给自己提出良好的建议和意见,及时更新自己的教育、教学理念;还应该积极地参加各种实训活动,不断提高自己灵活处理问题的能力,把握新的教育、教学规律,不断地提高自己的综合素质。此外,教师还应该多学习有关的心理知识及基本的工作技能,掌握新时期学生的心理特点,营造良好的学习环境,积极有效地开展教育、教学工作。这样,在了解和研究学生的过程中所遇到的问题,就会迎刃而解。

所谓“其身正,不令则行;其身不正,虽令不行”,由于学生具有很强的向师性,因此,在与学生接触的过程中,班主任要特别注意自身的榜样作用,要时刻注意自身的品格、学识、涵养及会对学生产生的潜移默化的影响。在与粗心大意的学生接触之时,班主任要对一些小事、细节尤为注重,从我做起,从小事做起,做学生的楷模,做学生的表率;对于缺乏自信心的学生,班主任则要将自尊、自爱、自信、自强表现出来,让自己的良好风范促进学生的健康成长,同时也增强了班主任对学生的吸引力;对于做事鲁莽的学生,班主任要有儒雅的举止及浩然之气,凭借自己的神韵、风采使学生折服。这样才能让学生从情感上接纳老师,为班主任工作奠定良好的基础。因此,班主任了解与研究学生的过程,既锻炼了自己的能力,又积累并丰富了自己的工作经验,是班主任自我提高、自我完善的过程。

正所谓“知己知彼,百战不殆”,班主任了解和研究学生是顺利开展班级各项活动的坚实基础。在调查了解学生的基础上分析研究学生,对学生有了一定的了解与研究之后,班主任开展各项教育教学活动就会如鱼得水、易如反掌。可以说,教育工作的成功,离不开对学生深入、全面的了解与研究。

二、了解和研究学生的内容与原则

(一)了解和研究学生的内容

苏霍姆林斯基说:“尽可能地深入了解每个孩子的精神世界,是教师和校长的首条金科玉律。”可见,了解和研究学生不但是每个教育工作者做好教育工作的前提条件,更是班主任工作的一项重要内容,也是贯穿教育工作全过程的一项重要内容。因为,只有对学生的身心状况都有深入的了解,才能够有针对性地引导他们学习与思考,才能够使他们不断地进步。班主任在了解与研究学生的时候,要注意学生之间的个体差异性和每个学生身心发展的复杂性,要对学生的各个方面进行了解,由于了解的学生数量多,容易造成质量低下,这就要求班主任在了解学生的过程中,要做到深入细致,使对学生的了解与研究具有一定的深度,避免对每个人的了解都停留在表面的状态。只有对学生的了解与研究,既有广度又有深度,才能够更加顺利地开展教育教学工作。

1. 了解学生的知识背景

不同的学生原有的知识储备具有很大的差异,班主任必须清楚地认识到每位学生原有的知识水平及学习情况。班主任在讲某方面知识的时候,要注意班级里是否有的学生在这方面知识储备很贫瘠,如果存在这样的学生,那么班主任在讲课之前、备课之时,一定要把握好“备学生”这部分,对于学生需要掌握的知识与技能、需要具备的生活经验,要采取适当的教学方式、方法,调整教学难度。无论是文科阅读材料的设计还是理科课堂习题的练习,都要注意学生的原有知识水平。

2. 了解学生的学习习惯

学生在日常生活中形成了很多习惯,在学习上也有着自己的学习习惯。有的学生喜欢课前预习新知、课后复习巩固旧识,对于自己没接触过的知识会查阅课外资料拓展自己的知识储备。而有的学生不但不喜欢复习、预习,甚至连上课要讲哪节课都不是很清楚,对于这样的学生,班主任切不可想当然地以为所有学生在课前都已经预习了新知,便在讲课的时候对于一些基础性的知识一带而过、浅尝辄止。这样对于没有预习习惯的学生来说,对老师的讲解只是一知半解、只会知其然而不知其所以然。

3. 了解和研究学生的个性特征

不同的学生,由于家庭出身、生长环境、个人的社会经历等各种条件的不同,彼此之间的个性特点差别很大,他们是具有独立个性的、时刻发展着的、有差异的人。教育要充分尊重学生的独特性和具体性,努力做到因材施教。然而,我们现在的学校教育的授课形式仍然是班级授课制，学生按年龄和程度编成班级，由教师对全班学生进行上课。这种集体性的教育形式很不利于班主任对学生个性的了解与把握，使得“因材施教”在某种程度上只是一种美好的憧憬，在实际教学中很难把握。这样，班主任要想在实际的教育教学中做到因材施教，就要对学生的个性特点进行深入细致的了解与研究，在平时的教育教学活动中，要注重学生主体性的发挥，使学生的个性充分地表现出来，这样不但发挥了学生的主体性，使学生成为学习的主人，也使班主任对学生的个性特点有了深入细致的了解与掌握。在了解并研究学生个性特点的基础上，班主任要注意激发学生的学习热情，创造能够引起学生学习热情的教学条件，增加学习的趣味性，使乐于学习的学生更加热爱学习，不太喜欢学习的学生也能够渐渐地发现学习的乐趣，变“厌学”为“乐学”。这样，不但使学生的个性有了良好的发展，也培养了学生乐于学习的良好情感；学生不会因为是集体教学而处于被动接受的地位，而是会积极探索知识、发现知识，并喜欢尝试解决一些具有一定挑战性的问题。

4. 了解和研究学生的思想动态

《学记》说：“知其心，然后能救其失也。”对学生的思想动态进行了解和分析，可以深刻理解学生产生某种行为的思想根源，更好地把握学生的行为动向，避免不必要的损失和冲突。由于学生本身思想是动态的、时刻变化的，每天又接触着大量的学习内容，与父母、老师、同学也有着广泛的交流，因此，班主任就要时刻关注学生的思想动态并采取相应的措施。对于经常犯错误或者曾经犯过错误的学生，当他们的行为表现不好时不能只看到他们的缺点，不能以静止的眼光看待他们，而是要冷静分析产生这种错误行为的思想根源是什么，要善于引导他们，使其从思想上发生转变。一旦发现他们有思想转变的良好势头，则要抓住他们的闪光点，不吝表扬，因势利导，从而让此类学生真正地达到思想的根本转变。而对于一贯表现良好的学生，要以客观的眼光看待他们，时刻关注他们的思想动态，如果出现某种不良表现要保持冷静，以学生的思维方式设身处地地去思考出现这种状况的深层原因。在了解和研究学生思想动态的过程中，要善于聆听，尽量融入学生的感受之中，让学生完整地表达他的思想状态。千万不能因为某些学生经常犯错误就采取强硬的态度，而对于平时表现良好的学生就一味信任，这样对他们的健康成长是很不利的。

5. 了解和研究学生的心理特点

学生的心理特点主要包括三个方面：智力方面、情绪方面和需要方面。第一，智力方面，由于遗传、环境以及后天培养的不同，学生的智力发展具有很大的差异性，因此在日常的教育教学中，要想尽量照顾到大多数学生，又要避免发生

"一刀切"的现象,班主任就要十分清楚每个学生的智力发展,既使大多数学生都能够跟得上老师的步伐,又照顾到少数后进生的发展。对于智力发展超常的学生,要注意为他们提供一些具有一定难度的知识,让他们体验到挑战的乐趣。第二,情绪方面,由于学生思想单纯、自制力差,平时在家里又受到父母的娇生惯养,因此,他们容易恣意放纵自己的情绪,这时班主任就要很负责任地去关怀每位学生,了解他们的情绪状况,并指导他们怎样恰当地处理自己的情绪问题。第三,需要方面。每个学生都是一个独立、独特的个体,他们的需要必定各不相同,作为班主任一定要明确学生的需要,挖掘到学生的内心深处,与学生的需求产生共鸣,这样才能够使教育工作有的放矢。

6. 了解和研究学生的家庭情况

俗话说:"父母是孩子的第一任老师。"父母的兴趣爱好、家里的文化氛围等对孩子的性格特点具有潜移默化的影响,了解和研究学生的家庭情况,会明白学生思维、行为产生的根本原因,会进一步拉近家长、学生、班主任之间的距离,有利于教师构架与学生及家长沟通的桥梁,使教育工作顺利展开。对拥有良好家庭文化氛围、热爱学习的学生,在平时的教育教学中,要善于因势利导,使其保持良好的学习心态;对于家庭文化稍差、对学习不是很热心的学生,在平时的教育教学中,要多鼓励、多引导,使其慢慢转变对学习的态度,逐渐加深对学习的热爱。了解和研究学生父母的教育方式及学生对这种教育方式的好恶,是教师采取最适合学生的教育方式而避免采取学生厌恶的教育方式的最有效途径。了解和研究学生的家庭条件、经济状况、父母的职业是深入了解孩子内心世界的重要因素,这些因素对学生的心理成长、为人处世有着很大的影响,在日常的教育生活中,对于家庭条件优越的学生,班主任要注意使其克服天生的优越感和娇生惯养所形成的小脾气;而对于家庭条件差的学生,班主任要注意引导其具有自尊、自爱、自立、自强的信念,对于已经具有自卑心理的学生,要循循善诱,使其逐渐克服自卑心理。

7. 了解和研究学生的社会交际状况

新课程改革要求学生要具有良好的社会交往能力,因此班主任应将培养学生具有良好的社会交往能力作为重要的工作内容。这就要求班主任对学生的社会交往状况进行深入、透彻的了解和研究。俗话说:"物以类聚,人以群分。"学生的社会交往状况也从一个侧面反映了其性情禀赋及在社会交往过程中所具有的倾向性。若学生喜欢与品行端正、积极向上的人交往,说明这个学生也是一个乐观向上的人,班主任要鼓励他更好地发展这种良好的交往形式,使学生在交往过程中,既提高了社会交往的能力,又使自己的各方面有了更好的发展。如果学生喜欢和品性不良、有不良嗜好的人,喜欢打架斗殴的人交往,说明此类学生有着某种不良的交往价值观,此时,班主任则要特别注意,要对这类学生做适当的思想工作,既要不引起学生的反感,又要让学生的这种不良交往得到控制并最终消失,使学生形成正确的交往观念。

(二)了解和研究学生应遵循的原则

班主任在了解和研究学生时应遵循以下原则:

1. 客观性原则

班主任在与学生接触的过程中,会由于个人的喜好而对学生产生喜欢或者不太喜欢的情感,这种建立在个人情感基础上的、单纯的好恶是极其不可取的。班主任在了解和研究学生的过程中要避免带有这种“先入为主”的错误观念,不能因为自己对学生原本的情感、态度而对某些学生带有偏见。此外,班主任还要抓住了解和研究学生的大好时机,尽量扭转自己不冷静的个人态度,用客观、冷静的眼光看待每一位学生,发现学生的优点。

2. 全面性原则

我国的教学组织形式以班级授课制为主,这种教学组织形式是最符合我国基本国情的、历经历史考验的,它与其他教学形式相比有着其独特的优点,但不可否认它也具有一定的局限性。由于采取这种授课方式,每个班级学生数量众多,班主任则很难周全地照顾到所有学生,因此,班主任在了解和研究学生的时候,就要贯彻全面性原则,既要从大局上把握班级的整体情况,又要在把握班级整体情况的基础上,全面地了解每个学生的德、智、体、美、劳等各个方面。不但要了解学生在校内的情况,而且要到校外进行家庭的、社会的多方面的了解与调查。

3. 动态性原则

班主任在了解和研究学生的过程中,要清楚地认识到学生的身心是不断发展变化的,不能因为看到学生某几次的表现就武断地认为学生一贯表现都是如此,而是要以动态的眼光了解学生的各个方面,时刻注意学生的身心发展与变化,并在此基础上采取相应的教育教学手段以及有效的教育措施,使班主任能够动态性地掌握关于学生的第一手资料;使教育教学工作能够跟得上学生的发展;使了解和研究学生真正地成为更好地促进学生进步的有效途径。

4. 教育性原则

班主任无论开展什么工作,都是为了更好地实现教育目标,促进学生的全面发展。作为工作在第一线的教育工作者,班主任对学生的影响也是不言而喻的,因此,班主任要充分利用了解和研究学生的机会,对学生进行潜移默化的教育影响。在了解和研究学生的的过程中时刻注意自己的一言一行，使学生在不知不觉中受到教育。

5. 公平性原则

班主任在处理学生与学生的关系时，要秉承公平、公正、公开的原则。班级里的学生，学习成绩必定有优劣之分，平时表现也有好坏之别，班主任不能因此而对学生区别对待，尤其是在处理学生与学生之间关系的时候，无论是优秀生还是后进生，班主任都要尊重他们的人格，保护他们的自尊心，要以平等的态度对待每个学生，以平等的眼光看待每个学生。

6. 针对性原则

每个学生都有一个丰富的内心世界。在每个学生的心灵深处，都有一根独特的琴弦，拨动它就会发出一种独特的音响。[①] 正因为每个学生的独特性，因此要想深入地了解和研究每一个学生，了解和研究的对象与方式等都必须具有针对性。这样才能更好地了解不同学生的个性特点、兴趣爱好、技能特长等各个方面，也才可以在了解的基础上，使得对于个别学生的问题研究得更加深入、具体，富有成效。

7. 理论联系实际原则

了解和研究学生不是单纯的实践，更不是单纯的理论。在实施的过程中，不能直接把某种理论直接运用到学生身上，要时刻注意学生是具有主观能动性的；也不能以某一种或某几种标准去衡量全体学生，因为学生之间是具有很大差异的。但在了解和研究的过程中，又不能脱离理论指导，想怎么做就怎么做。而是要将相关理论灵活地运用到实际问题中去，从而达到效果的最优化。

三、了解和研究学生的主要途径与方法

（一）了解和研究学生的主要途径

1. 在教学活动中了解和研究学生

班主任要了解和研究学生，只坐在办公室是不行的，要深入到学生中间，与学生打成一片，日常生活中的教学活动就是一个很好的契机，班主任要抓住教学的机会，尽量与每个学生多接触，深入了解学生的心理。

班主任要在上课铃声响起前几分钟进入教室，合理利用课前短暂的时间与学生进行交流，了解学生之间发生的新鲜事儿，了解学生对所学知识的复习情

---

① 翟运田.“师爱”内质解读[J].濮阳职业技术学院学报.2005(3):113.

况，了解学生课前对新知识的预习情况等，在轻松的交谈中既会对学生的学习与生活有一定的了解，又会拉近师生之间的距离，也会为上好一堂课埋下伏笔。

课堂教学，是班主任与学生接触最密切、互动最频繁的时刻，也是班主任了解和研究学生的绝佳时机。由于学生的智商、思维方式、接受能力、应变能力等各不相同，因此学生在学习与接受新知的时候，对新知的掌握会因人而异。在某种程度上，班主任可以通过观察学生对新知的掌握与运用，了解到学生的智力、反应能力、接受能力等，并且，在了解学生智力、接受能力等方面的基础上，班主任也要不断地改变自己的授课形式与难度，以更好地适应大多数学生对新知的接受与理解。在课上，班主任要有目的地多提问内向、胆怯、不太爱发言的学生，对后进生也要多鼓励、多提问，提问时要做到态度和蔼，充分尊重每一个学生，对于答不出问题或者答错问题的学生也要巧妙地鼓励，使学生不会因为不会或者担心出错而不敢回答，这样学生也才会更尊重老师。只有师生之间相互尊重，班主任了解和研究学生的工作才会更加顺利地开展起来。

2. 在师生互动的活动中了解和研究学生

一个班级通常有几十名学生，每个学生都是一个独特的个体，具有鲜明的特点。班主任要想了解并研究学生，师生互动这一途径是必不可少的。在师生互动的过程中，学生往往能够流露真情，班主任对学生的思想动态、情感、态度及价值观等各方面都会有更准确的把握，使得了解与研究学生的工作更加深入、全面。

班主任在组织活动之初，要做到有目的、有计划、有组织，要清楚哪些活动会使师生关系、生生关系更加融洽，哪些活动可能受到大家欢迎，哪些活动可能不太受欢迎等等，从而择优制订活动计划。在实施活动的过程中，要留心观察性格外向抑或内向、成绩优秀抑或稍差的学生分别对哪些活动感兴趣；优等生在活动中是否选择难度较大的活动；后进生在活动中是否积极主动、乐于挑战，在活动中，要善于发现后进生的闪光点，让他们在活动中体会到成就感，对于做不好或不会做的事情，要耐心地引导学生，真诚地感染学生，让学生能够对困难有一个正确的认识，并能够积极主动地解决问题。通过与学生的交流与互动，班主任不但可以清楚学生的好恶，还能够了解到学生在学习中、生活中、工作中及与同学的交往中所存在的困惑，尽快地解决学生想要解决的问题。

3. 在欣赏学生周记中了解和研究学生

周记是学生近期心理发展、思想动态与学习情况的真实反映，班主任可以从学生的周记中，对班级的整体状况，班风、学风，有一个总体的把握。因此，班主任在阅读学生周记时，要做到认真对待、用心批阅，这样学生才能够体会到老师的心意，进而用心书写，这样，在周记的书写与批阅中，传递着班主任与学生之间真诚的师生情谊。

通过周记了解和研究学生，有很多好处。比如，班主任看不惯学生的某些做法，如果是当面处理，很可能会对学生发火或者语言激动导致不愉快，而通过批阅周记了解到学生做的某些不合情理的事情，则会避免过激行为或者语言的发生，班主任会冷静地分析事情的始末，之后恰如其分地、巧妙地批评学生的做法，并指出对学生的期望。再如，对于一些内向、胆小、不敢与班主任交流的学生，用周记交流的优势则大大凸显出来了，在周记中，这样的学生可以随心所欲地说出自己想说的事情，表达自己的想法，班主任也要抓住周记这个良好的途径，在批阅的时候对内向的学生给予充分的肯定，鼓励他们大胆地表达自己的心声，并使他们对班主任产生信任，能够乐于与班主任和其他同学交流、逐渐地开朗起来。此外，对于一些难以言表的问题，周记是一个很好的交流方式。比如，有的学生家庭比较困难，可能与班主任当面谈及经济问题会比较难为情，但是通过周记交流，学生可以相对地对班主任敞开心扉，这样班主任就可以了解到学生的家庭经济状况，以便有针对性地帮助家庭经济确实困难的学生。

在批阅周记中，班主任要用心倾听学生的心声，设身处地地体会学生的喜怒哀乐，有针对性地给予学生有差异的指导，让所有学生都能够对未来充满憧憬，充满希望。

4. 通过心理测量了解和研究学生

心理测量（psychometrics）是根据一定的心理学理论，使用一定的操作程序，给人的能力、人格及心理健康等心理特征和行为确定出一种数量化的价值。广义的心理测量不仅包括以心理测验为工具的测量，也包括用观察法、访谈法、问卷法、实验法、心理物理法等方法进行的测量。

学生的能力、创造力、情绪、人格特点等方面具有很大的差异，而且极不容易被直接观察到，因此，班主任在了解与研究学生的过程中运用心理测量，可以通过科学、客观、标准的测量手段对学生的特定素质进行测量、分析与评价。在了解和研究学生的过程中运用心理测量的方法，可以帮助班主任全面地了解学生的智力、能力倾向、创造力、心理健康等各方面问题；可以帮助班主任了解学生的情绪、行为模式和人格特点；可以帮助班主任了解学生在学习或能力上的差异，相对长处和弱点，使班主任能够理解学生的心理特征和产生某种行为的原因等。在心理测量中，一名学生的不同心理特征间可能具有一定的差异，班主任要对学生的这种差异进行比较，从而清楚学生的相对优势与不足，扬长避短，因势利导，争取让学生的优点得到充分发挥，不足能够渐渐好转，也为班主任的因材施教提供了有力的科学依据。

心理测量的方法有很多,比如,测量学生的属性,构建程序严格、客观化程度高的量表法,如测量智力的斯坦福-比奈量表就是其中一种;测量学生的动机、欲望和需要的投射测验;测量学生的兴趣、动机、技能的仪器测量法,如多导仪、眼动仪、动作稳定仪等;社会心理学中常用的用来测量态度的测量方法,态度量表、问卷等。此外还有纸币测试、瑞文测验等。

5. 师生积极参加社会实践

如今的教学已不再局限于课堂教学,如今的课堂也不再局限于教室里的课堂,班主任可以在各种活动中对学生开展教育教学工作,在活动中,每个学生都是活生生的、立体的呈现在班主任面前的,而班主任对于学生了解也更具动态性。

班主任应潜心研究课程资源的开发与利用,创造性地开展利于学生成长的各种活动,使学生通过活动能够掌握更多的科学知识与实践技能,具有丰富的情感,积极的态度,正确的人生观、世界观与价值观。在活动中,班主任要带领学生深入到社会这个大课堂中,指导学生在社会大课堂中交流思想、历练成长、积累经验;引导学生关心他人、关心集体、关注社会,对生活、学习都抱有积极向上的态度;鼓励学生学以致用并能够在实践中成长。在实践的过程中,班主任要以身作则,孜孜以求,积极参与,做积极的榜样;并与学生就所要参加的活动或者所有学习的问题共同探讨、交流,在平等和谐的气氛中对学生严格要求,指导学生比原来做得更好,使学生的实践能力得到有效提高。

班主任了解和研究学生的途径与渠道很多,只要善于用心发现,生活中处处有着了解与研究学生的途径。除了上面所列举的途径外,班主任还可以通过与科任老师来了解与研究班级学生的情况,还可以通过学生的家长了解到学生在家里的各方面表现等,通过社区也可以了解到学生的社会参与程度与思想品德情况。只有通过各种途径对学生进行了解,对学生的了解才是立体的、全面的,只有把了解与研究学生当成生活中的一部分,才能更好地教育好每个学生。

(二)了解和研究学生的方法

由于我们生活的世界时刻发生着变化,当今时代的学生与过去的学生相比,无论是思维方式还是个性特点都具有极大的差异性。因此,班主任在了解与研究学生的时候,不能完全照搬先前的经验与方法,而要从实际情况出发,在以先前经验为参照的基础上,灵活机动地运用了解学生的各种方法,使班主任工作能够顺利展开。

1.谈话法

谈话法是师生之间最直接的沟通方法，由于这种方法是班主任与学生面对面地交流，因此要求班主任具有很高的素质。班主任在谈话之初就要十分明确谈话的目的、要获取的信息、应采取的交谈方式，之后根据谈话的目的自然地、有计划地、逐步深入地与学生展开谈话。在谈话的过程中，班主任对待学生的态度应该是和蔼可亲的，尤其是与犯错误的学生谈话，不能让学生感觉到与班主任的谈话是在被班主任批评，而应该让学生觉得自己是在以平等的身份与老师谈论问题，共同寻找错误问题的根源；在谈话的过程中，班主任要注意倾听，并要让学生能够在班主任的引导下，主动说出自己的心里话，与班主任交心，在学生诉说的过程中，班主任要巧妙地运用非言语表情，让学生时刻感受到班主任在认真聆听他所说的话并对他所说的问题很感兴趣。班主任在认真倾听的同时还要及时记录，对于学生所存在的问题尽量当场给予正确指导，并使学生能够从心底里赞同老师的建议。

班主任与学生谈话要想取得更好的效果，要讲究一定的艺术：

首先，谈话要充满情感。班主任带着积极的情感与学生谈话，会使学生在无形之中受到感染，使学生对未来充满信心，积极面对生活。班主任与学生交谈时，带着关切的情感，可能只是短短的几句话，就会使学生因感受到班主任对自己的关心与爱护，对班主任产生好感并把班主任当成是自己的朋友，这样也会激起学生对谈话的极大兴趣，使学生乐于与班主任交谈，并使谈话得到更好的效果。

其次，语言、方式要幽默。前苏联教育家斯维特洛夫说："教育家最主要的也是第一位的助手是幽默。"幽默是教师学识、智慧、灵感的结晶，是瞬间闪现的光彩夺目的睿智火花，是教师品质的一种要素。幽默的语言具有很强的感染力，能够使谈话的气氛活跃，使师生双方充满活力；能够消除谈话过程中的紧张气氛，使师生双方心情舒畅、乐于交流；能够使学生乐于说出自己的想法，对班主任没有戒心，没有隐瞒。班主任在与学生交谈的过程中，采取幽默的语言与交谈方式，会让学生产生愉悦之感，并感受到班主任的人格魅力，师生关系也会在民主平等、愉快的谈话中变得越来越和谐。

再次，贴近学生生活。班主任与学生谈话，内容、方式等都要贴近学生的生活，要充分考虑学生的生活状况、家庭背景，要从学生身边的事情谈起，不能以一种高高在上的姿态与学生谈话，要让学生有一种亲切感，感觉班主任就像是在和自己拉家常似的。但也要注意不能让学生觉得班主任与自己的谈话是散漫、随便的，班主任要拿捏好与学生谈话的度，要紧紧围绕谈话的中心与学生展开充满生活情趣的谈话，使谈话的内容与方式生活化。

此外，班主任的谈话还要具有启发性。由于班主任面对的学生思维具有很强的跳跃性与发散性，并且班级里学生数量众多，与学生谈话的人力、物力具有很大的局限性。因此，要想在短时间内通过谈话获取自己想要的信息，班主任就要注意谈话的启发性与引导性，否则班主任就会在谈话中处于被动的地位，谈话也会形散神亦散。要想取得良好的谈话效果，班主任在谈话之前，就要想出各种可能、有效的方法，争取在谈话的过程中能够激发学生的思考、激活学生的思维，能够让学生按照班主任的引导与设想把内心的想法倾吐出来，并对班主任毫无保留。

最后，对于经常犯错误的后进生，为防止他们在谈话之初可能会产生抵触情绪，班主任要先肯定他们，从他们的优势谈起，谈他们感兴趣的事情，谈他们的爱好，和他们一起欣赏自己的闪光点，拉近与他们的距离，使他们消除对班主任的戒备心理，之后再渐渐地引导他们进入提前设计好的问题中来。这样，学生既不会觉得有什么不适，也不会因为自己是后进生，产生自卑心理而不愿与班主任交流。整个谈话的过程都会是轻松、自然的。与后进生的谈话对班主任有很高的要求，要求班主任谈话要具有灵活性，过渡要自然、顺畅，要具有一定的谈话技巧，具有很强的随机应变的能力。

谈话是班主任与学生零距离接触的有效方式，很多问题都可以在谈话中及时地予以解决，可以说，谈话的效果是立竿见影的。因此，班主任要经常深入到学生当中，以谈话、聊天的形式与学生多交流，随时掌握学生以及班级中的动态，并及时处理出现的问题。

2. 观察法

观察法是班主任有目的、有计划地通过感官和辅助仪器，对处于自然状态下的学生进行系统考察的一种工作方法。它是一种有目的、有意识的感性认识活动，属于认识论范畴。

在日常的教育教学活动中，由于学生性格迥异、个性鲜明，相互之间具有很大的个体差异，有的学生活泼开朗，有的学生内向沉稳，有的学生性格温和，有的学生性格刚烈，有的学生做事认真细致，有的学生做事粗枝大叶等等，班主任要想更好地了解和研究每个学生，就要在日常的教育教学过程中细心观察，以便于更好地因材施教。

由于观察主要是通过感官来完成的，所认识到的问题主要属于感性认识范畴，因此要想通过对学生的观察来了解和研究学生，观察一定要深入细致，并且要有目的、有计划、有重点，对于要观察的内容、观察所要采取的方式、观察的时间及地点等问题都要有一定的安排,以使观察的结果确实真实可靠。下面列举一些班主任在观察过程中需要注意的问题。

第一,观察要全面,要善于通过各种途径观察学生的各个方面。比如要在日常的课堂教学中、班团会中、文艺演出中、体育活动中以及社会实践中观察学生。要通过各种途径观察学生的行为表现、兴趣爱好、思想品质、情感特征等,观察学生所采用的途径越多,观察就会越全面,观察结果就会越客观,通过观察所得到的学生所表现出的个性特征也就越真实。发现了每个学生所具有的独特的性格特点后,班主任可以有针对性地对学生因材施教。比如,通过课堂教学中对学生表现的观察可以了解学生对知识的掌握情况、对待学习的态度、逻辑思维能力以及学生所具有的创造性。对于学习能力强的学生,班主任可鼓励他们发挥自己的优势,刻苦钻研,多多学习文化知识,增加自己的知识储备。通过观察学生在班团会中的表现,可以了解学生的组织能力、沟通协调能力以及亲和力。对于在此方面表现突出的学生,可以让他们担任班干部,协助班主任共同处理好班级的各项工作。通过观察学生在体育活动及文艺演出中的表现,可以了解学生的兴趣、爱好、特长以及学生的身体素质。对于在这两方面有天赋的学生,不要觉得他们的爱好是浪费时间、不务正业,而要鼓励他们在不耽误学习的前提下充分发挥自己的特长,让他们担任文体方面的班干部,并对他们提出明确的目标:努力使自己在德智体美等各方面得到均衡、全面的发展。

班主任要做到全面观察,不但要观察学生在校内时的表现,也要留意学生在校外时的表现。只有经过长期、全面的观察,才会为全面了解与研究学生打下坚实的基础。

第二,观察要细致。班主任要想深入了解学生的内心世界,对学生的观察就要细致入微。比如,平时穿着打扮很普通的学生,突然间变得很时髦、新潮,这时班主任就要注意观察这个学生的变化是否出于自己的意愿,如果是,导致这种变化的原因是什么呢?是早恋了,还是虚荣心在作怪,抑或是其他什么原因。再如,如果观察到班级里出现言谈举止不得体的学生,那就要观察他经常与什么样的人来往,分析他的言谈举止是受到班级同学的不良影响,还是受到家庭的不良影响,或者是受到社会上不良青年的影响。如果是班级里存在这种现象,那就更要注意问题的严重性了,要查明班级里存在多少类似的学生,此种现象在班级中发展到了何种程度,应该采取怎样的措施使问题能够得到有效的控制,在确定补救措施之后要马上实行,争取根除此类不利于良好班集体创建的祸根。还有,班级里大多数学生都是积极向上、乐观开朗的,如果有的学生突然变得不爱与人交流,甚至郁郁寡欢,那么班主任要在细心观察之后了解和探明是学生家中发生了什么事情，还是同学关系出现了问题，对这样的学生要在找出问题的根源后打开他心中的锁，让他解开心中的困惑与郁闷，恢复往日的青春与活力。

第三，观察要具有动态性。学生的身心时刻发生着变化，班主任在观察之时要注意到这一点，用积极、动态的眼光看待学生的变化，并且在观察之后，要客观、冷静地分析学生的变化。对于观察的时间与地点，也要遵循观察的动态性原则，不仅要观察学生在学习时的状态，也要观察学生在劳动中的表现，以及学生在社会实践中的活跃程度；不仅要观察学生在课堂上的表现，也要观察学生在课外以至于校外的表现。以动态的眼光观察学生在不同时间、地点是否具有不同的表现，从而使观察成为一个动态的整体。

第四，观察要多角度进行。九年义务教育六年制小学教科书语文第五册（人们教育出版社）有一篇课文叫《画杨桃》，文中老师要求大家画杨桃，作者根据自己亲眼所见，画出来的杨桃，活像是五角星，全班同学都嘲笑他，老师却不急着下结论而是走到他的座位坐了下来，"审视了一下讲桌上的杨桃，然后回到讲台"，举起作者的画问大家画得像不像后，又进行了小小的讨论，在讨论之后学生还是觉得作者的作品一点都不像杨桃，可笑极了，老师则请这几位同学轮流去作者的座位坐下，并问道"现在你看看那杨桃，像你平时看到的杨桃吗?""不……像。""那么，像什么呢?""像……五……五角星。""好，下一个。"最后老师教育大家要经常换一个角度看问题，这样才能做到客观、实事求是，不要因为实际看到的东西与平时看到的不同而想当然地乱画。班主任在观察学生的时候，也要从不同的角度进行观察，防止由于观察角度的单一，使得观察的结果具有片面性，那样，对学生的了解只能是一知半解，知其一而不知其二。正如苏轼所说"横看成岭侧成峰，远近高低各不同"，只有从各个角度观察学生，才能全方位地观察到学生的各个方面，才能深入、全面地了解学生。

班主任在观察学生的过程中要特别用心，要尽量与学生多接触，以求可以通过对学生言谈举止的观察真正地洞察学生的内心世界。对于学生的优点，班主任要毫不吝惜地予以表扬，让学生及时地得到强化；对于学生存在的小毛病，班主任要采取适当的方法，对学生进行引导教育，避免粗暴、盲目地批评。

3. 分析法

分析法是班主任通过收集有关学生的各种材料，经过分析研究，了解学生的兴趣爱好、家庭背景、性格特点、发展意向等各方面信息的一种方法。由此，班主任可以根据所掌握的各个学生的不同情况确定形式多样的、更适合不同学生的教学手段与教学方式，从而有针对性地指导、教育学生。可以说，班主任对学生了解的程度越深，对学生各方面情况掌握得越全面，教学工作就越能够有的放矢。

分析和研究反映学生情况的各种书面材料，是班主任间接、有效地了解和研究学生的重要方法。记载学生基本信息情况的书面材料有很多，这些材料不同程度地反映了学生从过去到现在的思想动态、学习状况、工作情况以及身体素质等方方面面。班主任对各方面材料的深入了解，都具有重要的意义。如班主任在接手新班级之前，通过分析学生入学前的档案材料，可以了解学生的姓名、出生年月、家庭背景、学习状况等基本信息，掌握了这些信息后，可以使班主任在与学生见面之前，就很清楚他们的自然情况，这对于班干部的选拔、班级工作的顺利展开以及班级管理的顺利进行有着很重要的意义；班主任通过分析学生入学后的考试卷及考试成绩单、平时的学习情况、在日常教学中的课堂表现等，可以对学生的知识储备有一定程度的了解，清楚学生所学知识的薄弱之处，进而可以有根据地展开有效教学，使教育教学工作更加贴近学生的实际水平；通过分析学生的入团、入党申请书与思想汇报，可以了解各个学生的思想品质与政治追求，若将分析书面材料所获得的结果与学生平时的表现、老师及同学们在平时对其所作出的评价进行比较，便可以考核这个学生是否表里如一、言行一致；通过分析学生获奖记录、操行评定表以及社会实践报告，来了解学生的兴趣、爱好，参与社会活动、为社会贡献力量的意愿是否强烈，是否具有一定的实践能力；通过分析学生平时的作业本及各种大、小考试卷等书面材料字迹的工整程度了解学生对待学习的态度以及学生的性格特点；通过分析学生作业的正确率、征文内容的质量，了解学生对知识的掌握情况及其所具有的文学功底，以及学生对待作业及征文的态度是严肃认真还是敷衍了事；通过阅读周记，了解学生一周之内的思想变化、学习进展以及生活中所存在的问题等各个方面，需要注意的是，班主任要想在阅读周记时能够最大限度地获取想要获取的信息，就要指导学生规范地书写周记。要引导学生将一周之内所发生的事情、自己思想的变化、所产生的新鲜的想法等诸多内容在头脑中像放电影一样全部“回放”一遍，之后再对有价值的信息加以整理并诉诸笔头，从而写出高质量的周记。这样，学生在书写周记的过程中，既锻炼了自己的逻辑思维能力、增强了记忆力，也锻炼了自己的写作能力，提升了自己的写作技巧。此外，每周都写一篇周记也有助于学生良好习惯的养成，使学生习惯于在周末对自己一周内的思想变化、学习进展等各方面进行一个全面、高度的概括与反思，并逐渐养成乐于总结、善于思考的良好习惯。

4.调查访问法

调查访问法是指班主任通过召开座谈会、访问、个别谈话等手段，有计划地广泛了解，掌握大量的材料，并在此基础上进行分析、综合，得出科学结论的方法。它是深入了解和研究学生的又一种重要方法。

调查访问可以以个别访问的形式展开，也可以通过问卷调查、举行调查会、开座谈会等形式展开。调查访问的对象可以是学生，也可以是各任课老师、公寓辅导员、学生家长、社区工作人员等。班主任要根据不同的调查目的来确定调查访问所应采取的方式与调查访问的对象。

学生是班主任调查访问的主要对象之一。由于班级里同学之间相处的时间是最长的，加之他们之间亲密、平等的同学关系，很多事情他们都能够做到无话不谈，因此，同学之间是比较了解对方的。所以，班主任要想了解与研究学生，对学生进行调查访问也是必不可少的。而由于班主任的特殊身份，对于很多众所周知的事情，甚至也会出现班主任全然不知的情况。因此，对于班主任来说，若要对学生进行调查与访问，最主要的是必须要放下班主任的身份与思维方式，要想方设法融入学生的“圈子”中，亲近他们，拉近与他们的距离，要与他们平等相处，尽量站在他们的立场考虑问题，争取与他们“打成一片”。要经常地、有选择性地、随机地找学生聊天或召开座谈会、茶话会等活动，并在交流的过程中充分尊重学生的主体性，认真倾听学生内心的想法，争取通过与学生亲切自然的交流，让学生体会到班主任的关怀与期望，对班主任敞开自己的心扉，把班主任当成自己的知心朋友，并能够按照班主任的引导倾吐出班主任想要的信息。因此，班主任要想了解与研究学生，对班级里其他同学进行调查访问是必不可少的。

各任课老师是班主任调查访问的又一主要对象。由于学生在学校的时间是和各任课老师共同度过的，包括班主任在内，每位任课老师与学生共同完成教学任务的时间以及接触的机会都是极其有限的。因此，班主任通过向各任课老师做调查、搜集关于学生的各种信息，不但可以弥补因与学生接触时间有限而不能够深入了解学生的不足，还能够动态地了解与掌握学生的思想变化、对于其他学科的学习态度、在各科课堂上的表现等真实情况，之后班主任可以根据了解到的情况，采取相应的教育措施，使学生对各学科的掌握都能够有不同程度的提高。比如，根据了解到的学生在学习上所出现的状况，可以与任课老师共同商议更适合学生的教学方式、教学手段等并适时调整；根据了解到的学生在生活中所存在的问题，可以与学生促膝长谈并努力找出问题的根源，帮助学生解除心中的困惑。班主任要充分重视并利用好与各任课老师沟通交流的机会，及时地了解与掌握学生在学习上、在生活中所存在的问题，帮助学生取得更大的进步。

家长是调查访问的又一主要对象。对家长进行调查访问也就是我们通常所说的家访，家访是班主任工作的一个重要组成部分，是加强家校沟通的有效途径。通过家访可以使学生和家长感受到班主任的关心与重视，有助于激起学生的学习欲望；也有助于家长全面地认识自己的孩子；更有助于班主任从侧面了解到学生在校外的表现，并将学生在校内、外的表现综合起来，从而更好地把握学生的思想变化与性格特点等各方面，之后争取与家长形成教育合力，共同商讨培养学生的最佳方法，共同解决学生在学习及生活中所存在的问题。

家访是班主任了解与研究学生、走进学生内心世界与生活世界的有效途径，是班主任工作的一项重要内容。因此，班主任要高度重视家访对于教育教学工作的重要性。

班主任在家访之前要做好充分的准备，要明确家访的目的，清楚家访的内容。家访时要讲究艺术，要想让家长乐于接受家访，对班主任产生信任并积极配合家访工作。还要讲究技巧，幽默的谈话不但可以营造轻松和谐的谈话氛围，还能够使家长在心理上对班主任产生好感，并可以有效地提高家长对谈话的关注程度。家访时要根据不同的场合，确定自己不同的谈话重点与谈话方式；要根据情况的变化及时地调整自己的家访时间。家访之后要对家访的效果进行总结与反思，对学生的进步与提高给予及时、客观的评价与鼓励；要与家长保持沟通，使家长能够及时地了解学生的近况并调整教育策略，以协助班主任共同做好学生的教育工作，从而与班主任形成教育合力。同时，对家访进行总结与反思，对于促进下一次家访工作的顺利展开也具有十分重要的意义。

班主任要将家访当成日常工作的一部分，家访的对象不应只是少数学困生或者是犯了错误的学生，而应该是班级里的每一位学生，要使家访成为班主任关心与爱护学生的一种表现形式；成为班主任走进学生生活与心灵的有效途径，让学生与家长在接受家访的过程中体会到班主任浓浓的关爱之情。家访的内容绝不局限于学生的学习情况，对于学生的思想动态、生存环境等也要适当关心，对于家庭环境差、需要帮助的学生，班主任要采取适当措施，在保护学生自尊心的前提下，尽最大努力帮助学生。对于真正犯了错误的学生，班主任在家访的过程中，也要心态平和，不要训斥、埋怨学生，要充分尊重每一位学生，用自己的爱心感染学生，赢得学生的尊重，站在完全平等的位置上，心平气和地与家长沟通交流，努力营造轻松和谐的家访氛围，使家长乐于接受班主任的家访。

家访形式要多样化。例如，要想了解全班学生的家庭情况等基本信息，就要进行普遍性的家访，此时要注意家访的“量”，要争取在一定的时间内了解到更多家庭的情况，当然，这并不是说，家访的“质”不重要，而是要在保证“质”的前提下，重点关注家访的“量”；要想对个别学生有深入的了解，要根据想要了解的内容，适当地进行经常性的家访，此时主要关注家访的“质”。这就要求班主任将家访的目标“由大化小”，使得家访工作可以层层递进。当然，班主任要想深入了解学生，仅仅通过一次甚至是几次家访是远远不够的，因此班主任要将家访目标分为总体目标与各个不同层次的子目标。在每次的家访中完成一个小目标，这样不但可以保证家访的质量，还可以加强班主任与家长的沟通与交流，使家访真正成为沟通家校的桥梁，也体现了家访中以学生和家长为中心的思想。

四、了解和研究学生的策略

（一）爱学生的策略

教育学生是一门科学，热爱学生则是一门艺术。班主任对学生深切的爱，是教育力量之所在。要想做好班主任工作，就要深深地爱自己的学生，要使自己对学生深切、理智的爱，犹如春风化雨，滋润学生的心田；亦如黑暗中的指明灯，为学生照亮前进的道路与美好的人生。

当学生意识到班主任对自己的关心与爱护时，无论是对于班主任的帮助、批评还是训斥，学生都会更容易接受。因此，热爱学生，与学生建立平等友好、和谐融洽的师生关系，是深入了解与研究学生必不可少的首要条件，也是班主任走进学生心灵的捷径，因此，班主任在了解与研究学生的过程中，应该像母亲爱孩子那样深爱着自己的学生，这样可以让学生在意识到班主任对自己的爱意之后，自然而然地形成对班主任的尊敬与爱戴；班主任还要善于用欣赏的眼光发现学生的优点，同时，也要让学生意识到自己的优点并能够最大限度地得以发挥。当然，爱学生也包括尊重学生，班主任要把学生当成自己的朋友，以平等的身份与他们交往，要站在学生的立场上理解他们的一言一行，并充分尊重他们的意见与建议。这样，班主任就可以顺利地进入学生的内心世界，也可以更好地了解与研究学生的成长变化。

当然，班主任对学生的爱并不是毫无原则的，在了解与研究学生的过程中，虽然要努力拉近与学生的关系，但绝对要避免与学生形成所谓的“哥们儿”关系，否则将降低教师的威信，有损教师的形象，削弱教育的力度。其次，对学生的爱不能有所偏向，要一视同仁。不能因为某些学生学习成绩比较好就一味地、盲目地偏袒他们；对于某些后进生，不能只看到他们的缺点而对他们有所怠慢，不但不爱护他们，甚至对他们表现出冷漠与厌烦。因为，所有对学生的偏袒行为，都会让学生因为感受到班主任的不公而产生反感，从而疏远、不再信任班主任，这对于教育工作的顺利展开是一个极其巨大的障碍。此外，不能溺爱学生，不能因为想要获得某些集体荣誉而掩盖学生所犯的错误，甚至是帮助学生犯错，如为了得到某种荣誉，课间操时只让穿校服的同学出操，而没穿校服的学生只能在教室里躲避学校的检查，这样虽然可以得到所谓的“荣誉”，但所获得的荣誉和获得这种荣誉的手段都是可耻的，而且，这种行为也会对学生造成不良影响，使学生养成隐瞒错误的坏毛病。

班主任要用深深的师爱去感染和教育学生，使他们能够认识到爱是人类特有的情感，要让学生在体会班主任浓浓爱意的同时，学会爱他人，做到爱老师，爱父母，爱同学，爱集体，爱祖国。

（二）在生活中渗透对学生的关怀

班主任除了要多了解与研究学生的学习，还应该多了解与研究学生的生活以及他们的情感体验，并争取从生活的细节中渗透对学生的关怀，并从中感受到学生对待生活的态度及情感。如：在学生过生日的时候，班主任可以送给学生一张满载老师期待与鼓励的精美贺卡，并组织全班同学为其同唱生日快乐歌，通过这样一个充满爱意的活动，可以让过生日的学生在活动中感受到他人的关爱，也可以让其他学生在为他人过生日的过程中学会关爱他人；端午节、中秋节等节日如果没有出现在周末，住宿的学生则没法回家过节，此时班主任可以买些粽子、月饼等节日食品与大家一起过节，让学生体会到班主任家人般的呵护，体会到班级大家庭的温暖。这样，学生会在活动中，增强自己的集体荣誉感与责任感，并从心底里热爱自己的班主任，热爱自己的同学，热爱自己的班级。

在关怀学生的时候要用真心去拉近师生间的距离，要尽可能多地引起与学生心灵上的共鸣，使他们充分信任与尊重班主任，并在与班主任接触的过程中，产生积极的情感体验与生活态度。这样，学生就容易对班主任敞开心扉，班主任了解与研究学生的工作也就会顺利展开。

（三）接近学生的策略

班主任要想了解与研究学生必须要接近学生，而如何艺术性地接近学生是一个值得思考的问题。

对于大多数学生来说，他们都想与班主任成为好朋友，而班主任与学生成为好朋友也有助于班主任更好地了解与研究学生。班主任与学生交朋友，能够消除学生的疑虑，并使学生在与班主任交流的过程中主动倾吐心声；以朋友的身份与学生相处，师生交流的氛围就会是和谐、融洽的，学生对班主任的印象也会随之“升级”。当然，即使班主任能够顺利接近学生，但是要想保持这种良好的势头，班主任需要做的事情还有很多。比如，在与学生接触的过程中，要善于寻找师生之间的共同点，对于学生感兴趣的事情，班主任要力求做得更好，以赢得学生尊重，为班主任能够更好地了解学生打下坚实的基础；对于学生感兴趣的话题，班主任要多查阅资料，争取在与学生探讨的时候，能够有话可谈，进一步引起学生的好感。当然，班主任切不可因为自己的“专业”就表现得洋洋得意，觉得学生远不如自己，这样学生会对班主任产生厌恶心理；有的学生犯了错误，班主任如若想要了解事情的来龙去脉，应该采取委婉表达的方式，不要直接谈及所要调查的内容，否则学生容易对班主任产生抵触情绪而不愿配合班主任的工作；有的学生性格直爽，喜欢开门见山，那么，班主任在与这样的同学接触时，就不可转弯抹角，而是要直截了当地说明用意和想要调查的主题。

班主任巧妙地接近学生，将有助于建立师生之间的信任与尊重，这对于班主任更好地了解与研究学生具有很大的作用。

（四）注重细节的策略

班主任在与学生互动的过程中，对于学生所表现出的心理及思想上的困惑，所提出的出乎意料的想法，有异于日常教育教学中的行为表现，与班主任交往的方式，在交往的过程中是否积极主动、乐观开朗等诸如此类在日常教育教学活动中难以发现的信息，都要格外留意，这些信息能够成为班主任深入了解与研究学生的突破点，为更好地了解与研究学生提供有力的保障。班主任要善于把握在与学生接触时所掌握到的这些信息，认真推敲，将这些有异于常态的表现与学生在日常教育教学中的表现紧密结合在一起，仔细分析他们之间是否具有一定的联系，争取更全面地了解学生、更深入地研究学生。

（五）巧设提问的策略

提问是班主任与学生进行启发式交谈，调动学生交谈积极性，了解学生内心世界的一种方式。班主任要想得到自己想要的信息，对学生进行提问是必不可少的。

要想使提问能够激起学生的兴趣，除了要注意运用艺术性的提问，使所提问题能够启发学生的深入思考，还要注意倾听学生内心的想法，使学生充分地感受到被班主任尊重的感觉，才能使学生敞开心扉，并最终与班主任畅所欲言。此外，一般来说，一个好的提问，能够从一开始就调动起学生乐于与班主任交谈的兴趣，产生想与班主任交谈的欲望，并积极主动地参与谈话。学生会在谈话的过程中体会到自己的主体地位，进而产生积极的主体意识并体验到与班主任交谈的乐趣，这有利于谈话的顺利进行及良好谈话效果的获得。相反，缺乏艺术性的提问不但无益于学生对问题的理解，还容易导致谈话出现冷场的局面，尤其是对于学生不敢说、不愿说、不直说等种种情况，班主任更要以艺术性的提问进行有针对性的诱导，争取让学生能在老师的引导下，勇敢地说出自己的心里话。

我们知道，谈话应该是在双方的互动中完成的，如果一方表现出毫无兴趣，甚至是哑口无言，那么这样的谈话是不成功的。因此，班主任在与学生谈话的过程中，恰当地运用提问的艺术，不但可以更好地了解到所要了解的情况，更有助于学生对所提问题的理解，还可以调动学生与班主任谈话的积极性，促进谈话的顺利进行。

可见，艺术性的提问不但可以活跃班主任与学生谈话的气氛，激发学生对谈话的兴趣，更有利于班主任开启学生心灵，诱发学生思考，深入了解学生的内心世界并与学生进行情感交流。

班主任在向学生进行提问时，要注意以下几方面问题。

(1)班主任与学生谈话时，要注意使谈话内容贴近学生实际生活。要抓住与学生谈话的契机，在谈话的过程中联系学生的实际生活，做到以情动人，以行感人，适时点拨，更要善于从学生的回答中分析出他们内心的微妙变化，使谈话达到教育学生、促进学生进步的效果。对于大家平时普遍关注和感兴趣的问题，班主任可选择在课间休息、集体活动等有大多数同学参加的时候与大家谈论，这样不但可以引起大家参与讨论的极大兴趣，还有利于建立良好的师生关系，缩短师生之间的距离。

(2)问题要具有启发性，能够激发学生思考。一般来说，学生对班主任的提问存在一个思考过程，在思考的过程中，学生常常会由于理解能力的不足、对所提问题的理解不够准确等原因，而出现谈话中断的现象。此时，班主任如果不加以启发和引导，不但师生都会觉得尴尬，学生还会因这些阻碍而对谈话产生抵触心理，甚至想放弃谈话。因此，班主任在与学生谈话时，一定要注意提问的艺术性，要注意使所提问题可以启发学生的思考，能够引导学生主动、积极地与班主任展开谈话，并乐于与班主任继续交谈下去，从而使班主任在谈话中获得想要的信息。

(3)要层层深入提出问题。当班主任想要提出的问题具有一定的难度，学生可能会难以理解时，班主任需要按照一定的层次将所要提出的难以理解的问题分解成一些易于理解的问题，以便于学生能够准确理解班主任所提出的问题，并顺利作答。这时，班主任与学生的谈话就会是层层深入、环环相扣的。而且学生在与班主任的交谈中，不但锻炼了自己理解问题的能力，也培养了自己的逻辑思维能力。

(4)提问要注意“适时”。所谓“适时”就是要善于选择向学生提问的最佳时机，选择什么样的时间，什么样的场合，与什么样的学生谈论什么样内容的话题，这都是需要认真考虑的问题。

(六)与学生真诚交谈的策略

1. 精心准备,有的放矢

班主任与学生的谈话要想取得良好的效果,在谈话前就一定要做好充分的准备。这样,在谈话的过程中才能做到有的放矢,真正掌握到自己所要了解的信息。首先,班主任要对学生的基本情况做充分的了解,对学生的性格特点、兴趣爱好等要有一定的了解,这样,才能使谈话顺利进行。其次,要对想要了解的问题及学生所存在的问题进行分析,使谈话具有针对性,提高谈话的效率,使班主任在最短的时间内了解到更多的信息。再次,班主任在谈话之前,对谈话过程中可能会出现的问题要做到心中有数,这样,即使在谈话的过程中出现意外情况,班主任也能够处事不惊,沉着应对。

2. 因人而异

了解到不同学生的个性特点后,就要进一步确定适用于不同谈话对象的谈话内容与交谈方式了。有的学生性格外向,容易接受班主任的意见,在与其谈话时可以直截了当、开门见山;有的学生说话比较含蓄、性格内敛,在与这样的学生谈话时,则不能操之过急,要采用委婉的语言与交谈方式;有的学生容易骄傲,稍微一夸就容易飘飘然,对于此类学生的优点可以适当地肯定但要注意夸奖的尺度,以免学生陶醉在荣誉的光环中难以自拔;有的学生生性自卑,班主任在与其谈话时,要善于激励学生、抓住学生的闪光点,哪怕是小小的优点也要给予充分肯定,并最终让其能够自我肯定。

3. 注重细节,拉近感情

要想使谈话取得更好的效果,就要让学生感受到班主任的真诚与热情,这就要求班主任必须要以平等的身份与学生面对面地交谈。在谈话开始之前班主任可以先给学生端个凳子,倒杯茶水,对于衣衫不整的学生,班主任还可以整理一下学生的衣服等,这样可以让学生体会到被关怀的温暖,感受到班主任对自己的尊重与爱护,从而使学生乐于与班主任交谈。在谈话之初,班主任可以先以生活中的细节为切入点,这里所说的细节可以是一件小事,也可以是几件小事,但最好是学生在校外发生的事情,可以从之前通过其同学或亲戚朋友了解到的事情中选取几件来谈,这样会让学生强烈地体会到被班主任关怀的温暖。此外,在谈话之初先肯定学生的优点,在肯定优点的基础上再讨论学生所存在的问题,也有助于消除学生的逆反心理与抵触情绪,拉近与学生之间的感情,注重这些细节对于谈话的顺利开展是具有很大作用的。

4. 注重语言的魅力

俗话说得好:“良言一句三冬暖,恶语伤人六月寒。”班主任在与学生谈话时要讲究一定的语言技巧，注重发挥语言的魅力。在与学生尤其是后进生谈话时，要尽量选择能够表示友善与关心的话语；在倾听学生的谈话时态度要诚恳、谦恭，但不能一味地倾听而不作回应，更不能只用“恩”“啊”等此类敷衍式的答语来应付学生，而要真正地与学生互动起来。若班主任想让学生意识到某些问题的严重性，不能单纯地认为以高声讲话就能够达到所要获得的效果，因为有的学生可能会因为班主任的高声讲话而对班主任产生反感。对于某些需要强调的问题，可以适当放慢语速，即使一字一顿也不为过，也可以适当提高声音但千万不能像咆哮一样。此外，与学生的谈话可能是几分钟也可能是十几分钟甚至是几十分钟，对于各种谈话尤其是时间较长的谈话，在谈话结束时，一定要对谈话进行概括或者总结，否则谈话过后，学生可能根本记不住都谈了什么，也就更谈不上从谈话中得到收获与成长了。

（七）巧妙运用非言语表情的策略

班主任在了解与研究学生时，不但要注重与学生进行言语的沟通与交流，也要注重与学生进行非言语的沟通与交流：争取用自己丰富的非言语表情引发学生感情上的共鸣，并从学生的非言语表情中体察学生的内心世界。班主任要想表达对学生的关切，看待学生的目光要充满慈爱之感；要平视学生而不是斜视或者把头高高昂起；学生谈到伤心的事情时，班主任要表示出自己的关心与同情，要让学生感受到班主任与学生感同身受，千万不能嘲笑学生的遭遇；学生若在谈话的过程中比较激动，班主任可以抚摸学生的头部或者拍拍学生的肩膀，以表示对学生的理解；在谈话时，要与学生正面相对并保持良好的坐姿或者是站姿，这样不但表现了对学生的尊重，也会让学生感受到班主任对待学生的认真的态度，并能够为学生树立良好的榜样。此外，班主任也要善于从学生的非言语表情中体察学生的内心世界，以更好地了解与研究学生。如：学生表情愉悦，往往显示了他对所提问题的同意或者默许，对于所做之事的兴趣比较浓厚；学生眼神凝视、头部微微倾斜，往往是由于被吸引到所提问题之上了；学生低头可能是遇到了挫折，感到沮丧；学生皱眉可能是对所提问题比较反感，不愿继续下去。班主任在了解与研究学生的过程中，充分地运用非言语表情的重要作用，不但可以更好地表达自己的情感，也能够更好地了解与研究学生。

拓展阅读2-1

为师生关系设喻

师生关系就像互相咬合的齿轮。

当新接一个班时，班主任与学生的关系处于一种初始阶段和游离状态，师生双方都不十分了解。在没有见到班主任之前,学生往往会揣摩班主任的长相、身高、穿着和脾气等,对老师怀着一种想接近又有点忐忑不安的心情。当与班主任见面后,学生会百般表现自己,以引起老师的注意。这时,师生之间的“齿轮”开始靠近了。可时间一长,学生会因一些小事与班主任意见不一,便会产生怨恨之情,“齿轮”会开始松动。此时,班主任需要及时进行合理的调整。

班主任工作的最初阶段,扮演着主要角色,教师的性格爱好、言谈举止等都在潜移默化地影响着学生,此时班主任是“主动轮”,而学生则是“从动轮”。师生相处的日子长了,彼此有了一定了解后,班主任会在一些事情上与学生做到心灵相通,产生真挚的情感交流,师生间会产生一种和谐共振的效果。此时“大小齿轮”的转速一致,没有力的损耗,这是师生关系的最佳状态。

情感是协调师生关系的润滑剂,班主任要以博大的胸怀和深厚的情感,拨动学生心灵深处的琴弦,奏响和谐的乐章,让师生间的两个“齿轮”产生互动效应,使运行速度更快,步调更一致。但愿所有班主任与学生相处时,都能像互相咬合的齿轮一样,和谐共处。①

① 冯书杰. 为师生关系设喻[J]. 人民教育,2000(2):37-38.

第三章　了解和研究班级艺术

【引导案例】

感受心灵，走进心灵，培育心灵

著名的教育家魏书生曾经讲过："教师应具备进入学生心灵世界的本领。"育人先要育心。只有走进孩子心灵世界的教育，才能引发孩子心灵深处的共鸣。我是一名低年级班主任，做班主任工作十几年，我深切地体会到：班主任，要耐心倾听，感受心灵；要真情交流，走进心灵；要贴近童心，培育心灵。低年级班主任，鉴于孩子的年龄特点，更要用真情付出，去谱写"心"的对话，更要用倾情交流，去创造"心"的教育。

感受心灵，倾听"心"的呼声

低年级学生情绪容易冲动而且多变，自我调控能力较之幼儿阶段有所发展，但仍然比较差，特别容易受外界的影响与暗示，加之年龄小，胆子小，很多孩子遇到不愉快的事情不会主动与老师交流，将不良情绪藏在心里，带到家里，不仅影响学习，还可能会影响同学关系，影响孩子的心理健康。为了能及时听到孩子的心声，我给每个孩子设计了一张"心情表"，孩子们每天在心情表中以笑脸、哭脸的形式反映自己的心情，以便及时发现孩子的不良情绪，寻找途径，及时调节。

一天，蒙蒙和林林打架了，我严厉地批评了身为组长的蒙蒙。第二天早上，我在蒙蒙的心情晴雨表中发现了一个"哭脸"。上课时，我观察蒙蒙，发现他的眼神儿总是躲闪着我，怔怔地坐着，我忽然为自己不冷静的发火，感到自责。蒙蒙本来就胆小、懦弱，我粗暴的批评，一定伤了孩子的心。孩子的行为是有原因的，我应该给他倾诉的机会。午休时，我领着蒙蒙来到办公室。拉着蒙蒙的小手,我轻轻地说:“怎么了蒙蒙……”我的话还没说完,蒙蒙的眼泪就流了下来,不住地抽噎着,好久才断断续续地说:“林林总欺负我,爸爸说他打我,我再不还手,回家就揍我。”孩子的一席话让我深思:林林平时是有些暴力倾向,以往我总是嘱咐大家不和他计较。一方是老师“谦让”的教育,一方是爸爸的“还手”的要求,使孩子陷入两难的境地。帮孩子从困境中解脱,不失时机地对两个孩子进行引导,这是老师的责任。

思考良久,我想出了一个两全其美的办法。我准备好一个鸡毛毽找到淘气的林林,对他说:“这是蒙蒙托我送给你的,他让我转告你,想和你成为朋友……”听到这,林林不好意思地说:“老师,是我先打他的,我错了,以后我再也不打人了,我也有个毽子,送给蒙蒙行吗?”听了林林的话,我激动极了,连忙带着他找到蒙蒙。两个毽子将两颗稚嫩的心连在了一起,让我感到了教育的力量。

家长会上,我激动地给家长们讲述了两个毽子的故事,会场上静极了,家长们被深深地感动了,都说一定会教育孩子注意团结,友好相处。

静下心来,倾听学生的心声,使我们的教育做得更加精细。如果,不设置“心情晴雨表”,我怎能洞察孩子的内心呢?如果,我不给孩子倾诉的机会,我怎能抓住这个教育的契机呢?如果听到爸爸的“还手”的要求,我就一味责怪家长与我的教育背道而驰,我又怎能让更多的家长信服呢?太多的如果,这真的需要我们教育者放下教师的架子,倾听孩子的诉说。

那么,与孩子沟通时,我们该如何倾听呢?十几年的班主任经验告诉我,“倾听心声”要做到“四要”:

要注视地“听”。倾听孩子的诉说时,要用眼睛看着孩子,表达你对他的尊重。

要专心地“听”。听孩子诉说时不要一边做其他事一边听,这样会让孩子失去对你倾诉的兴趣。

要倾心地“听”。倾听孩子说话时要保持微笑,作出同情、吃惊的表情,让孩子感觉到你能够理解他。

要冷静地“听”。当孩子说到关键问题或敏感问题时,要冷静分析,寻找解决问题的途径。

总之,倾听孩子,既不意味着你认可他的情绪,也不等于你纵容他,恰恰是要通过倾听,帮助他逐渐增长应付重要挑战的能力,学会控制并处理自己的情绪。

走进心灵，进行“心”的对话

我们班每个孩子都有个小本本，那是我们师生说“悄悄话”的地方。它使我走进孩子的情感世界，在维护孩子自尊的同时，感受他们的喜怒哀乐，引导孩子的行为。那么，与学生的“悄悄话”都可以谈些什么呢？总结几年来的与孩子们“对话”的经验，我想与学生的“悄悄话”要写在以下几点：写在品德迷失处，写在心灵阴郁时，写在质疑问难处，写在喜讯进步时。

这天上操时间，我见教室的灯没关，准备到班里去关灯，走到教室门口，却听到里面有声响，通过后门的观察孔，我看到巍巍正在翻同学的书包，他把同学的机器猫铅笔刀藏到自己的口袋里，证据确凿，我真想冲进去大声斥责他，但理智制止了我，我知道，我的不留情面可能会让这个孩子从此失去自尊，我决定给他一个机会。午休时，我在大家面前讲了偷拿东西的害处，然后说明：我已经知道是谁拿的了，他只是想看看，一会儿就还回来。我告诉同学们：让我们做个游戏，一起和老师到室外排队，再按顺序，每人单独回到教室内待半分钟，相信，“机器猫”会自己回来的。十几分钟以后，当我们重新回到教室，“机器猫”果然回来了。令我欣慰的是，这孩子在悄悄话里写道：“老师，今天我错了，请您原谅我，谢谢您给我保密。”我激动地回话道：“老师理解你，你只是因为好奇，下次如果喜欢同学的东西，一定要对主人说‘我想借看一下’。说了就是‘借’，不说就是‘偷’，虽然一字之差但这区别好大好大。”第二天孩子在悄悄话本上，画了一颗大大的心，中间写着：“送给老师妈妈。”以后这孩子真的再没出现过这种现象。

在这件事之后我做了反思，我写道：真庆幸自己能够冷静处理，否则宣扬出去，同学的唾弃可能会使这个孩子真的成为小偷，而且，可能激活班里更多的不良风气，出现“破窗效应”。因为公众的麻木不仁，会让坏的行为滋生。

后来这个孩子和我成了倾心交谈的朋友。在我生病住院期间，他手捧鲜花到医院看望我。看到我做完手术疲惫的样子，孩子伤心地哭了，他对医生说：“您一定要让我们老师妈妈快点好，我们就要开学了，我和同学们都等着她。”同病房的病人和医生都不知道孩子为什么会对我如此依恋，我知道，这浓浓的师生情，源自我们师生心灵的交融。

悄悄话，实在是一种极好的交流方式，在平凡而普通的交流中，我对学生渗透着“做人”的教育。事实上，当学生对你说出悄悄话的时候，你的教育就很容易成功了，尤其是对单亲的学生。

一天，小月在悄悄话中向我倾诉：“老师，奶奶恨妈妈，就总骂我，我不想活了……”看到这儿，我的心久久不能平静，该怎么帮助这个单亲家庭的小姑娘呢？思考良久我写下了这样的回话：“小月，奶奶每天接你时都向我打听你的学习，她是爱你的。老师也是爱你的，我一直把你当做自己的孩子，希望你快乐地生活……”

我们每天通过“悄悄话”交流着。她告诉我，爷爷病了，她很担心。下午我利用休息时间带她到医院看望爷爷，又把她带到自己家，帮助她复习功课。给她买来好看的头花带上。直到现在，我也忘不了她悄悄话中的那几句：“郑老师，我最喜欢和您说悄悄话，跟您讲话，就像和妈妈说话……”渐渐地，她不再孤寂了，努力学习，期末被评为“优秀生”，区故事比赛还获得了一等奖。看到孙女的进步，奶奶脸上的愁云也不见了。

“悄悄话”引领进我走进学生的情感世界，在心灵的对话中，我帮孩子们解除心中的烦恼，解决生活中困惑。

悄悄话的沟通不仅为我对学生的教育助了一臂之力，还为打开学生的写作之门营建了一间又一间的素材库。今年暑假，我班的文心同学在全国小学生技能大赛中，朗诵了与我对话的中的一段“悄悄话”，深深地感动了在场的评委，一举夺得一等奖第一名的好成绩。几年来，我回复给学生的悄悄话总计超过360万字，细细算来连自己都不敢相信，竟然相当于近十部长篇小说。

从1998年到现在，“悄悄话”不知伴随我度过了多少不眠之夜，帮助我化解了多少个难解的心结。回顾几年来和学生对话的经历，虽苦犹甜，支持我做下来的这份精神动力，就是其中那份真挚的情感。今后，我还将一如既往地将悄悄话进行到底，用真挚的情感走进学生的心灵！

培育心灵，扬起“心”的风帆

心理学中的“瓦拉赫”效应告诉我们：学生不是一块可以任意搓揉的泥团，而是有着自己独特个性的“根块”。班主任的工作应是一门“因势象形”的根雕艺术，应是“一把钥匙开一把锁”的个性教育，作为班主任要尊重每个孩子的个性，帮不同个性的孩子扬起不同的心灵之帆。

根据我们班学生大体表现出的不同心理特征，通过对每位学生大量个案材料的细心分析，我将学生大体划分为五种基本的个性类型，并据此设计出了五种个别工作方案。

听话型——聚合鼓励促进步

冲动型——启迪理智可制怒

表现型——因势利导促提高

倔强型——晓之以情融坚冰

低沉型——唤醒自信促成功

子豪就属于“冲动型”的孩子，对他的教育我就采取了“启迪理智”的方法，通过家访我了解到：子豪由爷爷、奶奶带大，老人事事都依着孙子，日久天长子豪养成了冲动易怒的坏脾气，经常为一点小事和同学发脾气，过后又总是后悔。为了得到子豪父母的支持，我给子豪父母发去了一封言辞恳切的邮件，表达了我希望帮助子豪改掉冲动脾气的想法，并希望得到他们的配合。

很快子豪的爸爸回复了邮件，在邮件中介绍了给子豪制订的计划，并提到自己要以身作则。

于是我和子豪，还有子豪的家长每日以笑脸、哭脸的方式对他一天在家里和学校里的情绪做出评价，每周都以网络邮件的形势发送到子豪的邮箱中。我还把和子豪的悄悄话改成了网上通话，以便及时给子豪指明努力的方向。

子豪入队了，那一天我又收到子豪爸爸的邮件。邮件中写道：子豪的每一点进步都与您的大度、容忍、鼓励分不开，非常感谢您的良苦用心。

网络联系及时地为孩子输送去老师的鼓励，启迪孩子理智的思考，使得孩子学会做自我的心理裁判，逐渐改变冲动易怒的坏习惯，学会了做情绪的小主人。

聪明的龙龙，很热情，他属于“表现型”的孩子。做班长，是他由来已久的愿望，可是竞选的缕缕失败，使他很灰心，甚至感到在学校不快乐。我想：想当班长并不仅仅说明孩子想表现自己，还要看到他乐于承担责任的一面，对这样的孩子要因势利导，切忌打击他的热情。又一次竞选后，他的票数和另两位也报名做班长的同学相差一票。我决定给孩子一个机会，让他在负责任的过程中体验快乐。于是我高高地举起手来，郑重地说，同学们还记得龙龙给大家带来的香皂吗？他很关心同学，老师想投他一票。同学们欣然接受，龙龙感动得哭了，这样我们班有了三位班长，我帮他们把工作进行分配，及时指导，三位班长配合默契，尤其是龙龙对于自己的工作特别负责，每周选举优秀干部时他都榜上有名，期末他被大家评选为三好学生。我想，龙龙的成功，就取决于老师的“因势利导”吧！

班里喃喃，学习困难，很自卑，但是她爱跳舞，在我的帮助下，喃喃以良好的自身条件，进入了市“七色光”舞蹈团。大年三十晚上，我接到了喃喃的电话，她欣喜地告诉我：春节联欢晚会有她参加表演的“福娃舞蹈”。打开电视，看着孩子的动情表演，我的眼眶湿润了，学生的喜讯是老师最大的幸福。

是呀，我们的每个孩子都是“瓦拉赫”，用宽容之心看待孩子的缺点，用期待之情发掘孩子的优点，帮孩子点燃希望的光芒，让纯真的心灵扬起风帆，自主前行。

感受心灵,我轻轻叩响了学生的心灵之门;走进心灵,我和孩子在情感上共鸣;培育心灵,我与教育结下不解之缘。十几年来我与学生一起成长,我奉献着爱,同时也被许多领导和前辈关爱着,在爱的滋润下我取得了长足的进步:曾获北京市紫禁杯班主任特等奖,北京市优秀德育工作者,北京市语文学科骨干教师,朝阳区十佳班主任,朝阳区教育劳动奖章的称号。《现代教育报》《朝阳教育》先后报道了我的事迹。成绩和鲜花只代表过去,教育永远是我魂牵梦绕的事业,既然选择了方向,便只顾风雨兼程。我愿化作那润物细无声的春雨,将绵绵的师爱洒向那渴求理解的心灵!①

早在战国时期,儒家思孟学派撰写的《学记》中指出:"知其心,然后能救其失也。""如果教育家希望从一切方面去教育人,那么就必须首先从一切方面去了解人。"②许多班主任的工作实践告诉我们,班级工作往往就是从了解和研究班级开始的,而班级工作能否取得预期的效果,也在很大程度上取决于对学生的了解和研究是否全面、深入、细致。"只有掌握了学生的思想状况、个性特点和学习生活情况,才能从实际出发,有的放矢地开展工作,才能把一个班级引向健康向上、竞争力强的轨道。"③

一、了解和研究班级的内容

班主任了解和研究班级的内容,是指既要了解和研究学生个体情况,又要了解和研究整个班级的情况,以便在了解和研究个体的基础上,达到了解和研究集体的目的。

(一)了解和研究学生个体的内容

班主任了解、研究学生个体情况,主要是指:

(1)学生的姓名、性别、年龄、身体健康状况;学生每个人的成长经历;是否受奖或受惩,是否当过班干部等;一般的作息时间和生活习惯如何;在家里是否帮助家长做过家务。

(2)了解和研究每个学生都有什么兴趣、爱好和特长;课余时间都喜欢做些什么事情,是否愿意看课外读物,都喜欢看哪类书;是否愿意看电视、电影和录像,都喜欢看哪一类影视剧;是否参加课外科技小组活动、社会公益活动、生产劳

---

① 郑丹娜.感受心灵,走进心灵,培育心灵[J/OL].(2008-05-29)[2011-02-10].http://www.banzhuren.com/article.asp?id=911.

② [俄]乌申斯基.人是教育的对象[M].北京:科学出版社,1959:11.

③ 刘成旭.了解学生是班主任工作的基石[J].青海教育,2000(12):14.

动等等；气质、性格如何等个性心理特征。

(3)了解和研究每个学生对于国家大事是否感兴趣，理想志向如何；对中小学生守则、学校的日常规则是否遵守；对集体是否关心，对他人是否尊重、礼貌、诚实等；在公共场所的文明行为如何。

(4)了解和研究每个学生对学习的意愿态度如何，学习目的是否明确，对哪门学科感兴趣或不感兴趣；怎样安排学习时间，学习的方法和习惯怎样；独立分析和解决问题的能力如何。

(5)每个学生在学校和其他场所，都喜欢和谁交往；在学校喜欢哪些老师和同学；在家里最听谁的话；家长对孩子最关心的是什么；家长对孩子是怎样教育的；孩子对家长的关心教育所持的态度怎样；学生家庭的近邻和亲戚情况，学生与他们的关系怎样；学生愿意参加学校和班级的哪些活动。

总之，如果教师想更好地教育学生，首先他应从各方面了解学生，这样才能对整个班级有更加深入细致的了解。因为，班主任了解掌握班级个体，这既是做好教育管理工作的前提，也是教育好学生的基础。

(二)了解和研究班级的内容

了解和研究学生集体情况是在了解和研究学生个体情况的基础上进行的。班主任应该从班级整体的角度对学生的情况进行了解分析，以建立起对班级情况的整体性认识。具体可以从以下几方面来了解。

1. 全班学生的基本情况

学生总人数；学生的姓名、性别、年龄；男女学生人数所占比例；学生家庭地址，家长职业、文化程度所占比例；学生在家庭的排行和地位、独生子女所占比例；家庭的物质条件、住房条件、平均生活费用情况；学生来源情况。

2. 班级学生的发展情况

少先队组织和活动的教育状况；团支部思想状况和工作状况，团员数所占比例；学生中优秀、中等和后进的人数所占比例；思想品德、行为习惯表现的不同层次情况所占比例；各不同层次表现的特点；学业状况、学习风气、优势和弱点；各种成绩、平均成绩；身体素质情况，基本健康的、有各种慢性疾病的、残疾的等情况所占比例；近视眼发病率和其他常见病的发病情况；学生的紧张、焦虑、忧郁、狂躁、恐惧、消沉、敌对等心理障碍表现。

3. 班级集体发展的状况

学生对班级目标的确认并为之努力的状况；学生的集体舆论情况；学生中积极分子队伍情况；学生干部队伍的状况，学生自己管理班级的状况；班级中人际关系状况，自然群体及其对班级影响的情况；班级的规章制度建立和执行情况；

班级的集体荣誉感,班级的凝聚力状况。

二、了解和研究班级的方法

班主任为了科学地教育管理好班级,必须了解和研究班级。了解和研究班级的方法很多,这里主要介绍四种方法。

(一)系统分析法

系统分析法是指研究和分析问题要从构成问题的要素以及这些要素之间的联系入手,从而达到对班级有一个整体认识的方法。

系统分析法是班主任为了科学地、全面地了解和掌握班级状况而运用的一种方法。分析时要将班集体作为一个整体或系统来加以研究和认识,通过研究构成班集体的各个部分和这些部分之间的有机结构、有机联系,以及班集体与外部环境之间的有机联系、相互作用,获得对班集体的全面了解。这一方法是系统分析法在研究和管理班集体中的具体运用。运用系统分析法要注意以下几点:

首先,班主任要从整体出发,在整体思想指导下,来研究和分析班集体的状况、结构,掌握其班级成员的心态、要求,预测其发展趋势及可能出现的结果。要把反映学生集体和学生个体的各个方面,各种信息都看做是对整个班集体的一种了解,一种认识。从整体出发,班主任就能获得比较全面和系统的认识。对班集体的评价和对学生的评价就会比较全面客观,不致以偏概全,产生片面的认识。

其次,班主任必须细致地分析和研究班集体的结构,研究构成班集体的各个组成部分的结构及相互之间的关系。对每一个方面,每一个层次的情况都必须予以细致的分析。比如:班主任要研究班风如何;班级的共同奋斗目标对每个学生的影响作用;所有学生的共同心理特点、要求,每个学生在学习上、活动中的要求和表现,以及每个学生的不同表现对整个班集体的影响。对于这些具体的情况,班主任必须通过各种渠道了解和掌握清楚,并且作具体的、细致的分析和研究。

再次,作为班主任应该看到,班集体是一个由学生构成的有机整体。这一群体与外部环境有着广泛的、密切的联系。来自社会的、家庭的和学校内部的影响无时无刻不在波及着这一群体中的每个成员。由于班集体不是孤立存在的,而是与外部环境有着千丝万缕的联系,因而其内部结构和每个成员的心态总是处于不断的运动、变化和发展之中。这就要求班主任一方面协调来自学校、家庭和社会方面的影响力量,因势利导,保持班集体的良性发展;另一方面,研究和分析班集体时,班主任要坚持动态的、发展的观点。要将对班集体的分析和研究置于变动中的社会环境中，对班集体的评价，对学生的认识，既不能用老眼光，也不能使自己的看法一成不变。

（二）综合分析法

综合分析法是指研究和分析问题要把构成问题的诸方面结合起来使其成为有机整体，并且注意整体和外部环境之间的相互联系、相互影响，从对部分的认识来达到对整体的认识的一种方法。这是与系统分析法相对应的一种方法。在对班集体的研究和分析中，班主任要通过各种途径和方式获取对整个班集体及个体的了解，将获得的各方面的信息从整体上进行分析。从而由对各个方面、各种情况的认识达到对整个班集体的认识。这一方法要求做到以下几点：

首先，班主任必须通过各种途径获取反映学生集体和学生个体的各个方面、各种特征的信息，以期全面地了解和掌握学生和班集体。这就要求班主任必须和学生建立最广泛的联系，通过各种方式，如调查、谈话、观察等方法，和学生进行情感上的交流，时刻掌握班集体中每位成员的心理特点、要求，对班集体的发展势头和可能出现的问题了然于心，为更好地控制和解决这些问题提供先决条件。

其次，班主任要把通过各种途径和方式获取的信息综合起来，予以细致的分析和研究，找出其共性和个性。对于个性的东西，找出其原因，及时地予以个别处理。对于共性的部分，良性的要加以提倡和鼓励；容易产生不良影响的，在分析产生原因的基础上，予以控制和解决。总之，班主任要对通过各种途径获得的有助于对班集体的了解的信息加以综合分析和深入研究；或发现闪光点，予以光大；或发现问题，防微杜渐，以此来更好地管理班级，提高管理水平和效率。

还应该看到，不论是系统分析法，还是综合分析法，对班集体的分析和研究，都离不开对班集体与外部环境之间相互联系的研究。只有用联系的、发展的观点来研究和分析班集体，才能获取比较全面的认识，才能提高班级教育管理工作的水平和效率。

（三）全面分析法

全面分析法是指班主任对班集体的分析和研究，既要从横向上，又要从纵向上，既要从宏观上，又要从微观上进行，以期全面地、科学地了解和掌握班集体。这一方法要求做到以下几点：

首先，班主任对班集体以至于学生个体的研究、认识和分析，必须要多方面、多渠道，必须要做到全面、系统。既要从宏观上将班集体置于广阔的社会环境中，研究社会诸方面因素对班集体的发展产生的影响，对学生行为、认识产生的影响,又要从微观上看到班集体内部诸因素之间的有机联系、相互影响,诸如班风、班集体奋斗目标对学生行为和心态的影响,学生的动机、愿望对班风的影响等。除了从宏观上、微观上认识和把握班集体之外,还必须从横向上和纵向上来研究和分析班集体及学生个体。既要看到学校中不同班级之间的差别,加以对比研究,取长补短,又要看到不同的时期、不同的条件下,班集体所表现出来的特点,以及学生个体所表现出来的不同特征。从纵向上加以对比、分析研究,就容易发现进步和落后,找出原因、差距,就会使班集体管理工作达到一个新的高度和水平。

其次,全面分析法不是研究和了解班集体的唯一方法。它只是要求班主任必须客观、全面地分析和研究班集体,而为了做到这一点,还必须和其他方法结合起来,综合加以运用。实际工作中,班主任要持科学的研究态度,以灵活和行之有效的方法,全面细致地研究和分析班级状况及预测和引导班集体的未来发展,为提高育人水平和质量而做出努力。

(四)教育统计分析法

教育统计分析法就是把教育统计和数理统计的有关方法和理论应用到班集体的分析和研究中。教育统计分析方法很多,这里介绍几种常用的方法。

1. 平均数

这是一种分析和了解学生及班集体一般发展水平和状况的方法。平均数就是有关学生达到某种指标的总和或班集体所制订的指标完成的情况总和与学生总数或理想指标之比。用公式表示就是

$$\text{平均数}=\frac{\text{学生达到某种指标(总和)}}{\text{学生分数}}$$

或

$$\text{平均数}=\frac{\text{既定指标中完成指标数}}{\text{既定指标(理想指标)}}$$

平均数方法比较简捷、直观。

2. 百分比

这是一种利用达到不同指标的学生数目和班集体学生总数之比再乘以100%,或利用既定指标的完成数与总指标数之比再乘以100%,来考察和分析班集体的状况及学生状况的方法。用公式表示就是

$$\text{百分比}=\frac{\text{达到不同指标学生数目}\times 100\%}{\text{班集体中学生总数}}$$

或

$$\text{百分比}=\frac{\text{完成指标数目}\times 100\%}{\text{总指标数}}$$

这种方法同平均数方法一样,比较简捷、直观。

3. 中位数

这是一种研究和分析班集体和学生个体达到某种指标及完成数量标准一般情况、一般水平的方法。如班主任为了研究学生的学习成绩,就可以在某次考试中,用中位数来确定中等生的标准成绩。具体做法就是,先将考试成绩按大小顺序排列,然后运用公式$(n+1)/2$计算中位数在数据中排列的位次,所求得的位次的相应数据便为中位数。如下列15名同学成绩如下:61、63.5、65、71.5、73、75、76、77.5、78、79.5、81、81.5、84、88.5,$(n+1)/2=(15+1)/2=8$。第八位同学的76分即中位数,也就是中等成绩。

4. 正态分布

运用教育统计法和数理统计法对学生和班集体情况进行分析和研究时,常常要用到正态分布图。对一个班集体或一个学生的整体趋势或整体的一般发展水平作出分析和判断,如评价和分析班集体中学生的学习状况,先依据学生的学习成绩从低到高的排列,然后计算出不同分数段学生数占全班学生总数的百分比。以学习成绩作横坐标,以各分数段学生数占全班学生总数的百分比为纵坐标,就可绘出正态分布图。正态分布图,正常的来说应是两头小中间大。如果偏左或偏右,则说明学生成绩不正常,或教师出题偏难或偏易,或学生发挥极佳或发挥失常。总之,班主任要根据正态分布图来研究和分析班集体及学生个体。出现问题要寻找原因,制订出改进措施。

研究和分析班集体中的教育统计分析法还有很多,诸如众数、相关统计法,因为涉及复杂的数学计算,这里不再一一介绍。具体涉及和应用时,可参考和阅读有关的书目。

三、了解和研究班集体的策略

班主任工作是一门艺术。不论是班集体的组建、学生的培养,还是与学校、家庭和社会的密切配合,都需要班主任的工作达到一定的艺术水平。班主任如果掌握了较高的工作艺术和技巧,做起工作就会得心应手,从而使自己的工作卓有成效。在了解研究班集体时,班主任的艺术性主要体现在以下三个方面。

(一)亲近调查对象,确保情感沟通

班主任的工作是为了教育学生,通过集体来教育个体并使集体得到教育和提高。为了达到教育目的,从某些方面来说,班主任必须了解班集体,了解学生,发现问题并解决问题。了解人最主要的方法就是调查研究。调查研究是班主任实施一切教育工作的首要环节,不论是制订工作计划,做个别学生的工作,督促

和检查学生的学习，还是进行家访，协调学校、家庭和社会的影响，都离不开调查研究。没有调查研究就没有发言权，没有调查研究，班主任工作就会陷入盲目状态。因此，我们认为调查研究是了解和研究班集体的首要方法和艺术。

班主任为了能够在调查研究中获得可靠的信息，必须亲近调查对象，确保与学生之间进行良好的感情沟通。这是因为学生是有主观能动性、有复杂感情的个体。在他们的成长过程中，被爱的需要特别强烈，对于爱的感受也特别深刻。班主任和学生之间如果没有足够的思想沟通和情感交流，教育和管理工作就难以取得预期的效果。

另一方面，师生之间的关系是平等的、民主的关系。教师应该多亲近学生，以平等的态度对待学生，尊重、信任、关心和体贴每一个学生；应该以满腔的热忱为学生服务，竭尽全力做好育人工作，这样自然就会换取学生的信任、尊重和理解，从而激发学生学习和上进的热情。多亲近学生，与学生进行感情上的沟通，是了解和教育学生的前提，也是增强教育效果的一种手段和力量。班主任亲近调查对象，确保感情沟通，要做到以下几点。

首先，以民主的、平等的关系与学生交往。班主任和学生的关系，不仅仅是简单的师生关系，更是朋友关系。教师和学生只有相处得十分融洽，使学生处在愉悦和谐的环境和气氛中，他们才能更好地接受教育，才能更加健康地成长。教师也只有平等地与学生交往，才能获得学生的尊重和信任。其次，在以平等的身份与学生交往的基础上，教师要热爱、尊重和关心学生。只有爱才能够架起教师和学生之间信任的桥梁，只有爱才能转化为学生前进和进步的动力。除此之外，教师还必须尊重和关心学生。学生是有血有肉、有自尊和人格的人。处于成长和发育中的学生，他们的自尊心较强，性格比较脆弱，同时又具有很强的依赖性。情绪的外显和起伏不定往往会使他们因为一件小事而情绪低落，消沉悲观；也会因为一件小事而激动不已，心花怒放。对于学生的这种个性心理特点，如果班主任不尊重、不理解他们，动辄冷嘲热讽，训斥体罚，不仅会使学生产生逆反心理、对立情绪，也会使对于学生的了解和研究工作陷入僵局。再次，教师与学生交往，其感情必须诚挚、无私，同时也要拿捏好分寸，遵循适度的原则，做到“人情归人情，原则要分明”。在了解和研究学生的过程中，教师要以自己的学识、修养、言谈举止去影响和感化学生，正确地引导和转化学生。教师只有注意自己的言谈举止，尊重和信任学生，以平等的身份积极地与学生交往，不断地进行情感上的沟通，才能深入地了解学生，使教学效果达到最优化。

（二）巧用谈话交谈的艺术

谈话是获取信息的重要方法，也是了解和研究班集体及学生个体的重要手段。班主任巧用谈话交谈的艺术，可以及时了解与掌握班级发展的动态，深入了解学生状况，诸如他们的个性、追求、思想活动、心理状态等等。恰当的谈话法，是班主任洞察学生心扉，启迪学生心灵的一把钥匙。

谈话法可以分为个别谈话或集体谈话；也可以分为直接谈话或间接谈话。但是，不论是哪种谈话方式，都要求班主任首先根据学生的年龄特点、性别特征，选用恰当的交谈方式、态度和语气，并且还要将恰当的交谈建立在调查研究基础之上。比如对那些性格内向、沉默寡言的学生，交谈时应尽可能地语气温和，态度和善，先解除对方的拘谨；而对于那些性格外向，坦率直言的学生，则应以诚相待，使之有相见如故之感。除了根据不同的个性特点选择谈话方式外，还必须选择恰当的场合。有些学生，有些时候，可选在僻静处语重心长，促膝长谈；有些学生则可漫谈。总而言之，谈话必须选择好谈话方式，根据学生不同的心理特点，有针对性地选择不同的谈话方式。

谈话法作为班主任了解班集体和学生的重要手段，集艺术性与教育性于一体。其艺术性表现在：首先，教师通过和学生的交谈，不仅可以掌握大量关于学生的信息，还可以深入了解有关班集体和学生个人的情况。其次，学生通过教师和自己的交谈，能够从老师的话语中受到启迪，受到教育，得到进步；能使学生认识并改进自己的缺点，认识和发挥自己的长处；更主要的是通过教师的引导和激励，使学生的学习热情和动机得到激发，人生观和世界观得到培养。这就要求教师在运用交谈法来了解和研究班级的时候，不要单纯地交谈，而是要使用巧妙的交谈艺术使学生心灵上受到感染，学习上得到提高。

（三）善于抓住时机

不论是亲近调查对象，还是运用巧妙的交谈，班主任都必须善于抓住时机，这样才能收到良好的交谈效果。在每个班集体中，通常都有几十名学生，而每个学生又都具有复杂的个性特征，具有不同的生活环境和生活经历以及各异的发展水平。各个学生个体之间鲜明的差异性，自然地形成了班级中的众多小“宇宙”。班主任在了解和研究他们时，尽管作了充分的准备，但在调查或交谈时，有时也往往会碰到许多意想不到的情况，使调查或交谈收不到什么成效。如班主任想要了解某种情况而叫到某些学生时，他们往往会以为自己要受到训斥，而不向老师吐露实情，或者老师向其询问同伴的情况时，学生也常常会为了所谓的“义气”，而沉默不语或有所隐瞒。在非正式群体中，更不敢出现“告密者”。这就要求班主任老师必须抓住时机，寻找突破口。如当学生生活上遇到困难时伸出帮助之手；当学生生病时送去关心和温暖，用爱去感化他们，这时学生便会直言相告，班主任便会获得某些班集体中的真实情况。而最主要的是，班主任要具有敏锐的洞察力、迅速准确的判断力、灵活机智的应变力，同时也要具有丰富的教育经验和较高的理论能力与道德修养，这样才能善于把握教育时机，在出现意外的情况下，具有决策和应变能力，能够更好地了解和掌握班级，预测其结果和发展趋势。从成功中总结经验，从失败中吸取教训、探索规律，提高班级教育管理工作的水平。

总之，了解和研究班集体是一门艺术性很强的工作。作为班主任老师，如果能不断地丰富自己的实际工作经验，加强自己的理论修养，就能够了解和掌握班级，并因此而科学地教育管理好班级。

拓展阅读3-1

班主任的自述

我属于愿意当班主任的那类教师。我总觉得做教师不当班主任，那真是失去了增长能力的机会，吃了大亏。班级、班集体，从她形成那天起，人们生长在其中，变化在其中。关心她，爱护她，为她吃苦，为她的荣誉奋斗；离开她后，留恋她，想念她，回忆她，魂牵梦萦见到她……这怀念的感情，经过滔滔时间长河的冲刷，非但没有消失，反倒积年累月，越积越深。许多人愈到晚年，对其思之愈切，念之愈深。

班级和人生维系得这么紧密，班主任这一职业便具有了一定的诱惑力。班级像一座长长的桥，通过它，人们跨向理想的彼岸；班级像一条挺长的船，乘着它，人们越过江河湖海，奔向可以施展自己才能的高山、平原、乡村和城镇；班级像一个大家庭，同学们如兄弟姐妹般互相关心、帮助，一起长大、成熟，直到离开这个家庭，走向社会。我常常觉得班级更像一个小社会，社会上有什么，一个班级便可能有什么。学生们走出家庭，通过在这个小社会实习，才具有了一定的适应大社会的能力。既然是社会，就有一个管理问题。管理得合理，就能人心所向，形成强大的凝聚力。集体中的每个人都发挥自身的潜力，集体的实力就能得到增强，事情才能做得顺利。社会如此，家庭如此，学校如此，班级亦然。

世界也许很小很小，而心的领域却很大很大。班主任是在广阔的心灵世界中播种、耕耘的职业，这一职业应该是神圣的。愿我们以神圣的态度，把属于我们的那片园地，管理得天清日朗，无愧于我们的学生，无愧于我们生命长河中的这段历史。①

---

① 魏书生. 班主任的自述[J]. 人民教育,1999(10):40.

拓展阅读3-2 让每个学生都成为助手

我曾到过许多师范院校作报告,报告结束后,常有很多学生围着我,让我写当教师、当班主任应记住的最重要的一句话。我总是一次又一次地给他们写下这样一句话:“坚信每个学生的心灵深处都是你的助手,你也是每个学生的助手。”这是我教书、当班主任以来,感受最深的一点,也是我当班主任的一条最根本的原则。我坚持这条原则,工作就顺利,就成功;我忘记或不自觉地违背这条原则,工作就受挫折,就失败。

记得1991年,毕业的两班学生人数比上届还多,达到146人。我跟大家谈心说:“老师依靠什么当班主任,依靠什么教语文?就依靠在座的各位助手,都是我的副班主任,都是我的语文助理教师。大家都成了老师的助手,我们的班集体就能管理得井井有条。”

要做到“坚持每个学生都是自己的助手,自己也是每个学生的助手”不容易。班主任常常觉得那些班干部、好学生能帮自己做工作,而那些淘气的学生,就不是助手甚至是工作的障碍了。这样思考问题,就真的容易把助手逼到对手的位置上。教师必须坚信:学生不管多么难教育,毕竟是青少年,其内心深处一定是一个广阔的世界,而世界必然是假恶丑与真善美并存的。教育学生时,力争不站在学生的对面,让学生怎样,不让学生怎样,而要力争站在学生心里,站在其真善美那部分思想的角度提出:我们需要怎样,我们怎样做才能更好。这样,学生会感到你不是在训斥他,而是在帮助他,你真是他的助手。一旦和学生建立了这种互助关系,就会进入左右逢源的教育境界。①

拓展阅读3-3 爱心与耐心

一个新的学期又开始了,新生们兴高采烈地来到班级,经过几天的观察和接触,一个调皮的身影被列入了我的“问题学生”名单。凭着多年的工作经验,我断定这将会是一个棘手的“潜能生”。“潜能生”长得很帅气 ,一米八的个头,大大的眼睛,白白的牙齿,一笑起来很可爱,但你若看到他的衣着打扮、言行举止,就会皱起双眉笑不起来了。他穿一件格子半袖衫,只系一个扣子,把校裤的两条腿剪得半长不长的,长长

① 魏书生. 让每个学生都成为助手[J]. 人民教育,1999(11):38.

的头发还经常打摩丝练“立正”。上课不注意听讲，下课打闹，不但与本班的同学闹，还经常与外班的学生闹。而且，刚开学半个月，我就发现他和高年级的同学有联系，因此经常有老师和学生来告状。更可气的是，他把卡通画画在校服的后背上，惹的全班的同学哄堂大笑。正因为他不爱学习，所以学习成绩也很差，第一次月考的成绩是：数学 64 分，语文 34 分，英语 45 分。了解了这些情况，开始我也很生气，很想把他叫到面前狠批一顿，因为开学第一天，我就在班上反复强调了学校的规章制度、应该遵守的纪律等。后来，我冷静了一下，觉得简单粗暴的方法对于他来说可能早已经是家常便饭了，于是面对这样的一个学生，我没有给予他批评，而是立即家访。通过家访得知，他的父母已经 50 多岁了，家中经济拮据，靠父亲微薄的工资来维持生活。他在家中很懂事，从不乱花钱，读小学时由于家离学校较远，需乘车上学，但为了节省每天两元钱的路费，他宁肯每天徒步往返两次，也不肯乘车。了解到这些情况后，我感到这是一个在校学习、表现都很差，但在家又是一个比较懂事和孝顺的孩子。家访后，我找他进行了第一次谈话。我肯定了他的很多优点，如节俭、孝顺、热心、聪明、有能力等，当他听完这些后，愣愣地看着我，继而双眼盈满了泪水，他想说什么又没有说，只是把平常高昂的头低下了。针对他的情绪变化，我就趁热打铁说：“你是父母的希望，你很孝顺，目前你这样做是孝顺吗？回家好好想想，然后找老师谈。”第一次谈话已经达到了我预想的效果，那就是要感动他。谈话之后，我联系到该生的小学班主任，从那得知他在小学很“窜”，不听老师的话，无心学习，但体育方面很好。得知这些情况后，我决定大胆起用这个学生，让他担任班级的体育委员，因此，我找他进行了第二次谈话。“我决定让你担任体育委员。”我说。他惊讶地望着我，嘴巴张得大大的。“希望你认真负责，把体委工作做好，更希望你以身作则，起到榜样的作用。”他闭上了张开的嘴巴，用力地点了点头，然后很大声地说：“谢谢您，老师。”这次谈话又达到了我预期的效果，合理地发挥他的潜能。自从担任体委以后，他一改旧我，上课认真听讲，下课也不到处闹了，课间操工作认真负责，尤其在学校组织的运动会上大显身手，为班级争得了荣誉，也得到了同学们的信任和拥护，当然也在期中考试中取得了较好的成绩。可以说对这个孩子的教育工作我已经取得了一定的成果，但我深知孩子的教育工作是一个长期的过程，而且是有反复性的。所以，在教育的过程中还是要不断地提醒和关注，他也不可能一下子就改掉所有的毛病，还会不断地犯一些错误。我一直耐心地引导他，使他在我担任他的班主任期间没有出现任何大的问题，而且成绩一直很不错，家长也很满意。①

① 张嗣卿. 班主任工作案例——爱心与耐心[J]. 教育教学论坛，2010(1)：191.

第四章　科学创建班集体艺术

【引导案例】

用心营造和谐班级

我与班主任工作结缘11年。我热爱这份工作，在看似平淡的工作中，我体验着作为一名班主任的快乐，我愿意使我的学生在我用心营造的班级里健康快乐地成长。

以平常之心看待学生的成长过程

教师只有保持一颗平常心才会豁达而不失节制，恬淡而不失执著。在工作中，我要求自己怀有一颗平常心来对待我的学生和工作。学校要求学生早上7:40到校上早读，我会提前来到教室和学生一起早读；课堂上，我做到耐心倾听学生的心声，该放则放，该收则收，同时也要求学生"学会倾听"，尊重老师的劳动，尊重知识，放得开，收得住，配合每一位老师上好每一节课；升旗时，我力争用饱满的热情感染学生，学生们也会抬头挺胸站直，保持向上的精神；课间操时，我站在队列后与学生们一起做操，虽然我的一些动作不到位，甚至不会做，可我还是每天认真做完。榜样的力量是无穷的，当学生们发现他们的班主任和他们一起做时，那些本想乘机耍些小动作的学生也都认真了，队列更整齐了，动作更到位了，班级荣誉感增强了。

从此以后，我更有意识地在同学面前捡讲台上的粉笔头，主动地去捡教室地面上的纸屑和掉在地上的学习用品，每天随时把自己的讲桌收拾整齐，随时捡起散落在走廊、楼梯上的杂物。总之，凡要求学生做到的自己首先做到，凡要求学生不做的自己坚决不做。看来，老师的身教比单纯的言教要有力得多。

以严格之心锻炼一批小干部

要有一个良好的班集体,必须有一个好的班级领导核心。这个核心,就是班主任领导下的班委会。开学初我根据前任班主任的推荐确定了班干部,然后让同学们监督,看看哪个班干部团结同学,作风正派,有一定的组织能力,哪个不适合做班干部,适用两个星期,两个星期以后再在班会上通过民主选举重新确立班干部。之后我便对他们进行培训,既教育他们大胆放手开展工作,给予他们班干部的权力,又根据实际对他们加强指导。特别是对班干部的要求更加严格,要求他们以身作则,如经常佩戴校徽、穿校服等,学习成绩优秀,团结同学、处处起模范带头作用,做老师的得力助手。上课了,老师没有来,班长会带领同学们背《弟子规》和唐诗;每天早读下课,组长就会督促组员擦窗台、擦柜子、浇花;课间谁的桌子旁边有纸,卫生班长就会让他捡起来;路队和两操,当班主任不在时体育班长能够带领同学们认真完成。经过不断的培养,终于提高了学生干部的工作能力,让他们分工协作,使学生自己管理自己,逐渐形成具有本班特色的优良班风。

我们班的学生在我的关怀呵护下,形成了良好的班风,班干部主动做好事,刘丽文、段蒙蒙等人能够连续两年给我们办公室倒水、打扫卫生。班集体积极向上,孩子听话懂事,不论是上什么课,都很遵守纪律,总是能得到各个副科老师的夸奖:“上你们班的课特别省心,老师在与不在是一样的。”他们确实很听话,上自习课老师把作业布置好了,你在与不在教室是一样的。他们都能认认真真学习,看来我的教育方法真的很有效。有了好的班集体,学生的学习成绩自然也差不了,在上学期期末考试中我们班的语文和数学都取得了第二的好成绩。

以关爱之心让每个学生健康成长

一个班,好似一个大家庭。班主任只有把爱的情感投射到学生的心田,师生间才能产生心心相印的体验,如果这个大家庭中的每一个同学都如兄弟姐妹般互相关心、互相鼓舞,那么它便是温暖的。

在班级管理中,我努力将自己“与人为善”的爱心倾注给后进生,大胆吸收他们参与班级管理,让他们在管理中克服自身不良的行为习惯,感受到自己在班上有一席之地。在学习中,我不让一个学生掉队,让每一个学生都能够在班集体里健康全面地成长。对于后进生,我从不歧视他们,善于发现他们身上的闪光点，激励他们一步一步自我完善。

对于特殊的学生我更是关爱有加，我们班的何×同学是一个心理有缺陷的孩子，可以说她是学校的“名人”，她沉默寡言，经常不写作业，同学们都不喜欢她，也不和她说话。课上和课间我总会多关注她，我发现她还是有很多优点的：字写得很工整，课上能够安静地听讲，从不和同学打闹。课间，我会主动走到她面前和她聊天，了解一些情况，比如：今天交作业了吗？我讲课你能听懂吗？你会跳绳吗？其他学生看我和她聊天也会凑过来看热闹，渐渐地她愿意主动问我一些问题，同学们也愿意带她一起玩了，她不再是一只“孤雁”了。这以后，大家都热情地帮助她，我也时时鼓励她，同时还把“值日组长”的任务交给了她，这让她信心倍增，每天把本组工作做得有条不紊。

以感恩之心增强班级的凝聚力

我时常教育学生要有感恩之心，感激父母的养育之恩；感激老师的教诲之恩；感激同学的相助之恩；感激学校的培育之恩。我积极组织学生开展“用我的双手感激父母”活动，如：为父母过生日，为父母揉揉腰、捶捶背、洗洗脚等活动，体会和感激父母的艰辛和不易，培养学生感激父母的养育之情。开展“帮助他人我快乐”活动，倡导用同伴精神激励同伴健康成长。为同学为班级做件有益的事，教育学生日行一善，从身边的小事做起，掀起同学之间互帮、互助、互学、互进的热潮，增进同学之间的友谊。

我时刻注重教学生学做人，用心营造和谐集体，几年来，我带的班总能形成互相关心、互相帮助的风气。刘某同学下楼梯时不小心摔倒了，同学们把她背上来，护理、安慰；王同学放学推车时挤伤了手，同学们主动为她包扎，借给她手套，顺路的同学还步行亲自把她送到家；哪位同学生病了，课代表总能主动去探望，并耐心地为他们补课……我让每位同学都有一颗感恩的心，感激同学的相助之恩。

我班学生积极参加学校组织的活动，如“诵读古诗文活动”“抖空竹比赛”“争当微笑天使”“远足参观军营”等，都取得了优异的成绩。在“情系奥运、文明礼仪伴我行”主题教育活动中，学生们不怕脏一次次捡起校门外的垃圾，在活动中体验了劳动的快乐。活动结束后，我上了一节“绿色行动迎奥运”的德育活动课，课上学生根据自己在实践活动中的体会，畅所欲言，提出了很多有效制止乱丢垃圾的办法，掀起了“我为奥运作贡献”的热潮。学生在活动中体验生活的乐趣，感悟生活的美好，同时也提高了集体意识，增强了班集体的凝聚力。看着后黑板上面贴的大大小小的象征着我们集体成绩的奖状，我深深感受到学生们对班集体投入了全部的热情。

班主任工作是很有挑战性的工作,每个学生都是一个世界,要想成为每个学生的朋友,要想得到每个学生的信赖,要想成为最优秀的教师,需要付出很多的心血。但我认为:值得。既然选择了我爱的事业,就要爱我所选择的事业。为使每一个学生都拥有一个美好、靓丽的童年,我将继续用自己的言行、高尚的人格去感染学生,让我的学生在我用心营造的和谐班级中健康成长。①

创建班集体是班主任进行班级教育管理工作的重点和难点之一。班集体建设得如何,直接关系到学校教育教学的成败。科学创建班集体是学校教育教学和管理科学化的基石,是适应学生生理和心理发展的需要,同时还可为优化班级这个微型社会教育环境提供有利条件。在改革开放不断深入、市场经济不断完善的新形势下,科学创建班集体具有更深远的理论和实践意义。

集体是群体发展的最高形式,在实现由社会的有益动机所制约的活动时,具有组织上和心理上团结一致的特点,它是群体存在的理想形态,其中个人、群体和社会意义的动机目的是和谐地结合在一起的。从心理学角度讲,集体是具有各成员相互依附,在心理上彼此意识到对方和各成员有"我们同属于一起"的感受这两个特征的群体。这就像电影院里一同看电影的一群人,不能说是集体,因为他们没有行为的相互作用。还有大型的工厂、组织,各成员虽然有"我们是一起的"感觉,但人太多,范围太大,彼此不认识,不能发生相互作用,也不能称之为集体。明确了集体的概念,我们就不难理解班集体的概念。

班集体是一个微观的、特殊的社会教育环境。它不同于传统意义上的班级。班级是学校教育、教学活动的基本组织形式,它是一个松散的组织。优秀的班集体通常具有以下特征:一是学生有较强烈的学习动机,并表现出较高的学习效率;二是学生愿意接受教育教学目标,并能按质、按量、按期完成或超额完成;三是学生心情舒畅、精神饱满,充满信心和力量,较少有不安、焦虑与挫折现象;四是学生同校领导、教师和同学间有良好的沟通关系;五是学生间能同心协力,有高度的相互影响作用,成为一个安定、团结的整体;六是学生能积极参加集体活动,充分发挥每个人的聪明才智,群策群力。优良的班集体不是自发形成的,而是经过班主任的精心培养并为之付出大量的劳动后形成的。

---

① 付丽宏.用心营造和谐班级[J/OL].(2008-02-28)[2011-06-08]. http://www.banzhuren.com/Article.asp? id=2498.

一、分析班情明确班级发展目标

(一)进行班情分析

作为一名班主任,不管你所负责的班级是先进的还是落后的,不管你所培养的班集体已经发展到什么水平,要科学创建班集体,首先必须摸清班级发展的实际情况。掌握班级实际情况,进行班情分析是科学创建班集体的前提。有了调查研究,摸清了真实的情况,才能正确地选择恰当的途径和方法。班主任只有对班级的基本情况了如指掌,才能把握好班集体建设的关键性问题。

摸清班情,进行班情分析,主要从以下几个方面入手。

①学生的自然状况。如性别、年龄、家庭结构及成员状况、学生的兴趣、爱好、特长、生理发育状况等等;②学生的心理发展状况;③学生的思想道德状况;④班级人际关系状况;⑤班集体建设的环境状况;⑥班集体总体发展的实际水平;⑦班集体建设的方法是否行之有效;⑧班集体发展的实际状况与优良班集体之间最关键的差距何在。

要想完成上述八件事情,必须通过一定的科学方法。进行班情分析常用的方法有以下几种。

(1)资料分析法。即通过科学研究学生档案获得学生自然状况的一种方法。它主要是了解学生过去的一些情况。

(2)观察法。这种方法贯穿于班主任工作的始终。所谓观察法,就是指常态下,班主任按照一定的目的和计划对学生进行系统、连续的观察,并作出准确、具体和详尽的记录。这种方法常被用来获取第一手材料。其实施的要求是:①具有一定的目的;②具有明确现象类型的分类标准;③具有明确的观察对象;④具有一定的观察地点;⑤具有确定的观察时间表;⑥具有确定的记录方法;⑦具有一定的处理和分析材料的方法。常见的观察法有:①核对清单法;②级别量表法;③记叙性描述。

(3)问卷调查法。指通过一系列书面问题来征询学生对某一主题的意见,从而获得有关这一主题的第一手材料。其实施的要求是:①每次只涉及一个主题;②说明清楚、完备;③问题的陈述不带偏见;④问题的安排次序符合一定的心理习惯;⑤问题的答案易于整理、分析和解释。它的优点是可以避免谈话时由于面对面而造成谈话对象的心理戒备状态;不足之处是如果问题选择不好,总有一部分人不作回答,也较难查明不回答的原因。

(4)谈话法。指班主任通过与学生以某种形式进行交流,直接搜集有关事实材料。按谈话过程的系统性可分成:严格按照事先拟定的标准式谈话和比较自然、随便的自由式谈话;按谈话对象人数多少可分为个别谈话和集体谈话。它的步骤有:①选择谈话对象,准备谈话计划;②确定谈话目的和内容;③按计划进行谈话;④整理、分析谈话记录(或结果)。它的优点有:①班主任与学生保持着直接联系,有利于在短时间获得需要的材料;②班主任能够当场解释学生提出的疑问或误解,及时补充必要的调查内容,确保调查材料的可靠性;③可以搜集到一般方法搜集不到的学生的情感反应。它的不足是:①班主任的态度、语气以及谈话的艺术水平可能会使学生产生偏见和误会;②选择学生谈话时要考虑一些可能的限制因素。

除此以外,还有社会计量法、活动测试法等等。但无论是使用一种方法或几种方法的交替、综合使用,都必须遵循一定的要求和步骤。

摸清班情,进行班情分析,掌握真实情况,是提出班级奋斗目标的基础。

(二)明确班集体发展目标

在摸清班级情况,进行班情分析以后,就要提出切合本班实际的班集体发展目标。班集体目标是全班学生通过共同奋斗所要达到的结果。在班级成立之初,学生处于松散状态,因此,确立共同的发展目标,对优良班集体的形成起着重大的作用。班集体目标既是全班学生活动的出发点,又是学生活动的归宿。首先,为了使班集体不断巩固和发展,需要经常寻找鼓励班级前进的力量,提出远景,确立新的发展目标和新的任务。之所以如此,是因为班集体是为实现教育目标而组织起来的一种正式的教育集体。班集体建设的每一步,最终都是为了实现教育目标,完成教育教学任务。优良的班集体的创建,既不是自发进行的,更不是随机工作所能实现的,它是班主任、学生、科任教师等有意识、有计划、系统地、努力实践各个层次的目标所获得的预期结果。在对班情进行细致分析的基础上创建的优良班集体,是开展班集体创建各种各样的活动的依据。优良班集体的形成和巩固是以共同的发展目标为前提的。没有一个共同的发展目标,集体就会失去动力,就会涣散。有了共同的发展目标,就能把全体学生吸引在一起,使大家产生积极向上的强烈愿望,做到心往一处想,劲往一处使,在共同的努力过程中逐步形成一个团结向上的班集体。

确立班集体发展目标,要从本班的班情出发,所确立的目标要有方向性、阶段性、现实性和激励性等。方向性是指所提出的目标要以党的教育方针、教育目的、学校的教育教学任务及学生的年龄特征为依据;阶段性是指围绕总目标,分阶段、有层次地,按照先易后难的顺序,循序渐进地制订出近期、中期目标;现实性是指目标符合班情,高低适当,通过努力就可以实现;激励性是指目标有一定难度,能激发起学生的上进心,并把目标内化为个体的精神需要,激励学生不断进取。

创建班集体常用的目标有总目标、远期目标、中期目标、近期目标。总目标是指贯穿于班集体创建过程始终的目标,即培养德、智、体、美、劳全面发展的人。这是创建班集体的根本方向和根本要求,是班集体创建工作的灵魂。远期目标,一是指将班级培养成优良的集体;二是指全面地保质保量完成教育、教学任务;三是指把学生培养成全面发展的人。创建班集体的远期目标可以根据中小学的学制具体确立。中期目标是指创建班集体过程中把松散的班级建设成班集体,并在完成一学年教育教学任务的同时,使学生的德、智、体、美、劳等方面获得适当的发展。中期目标一般为一个学年度。近期目标是指为创建班集体,完成教育教学任务,使学生获得全面发展而做的短期安排。

明确了班集体发展目标以后,必须狠抓落实工作。要围绕各个时期所提出的目标开展活动,每一个分目标都必须是为实现总目标服务的。目标顺利完成以后应及时总结、评比,然后提出新的更高的奋斗目标和任务,使班集体不断前进。

二、建立和谐班级人际关系

(一)人际关系界说

所谓人际关系,是指人们在物质交往和精神交往过程中发生、发展和建立起来的人与人之间的关系。从人际关系的角度来看,社会成员对相互交往过程中所具有的行为的、情绪的、认识的三种成分进行着调节。行为成分包括举止、活动、表情、手势、言语,即表现出人的个性以及其他人所观察到的一切;情绪成分包括积极和消极的情绪状态,各种状态的冲突,情绪的敏感性,对自己、同志、工作的满意感等,即与个体状态相联系的以及能够在生理记录和主观报告中反映出来的一切;认识成分包括感觉、知觉、表象、记忆、思维、想象等心理过程,即具有同志间相互理解的一切事物。

人际关系具有以下特征:在正式关系组织中,行为成分是调节人际关系的主导成分;在非正式关系组织中,情绪成分承担着主要的调节功能。

(二)人际关系建立的条件

在由多人组成的群体中,我们跟哪些人保持较密切的关系,即在什么情况下,容易建立人际关系呢? 主要受以下几个因素影响:

1. 距离的远近

人与人凡是地理位置接近的,容易自然发生人际交往关系。例如在教室里座位靠近的学生与学生之间,彼此容易建立人际关系。

2. 相互交往的频率

人与人或由于地理位置的接近，或由于工作上的需要（如教师与学生），相互交往的次数越多，就越容易具有共同的经验、共同的话题，从而建立密切的人际关系。尤其是新生入学，教师与学生、学生与学生交往的初期，地理距离的远近与交往的频繁与否，对于建立人际关系具有决定性的作用。

3. 人际间的吸引

人际间的吸引是主体主观上感受到和体验到的时间或空间、直接或间接、实在和希望的相互依存关系。

(1)外表的吸引性。在社会交往过程中，外表因素往往有形或无形地左右了人际间相互关系的建立与成长。外表越吸引人的，也越为人所喜爱。但是外表因素对人际关系建立的影响并不仅仅局限于男女间的关系。它是一个涉及所有个体相互交往过程中的影响人际关系建立的心理因素。

(2)态度的类似性。人与人不仅是具有共同特征者愿意相聚在一起，彼此特性相反者，也有互相吸引的现象。例如，喜欢主动支配他人者与喜欢依赖别人者，其动机有相互满足的趋向，这两种人在一起相得益彰，可以维持良好的人际关系。这种情形在男女异性的人际关系中尤为常见。例如在大学里，彼此陌生的新生初次见面时，先经过一段试探期，男生通过观察女生后，便会走近特定的一个女生身旁，然后找些话题与她交谈，交往中彼此发现对方合乎自己的要求，便会继续交谈下去，若有一方感到失望即不合乎自己的要求，谈话便告中断，而再转向另外的对象。

(3)情感的相悦性。在社会生活中，我们经常体验到，当自己很希望得到别人的爱，而那个人也真的喜欢自己、爱自己的时候，我们就会对那个人爱得更多、更深！与此同时，由于双方心理上的接近与相互帮助，因而也就减少了人际间的摩擦事件与心理冲突，这种相互间的赞同与接纳，也是彼此间建立良好人际关系的心理条件。

（三）和谐班级人际关系的内容

“班级人际关系是指作为主体的学生们通过活动交往在相互影响中形成的内在联系，包括垂直关系（师生之间）、水平关系（学生之间）和点面关系（个人与集体之间）。指导学生正确处理班级人际关系，创造和谐健康的人际关系，是创建班集体的先决条件，是班主任工作的重要范畴。”[①]在班级中建立一种和谐的

---

① 王赛君. 班级人际关系剖析[J]. 新课程(教师版)，2005(7)：3.

气氛，使师生之间、学生之间的关系和睦融洽，能有效地调动学生各个方面的积极性，能使学生个性特长得到充分发展。在班级这个群体中，教师与学生的交互作用是人际关系中最复杂的关系。班级的规模虽然不大，但有复杂性及多样性的特点。在班级活动中，教师所承担的角色，既应是某学科的专家，又应是教育者、灵魂工程师和学生成长的环境设计师；对学生升学和就业指导而言，又应是心理咨询专家。

1. 确保师生间情感交流畅通

师生关系在很大程度上影响着学生的情绪，影响着学生的学业。在班级这个群体中，情绪是非常重要的。这种情绪体验对学生的感知、记忆、思维、想象等认识活动，都有着重要影响。因为教师教学和学生学习，共同在知识的海洋里遨游，探索未知的世界，都是艰苦的劳动，需要充沛的热情去攻关。这就要求教师要信任学生，热爱学生，进而在学生身上产生积极的心理效应，激发他们的上进心和自信心。

同时，教师的期望不同，对学生影响也不同。反过来被期望的学生的反馈又影响着教师，教师又对学生产生了新的期望。教师的期望可以使学生产生一种自信与自强的心理，促进学生在学习上的进步。这就要求教师尤其是班主任对学生要寄以深切的期望，真挚地热爱学生，确保师生间情感交流畅通，为建立和谐的班级人际关系奠定基础。

2. 注重领导方式

师生之间能否建立起和谐的人际关系，除了良好的感情基础之外，班主任的领导方式也是不可忽视的因素。有的学者把班级领导模式分为三种类型：权威式；民主式；放任式。还有一种划分方法，也分为三种类型：着重规范，以实现班级组织目标；满足学生志趣的需要；强调在角色期望与个人意愿之间灵活运用。

为了切实建立尊师爱生的师生关系，必须注重领导方式，必须充分发扬社会主义民主作风，让学生参与班级教育管理，把权威和民主、民主和集中高度统一起来。

3. 为人师表

班主任的一言一行，一举一动，都在学生的眼里，都在对学生发生着各种各样的潜移默化的影响。班主任的行为是影响师生关系的关键，更是影响学生个性健康发展极其重要的因素。因此，为了建立和谐的师生关系，教师必须加强自身修养，严于律己，为人师表。

班主任及科任教师自身人格对学生心灵的影响，绝不是任何教科书、道德规范、格言和奖惩条例所能替代的。因此，班主任要加强自身人格的完善，加强个性品质的修养,严格进行自我评价。

要处理好师生关系,必须坚持善意地对待学生,注意使自己的行为与学生所扮演的各种社会角色的内涵相适应。这就要求班主任肯定和明确学生的想法和成绩,对正确的予以支持、表扬和鼓励;用提问的方式帮助他们开阔思路,加强他们的判断能力,培养他们的钻研精神。

拓展阅读 4-1

“林妹妹”的新生

袁老师,现在我换了一个新的生活环境。在人际交往中,尽量地使用您教给的方法,收效很好!我现在觉得:人活在世界上真是有太多太多的乐趣。每前进一步不论是成功还是失败,我都感到它能带给我很多的激励与教训。老师,让我再说一声:“谢谢您,我的好老师……”

读着这封来自西北边疆,对未来生活充满美好向往的长信,我的心被深深地打动了。我为这个曾一度对生活绝望,性格忧郁、孤僻的女孩,如今能正确对待人生,正确处理人际关系而兴奋。

我接下这个班时,她从新疆来沪借读已一年了,当时她面容憔悴,声音低弱,眼神怯生生的,怕与老师、同学交往。全班同学无忧无虑的笑脸与她忧郁的苦脸形成强烈的反差。由于她身体虚弱,不合群,爱生气,同学们戏谑地称她为苦命的“林妹妹”。她的学习成绩极不稳定,尤其是体育不能达标。尽管班委会、同学们千方百计接近她、帮助她,可收效甚微。

20 世纪 80 年代末的中学生,不是小皇帝也是时代的宠儿,怎么会冒出这么个“林黛玉”?我百思不得其解。参加心理测试,测试结果证明她的性格为最成问题的 E 型。科学测试结果与现实吻合,说明她的性格的确有问题!

经过调查与家访,我深入了解到了有关她的情况……

以后,我更多地关心起了她的思想。只要一有空,我们便聊起来。平日少言寡语的她,脑海中竟有那么多问题困扰,以致她的思想常像万马奔腾,无法收缰。我和她从人生万象、宇宙苍穹、真善美与假恶丑一直谈到生与死……无所不谈。我发现她酷爱音乐,爱看书,爱研究问题,我便与她谈贝多芬的坎坷命运与人生,谈《英雄交响曲》,谈保尔·柯察金与他的《钢铁是怎样炼成的》的诞生,谈卓娅和舒拉以及他们伟大的母亲;谈张海迪和她对事业的执著追求,谈平凡而伟大的共产主义战士雷锋,谈《为人民服务》的深刻内涵……

时间和坚持不懈的努力会改变一切。随着时间的推移,大家都发现她变了。她身体强壮了,学习成绩也稳定了,和同学们的交往也日渐增多。她的性格趋向活跃，语言表达能力的提高、思维的发展程度令同学们刮目相看。为了办好班级小报，她主动要求担任小报的主编。还向团支部递交了入团申请书。她已没有了往日的忧郁，生活在她面前翻开了新的一页。①

三、培养班集体核心带动全班

一个坚强的班集体，必须有一批积极分子，并由他们组成班集体的核心，团结和带领全班同学前进，要把全班同学组织起来，最重要的是挑选和培养本班的干部。班干部是班级的核心力量，是班主任进行教育管理工作、创建班集体的得力助手。

（一）班干部的选拔

选拔班干部，一是查阅学生的档案，走访原来学校的老师和同学，也可进行家访或和学生本人交谈；二是组织活动，在学校的活动中发现干部，考察干部，通过一系列活动考察他们的组织能力、工作热情、思想觉悟等；三是要与科任教师交换意见。在选拔班干部时，既要坚持标准，又要从本班学生的实际出发，不能要求完美无缺。

（二）班干部的条件

（1）品学兼优，积极上进。

（2）关心班集体，在学生中有一定的威信。

（3）有较强的组织能力和管理能力。

（4）有一定的特长和爱好。

（三）班干部的培养

班干部一经确定，摆在班主任面前的一项重要的经常性的工作，就是抓紧对他们的培养、教育。培养、教育班干部的过程，也就是培养、教育班集体的过程，前者包含在后者之中。

对班干部的培养、教育要有的放矢，点面结合。不能从班主任的主观好恶出发，要针对班干部出现的问题进行教育引导。在班级教育管理中，常会碰到这样一些情形：有的班干部对工作有热情，但工作方法不得当；有的工作能力较强，但怕耽误时间，不能很好地处理学习与工作的关系（毕业班表现得更明显一些）；有的骄傲自满，

① “新时期中学班主任工作的理论与实践研究”课题组. 中学班主任工作100例[M]. 北京：教育科学出版社，1995：293-295.

看问题主观片面，自作主张，工作中不够民主，等等。一旦碰到这些情况班主任都应该抓住时机及时进行引导、帮助、教育，否则，他们就不能形成班级的坚强核心，发展下去也可能使班干部在同学中丧失威信，陷入孤立的境地。

对于班干部的培养、教育，主要从两个方面入手：一是从正面告诉班干部应当怎样开展工作，哪些行为是不应出现的，哪些行为是班干部必须做到的，并在实际工作中严格要求。对低年级的班干部，班主任要明确规定一些具体要求，使他们有章可循；二是班主任要有针对性地对班干部进行培养、教育和提高。班主任不能仅仅满足于班干部完成任务与否，而要观察了解他们是采用什么样的途径和方法完成任务的。要分析没有完成任务的原因，找出问题的症结所在。对正确的工作方式方法要给予肯定；对错误的、不当的要及时指出，并在今后的工作中予以纠正。通过认真总结经验和教训，提高班干部的思想道德水平，组织、管理能力，改进工作方法和作风。

班干部的培养、教育、提高工作，视年级不同，采用的方式方法也不尽相同。对低年级学生，要给予具体帮助和指导，同时注意培养他们独立思考的能力，培养他们的开拓精神。对高年级学生，应该侧重于思想上的教育，鼓励他们发扬首创精神，大胆工作，同时帮助他们克服工作中的困难。

班主任在培养、教育班干部的同时，要注意发现和培养新的积极分子，使积极分子队伍不断得到扩大和充实。它预示着班集体的向前发展和巩固。对低年级的班干部，班主任要注意关心爱护，切不可过多地加重他们的负担。无论是低年级的班干部，还是高年级的班干部，都应是德、智、体、美、劳全面发展的。要想做到这一点，班主任还要做好下面几项工作：一是要帮助他们选择恰当的学习方法，提高学习效率（当然对全体学生都应该这样）；二是要经常过问他们的学习，及时查找学习上的问题，及时解决；三是要帮助他们合理利用时间，使其学习、工作、休息合理有序，忙而不乱，提高时间的利用率。

四、树立正确班集体舆论

（一）正确舆论的作用

班集体是学校管理、实施教育教学的基本单位。加强社会道德文明建设，学校发挥着重要的作用。在某种意义上班集体也是社会道德文明建设的基本单位。班集体道德文明建设的水平，不仅是学校道德文明建设的反映，也可以对社会道德文明的建设起到一定的促进作用。优良班集体形成的重要标志就是健康的班集体舆论，它不仅关系到班集体建设的水平问题，也是一个关系到未来社会公民的道德水平高低的大问题，因而抓好班集体健康舆论的养成是班主任的主要工作。“在一个班级里，必须有一定的集体活动准则，每个学生都要对集体负责，都必须遵守这些准则。这就是说，每个学生都要自觉遵守纪律，维护正确的集体舆论。正确的集体舆论是班级正确航向的保障。”①

舆论是一种社会意识现象。是一个集体中带有一定倾向性的众人的言论。它是进行道德评价的主要手段。它以议论褒贬等形式肯定或否定集体的动向和集体成员的言行，成为影响个人意识和行为的巨大的教育力量。一个班集体的舆论状况可以说明班集体成员道德意识的水平。如果一个班集体难以形成健康舆论，就标志着该班集体道德意识比较贫乏，道德水准比较低下。班集体舆论状况还说明，社会道德规范是被班级大多数学生认可的并深存于他们的意识中。“道德舆论的沉默表现出人们对道德规范没有一致认可，因此它会使道德规范失效。”②班级是完成学校教育教学任务的基本组织单位，也是实施素质教育的重要途径。由随机群体发展成为教育集体要有一个过程，而形成健康的班集体舆论就是其中一个不可缺少的条件。班集体建设得如何，直接关系到学校教育教学工作的成败。集体是群体发展的最高形式，在实现由社会的有益动机所制约的活动时，具有组织上和心理上团结一致的特点，这是群体存在的理想形态，其中个人、群体和社会意义的动机与目的和谐地结合在一起。优良的班集体不是自发形成的，它必须经过班主任的精心培养并为之付出大量的时间和精力。是否树立了健康的集体舆论是班集体形成与否的重要标志之一。“舆论是实施目标的导向工具，它形成的整体倾向是集体主流意识的表象。健康的集体舆论能引发学生积极向上，使班级更团结，更朝气蓬勃。”③

“任何一种社会制度，任何一个时代都需要舆论对社会思想道德建设的健康引导。”④一个班级树立了健康的集体舆论，它就会成为学生自我教育的重要手段。它以一个无形的力量帮助班主任教育学生，它对学生个体的影响往往比教师个人力量大得多，有效得多。它是形成、保持和发展先进集体不可或缺的因素，也是帮助提高学生的是非辨别能力、形成集体荣誉感、克服不良作风和养成良好品质的重要条件。在一个班级里，如果没有健康的集体舆论，就会是非不分，正气不能压倒邪气。健康的舆论能起到明辨是非、祛邪扶正、凝聚人心、催人

---

① 冯志蕊．建立优良班集体的基本要素[J]．云南教育，2001(17)：13.

② 李宏斌．试论道德舆论的功能及本质[J]．信阳师范学院学报（哲学社会科学版），1999，19(4)：17.

③ 钱清华．谈谈培养良好班集体的几点尝试[J]．中等医学教育，1999，增刊：83-84.

④ 丁琰．思想道德建设与舆论导向[J]．湘潭大学学报（哲学社会科学版），1998．22(2)：100.

奋进的促进作用。在健康的舆论面前,集体成员会自觉地调节个人与集体的关系,改变与之不相适应的思想和行为,把个人置于集体之中,从而促进每个成员健康成长。因此,班集体建设的一个重要任务,就是努力培养积极向上的、健康的集体舆论,使之成为进行道德评价和学生实现自我教育的有效手段,加速良好班集体的形成和发展。

(二)正确舆论养成的途径和方法

树立正确的集体舆论,最根本的就是要树立学生的是非观,这是一个长期的、反复的、艰苦细致的培养过程,不可能一蹴而就。

1. 建立必要的班级规章制度

一个人的言论除了受法律的约束外,更多地受社会道德规范的约束。《学生守则》对学生言论的规范是上述两个方面的集中反映。班主任应该充分利用《学生守则》的宣传讲解、贯彻和执行,树立健康的集体舆论,从而充分发挥《学生守则》对班集体舆论的规范作用和导向功能。所谓“不以规矩,不成方圆”。一个集体要维护自己的统一,必须有一定的行为准则与判断标准,这就是集体规范。在班集体建设中,一方面要引导学生学习和遵守中小学生守则和行为规范,同时还要以此为依据,根据班级实际情况,在全体成员的参与下,制订若干合理而且可行的具体条例与规定,如班级公约、课堂常规、学习纪律、卫生公约等,以引导和规范集体成员的日常学习和道德行为习惯。一个班集体必须建立对其成员有一定约束力的规章制度、管理制度和相应的考核制度。班级制度是学校制度的延伸和具体化,是班级学生共同遵守的公约和准则,因此必须合乎情理。目标要求不能过高,要使大多数学生都能做到,通过制度的约束养成学生健康的集体舆论及行为习惯。

2. 充分发挥舆论工具的作用

墙报、黑板报、专栏等是发挥集体舆论的重要阵地。班级的墙报、黑板报和专栏应该形式多样,内容丰富。既要有对好人好事的赞颂,也要有对不良倾向的批评;既要有对班级各项工作的合理化建议,又要有对国内外新闻、科技知识的介绍等等。而且要对班级中的各种问题开展讨论,吸引学生发表自己的意见或建议。对此班主任应该给予具体指导,充分利用这些阵地,使它按照健康的轨道运行。作为一名班主任必须要十分注重在班集体中形成健康的舆论,只有正确把握住舆论的趋向性,才能形成一种良好的班风,建立一个优良的班集体。

3. 时刻关注舆论倾向,随时加强健康引导

班主任要经常注意班级学生的舆论倾向,要有意识地把舆论中心引向健康的方向,不能让不良的风气在班级抬头,占上风。有效的办法是表扬好人好事好

思想,批评或评论不好的事、不好的思想。通过对学生的思想和行为的肯定或否定的评价,以及为什么要肯定或否定,把舆论中心引导到健康的方向上来。班集体里涌现出的好人好事,只要是好的,不论是大是小,是先进学生做的,还是后进学生做的,都应及时予以表扬。这样有助于树立人人想做好事、争做好事的风气。一个人做点好事并不难,难的是一辈子做好事,所以,班主任要通过各种有效途径养成学生做好事的良好习惯。表扬可以由班主任进行,也可以发动同学互相表扬。对错误的思想行为,也要进行适当的必要的批评。表扬和批评是把舆论引向健康方向的有效方法,但这种表扬和批评不要轻易地全盘肯定或全盘否定,在表扬中有时需要指出不足之处,在批评中有时需要提到优点。

4. 大力倡导学生评议教师之风

任何教师都不可能避免学生的评议。学生对教师的评议是多种多样的。有的是在同学好友中,有的是在家长亲友中,有的是在师生中;有的是有组织的,如召开学生座谈会征求学生对教师的意见,有的是自发的。学生所评议的主要是教师的教学和言行等。在由教师和学生双方组成的班级里,教师的思想修养、工作作风、学识能力、一言一行都对学生有重大的影响,对形成健康的集体舆论也有重大影响。

班主任要做到既是教育者,又是受教育者;既是学生的严师,又是学生的益友。要把学生背后自发评议教师,变成面对面有组织地评议教师。要给学生安排时间和机会,鼓励学生给教师提意见和建议。班主任更要率先做起,开展批评和自我批评,大力倡导学生评议教师的风气对树立健康的集体舆论有推动作用。

5. 定期开好各种形式的班会

班会是在班主任领导下进行的学生会议,对于形成班级的集体舆论起着重要作用。班会是教育学生最普遍最有价值的工作方法,也是班集体全体成员的会议,是学生组织生活的一种形式。它的基本任务是讨论班集体工作的任务,讨论集体成员共同关心的问题,开展批评与自我批评。班会有三种类型:一般性班会、民主生活会和主题班会。一般性班会大多是布置讨论班级的工作,班主任在指导这种班会时,要充分发扬民主作风,尊重学生的独创性;民主生活会主要是开展批评与自我批评,表扬班级涌现出的好人好事,批评各种不良倾向,及时指出和解决班里存在的问题。民主生活会是比较严肃的,班集体的每个成员都可以自由地发表自己的意见。民主生活班会不宜过多,通常以小组的形式来召开民主生活会为好;主题班会根据班级的情况,提出一个主要问题,通过集中讨论来统一认识,提高觉悟,明确前进方向,树立健康舆论,一般说这是班会的主要形式。报刊上曾先后报道过许多优秀班主任的先进事迹,如优秀班主任任小艾、武兴元等。他们有一条共同的教育经验,就是针对学生的年龄特点和思想实际,结合形势任务开展生动活泼的主题班会活动。任小艾老师说过:“让学生在‘玩’的过程中学到知识,在‘乐’的活动中受到教育。”

如何组织班会,要根据本班的实际情况和学生身心发展情况而定。组织低年级学生的班会,形式要生动活泼,内容要丰富多彩,要尽可能寓教育于活动之中,让这些活动在学生心灵里留下深刻印象,甚至对他们的一生产生重要的影响。组织高年级学生的班会,除了注意低年级班会的一些要求外,还要注意突出思想性和理论高度。

五、组织活动突出教育意义

创建优秀班集体的目的是要把学生培养成合格的公民。而要实现此目的,就离不开各种各样的活动。只有开展活动才能完成班集体创建中提出的任务,活动质量的高低,标志着班集体发展水平的高低。要想科学创建班集体,就必须充分利用“活动”这个中介。离开班级各种各样、丰富多彩的活动,就如同过河没有船和桥一样,班集体创建工作就缺少了重要的一环。

班集体开展的活动应是多样性、整体性、系统性的有机结合,不应与培养目标相背离。按照系统论的观点,系统是由各要素按一定结构组织起来的整体,但是系统又不等于各要素的简单相加。要素一旦被有机地组织起来,就不再作为单个要素而存在,它们构成一个整体,这个整体获得了各个孤立要素所不具备的新质和新功能。班主任在创建班集体开展活动的过程中要重视整体效应,不要随机地无任何教育目的地为搞活动而搞活动。

创建班集体的活动一般要体现以下特点:

(1)教育性。开展班级活动的目的是创建优良的班集体。因此,不仅要活跃丰富学生的学习生活,而且要寓教育于活动之中。让学生通过生动、活泼的形式接受教育,提高认识。开展活动应该从德育的任务出发,遵循德育原则。

(2)整体性。为突出活动的效果,就要加强活动的计划性,着眼整体。零散的活动,往往不如系统整体的活动功能大。

(3)开放性。班级并不是存在于真空之中,它总是要与方方面面发生关系。在21世纪知识经济背景下,封闭的教育内容将与社会实际发生冲突,降低甚至失去教育的功效,将来学生毕业后也难以适应发展变化的社会,因此开展活动还必须注重开放性。

(4)趣味性。班级各项活动的教育性应在趣味中体现。要增强教育效果,就必须增强活动的趣味性,以丰富多彩、生动活泼的形式赢得学生的欢迎,让学生在审美享受中,陶冶情操,寓教于乐。

(5)主动性、积极性。学生是学习实践活动的主体,应该让学生参与班级教育管理活动,发挥学生在班级活动中的主动性和积极性。

班集体创建过程中的活动,按照不同的划分标准可分为不同的类型。按一般内容划分,可分为学习活动、文体活动、劳动、游戏四大类;按建设班集体任务划分,可分为完成教育教学任务的活动,提高班集体发展水平的活动,让学生在德、智、体、美、劳等诸方面都获得应有发展的活动;按班集体结构要素来划分,可分为班集体创建目标活动,班级协调人际关系活动,班级组织机构培养教育活动,集体成员自觉纪律培养活动,树立正确舆论活动等。

了解了班集体建设活动的特点和类型,结合班级工作的实际,就很容易设计出一系列活动,并突出教育意义。

六、争取科任教师配合

班主任要做好班级教育管理工作,需要科任教师的配合。任何学生的成长,都是教师集体努力的结果。学生能否健康成长,班级能否形成优秀班集体,取决于班主任和各科任课教师教育影响的一致性。因此,班主任必须主动与科任教师联系,以便对学生提出管理要求及采取相应的教育措施,彼此协调,相互一致。班主任在培养班集体的过程中,应该成为联系在本班任课的各科教师的纽带,使本班各科任课教师形成一个融洽的集体。

班主任要主动向各科任课教师介绍本班学生情况和存在的问题,注意听取任课教师对学生的看法和意见。及时向任课教师反映学生的意见和要求,共同研究如何创建优秀的班集体。

各科任课教师的教学水平、专业知识、教学技能和组织管理能力对全班学生学习成绩关系极大,对一个班集体的形成至关重要。因此,为不断提高全班学习质量,为优良班集体的形成创造条件,班主任应有计划地听科任教师的课,协助科任教师改进教法,提高教学效果。根据学生学习与健康状况,建议科任教师调整作业、考试测验的负担量。为了教育管理好班级,创建优良班集体,班主任和科任教师要坚持要求学生履行学校的各种规章制度,发扬班级的优良传统,并形成良好的学习习惯。

任课教师除对学生进行有关学科知识教学外,还应对学生进行思想品德方面的教育。要充分发挥本学科在培养学生辩证唯物主义世界观和共产主义道德品质方面的作用。形成学生对待课业严肃认真、勤勉好学的态度以及顽强拼搏、克服困难的坚强意志等等。为使任课教师对学生进行思想品德教育工作富有成效，协助班主任共创优良班集体，班主任应该主动提供帮助。因为科任教师在多个班级任课，对学生个体的思想品德、个性特征的了解不可能很全面，所以班主任应该定期召开任课教师会，介绍本班学生个体的情况，以及本班班集体发展的水平等，提出准备采取的教育管理措施，因此听取任课教师对学生学习等多方面情况的反映，听取任课教师对创建优秀班集体的意见和建议。

经过共同讨论统一调整本班的教育工作，研究培养学生共产主义思想品德、提高学习成绩和增进身体健康的措施，分工合作指导学生开展各种课外活动，从而制订本班的教育管理工作计划。除此以外，班主任还要教育学生尊敬任课教师，听从老师的教导，树立教师的威信，培养和增进师生间的感情。当班上中队、班委会和团支部组织开展活动时，应当邀请任课教师参加并指导。

七、培养学生自我教育和自我管理能力

班主任在班级教育管理工作中，仅仅依靠班主任个人和少数几个班干部是不能完成教育教学任务、实现教育目标的，必须依靠全体学生，增强每个学生的主人翁责任感，增强学生的参与意识，发挥个体能动性。

（一）培养自我教育能力

1. 自我教育能力的功能

自我教育，是在自我意识的基础上产生强烈的进取心，向自己提出任务，进行自觉的思想转化，并主动采取行动，培养自己的道德品质的控制活动。它主要表现在：坚持正确的政治方向，拥护党的改革开放政策，积极学习哲学、社会学、伦理学、法学等学科的基础知识；学会并能自觉地运用批评与自我批评，自觉地控制自己的言行，发扬积极因素，克服消极因素；善于总结工作、学习、生活经验，能够并善于辨别是非善恶与美丑，抵御社会上各种不良影响，自觉地、不断地进行自我道德修养。人的一生离不开自我教育。自我教育对培养人们良好的思想品德，树立正确的人生观，具有很大的作用。一个人是否具有正确的人生观，远大的事业理想、高尚的道德情操、丰富充实的精神生活，关键就看他在社会实践中，在外界条件（主要是学校教育）的影响下所形成的自我教育的水平和能力。

19 世纪英国哲学家和社会学家斯宾塞说过：“记住你的管教的目的应该是养成一个能够自治的人，而不是一个要让别人来管理的人。”因此，班主任应该把培养学生自我教育能力，提高自我教育水平放在班主任工作的中心地位。学生既是教育管理的对象，又是教育管理的主体。学生的成长和进步，主要还在于自己的主观努力程度。我们教育的目的是为了达到不教育。前苏联著名教育家苏霍姆林斯基说：“真正的教育是自我教育。”只有以自我教育为基础，以自我教

育为主的教育,才是一劳永逸的教育。也只有这样,班主任的教育管理工作才能做得卓有成效。

班主任工作的任务之一就是启发、引导、促进、加速学生自己思想内部矛盾的运动,即充分挖掘学生中蕴藏的巨大的自我教育能力,最大限度地发挥学生自我教育的作用。因此,班主任要注意培养学生的自我教育能力。

2. 自我教育能力的类型

自我教育能力是个体有效地进行自我教育活动所应当具备的多种能力的完备组合。它主要包括自我认识与评价的能力、自我鼓励与激励的能力、自我控制与调节的能力等。

(1)培养自我认识与评价的能力。自我认识与评价的能力,是指个体在自我教育中能正确地认识自己,了解自己,清楚地把握自己的心理特征和个性品质;正确地理解和掌握社会道德规范和道德要求,并以此为标准,客观评价自己和评价别人的能力。

优良的班集体,有前进的目标,正确的舆论,它能向自己的成员提出严格的要求,不仅促进其成员互相帮助,自己教育自己,而且使他们在集体活动中互相认识,了解每个成员的社会活动能力。因此,培养优良的班集体,开展丰富多彩的集体活动,引导学生自己教育自己是培养自我认识与评价的重要途径。

要优化育人环境,建设优良的班集体,让学生学习生活在一个健全的班集体之中,通过班集体的正确批评和自我批评,指导学生提高自我评价,自我认识的能力。

要创设"问题情境",激发学生思考问题的兴趣,推动学生自身的思想矛盾运动,以增强自我认识的能力。学生自身的缺点和弱点总是在问题和矛盾中显露出来,对自身认识的深化和自我教育能力的增强是在解决矛盾的过程中获得的。

(2)培养自我鼓舞与激励的能力。自我鼓舞与激励的能力,是指个体由道德认识、道德理想和信念在情感方面所表现出来的一种内部驱动力。自我鼓舞与激励能力的大小强弱,取决于个人理想是否远大,以及对这一理想是否有深厚的情感,是否有信念去实现它。培养自我教育的能力应注意以下几点:

①要引导学生正确处理个人与集体、社会的关系,把个人的成才与社会主义大业联系起来,树立社会主义理想。

②要启发学生去追求内心真、善、美的体验,培养高尚的情操,使道德修养成为自己的精神需要。组织学生开展社会调查,观看好的影视片、优秀文艺作品,并开展影视评、书评,是引导学生追求内心真、善、美的体验的重要方法之一。

③班主任还要善于将德育的一般目标加以具体化。要根据中小学生不同年龄阶段的特征,提出不同的具体要求,并努力实施。

(3)培养自我控制与调节的能力

自我控制与调节的能力,是个体为了实现外部的道德要求,自觉地控制与调节自己的心理状态和行动方式,克服种种困难,在意志方面表现出来的一种内部力量。自我教育过程,就是认识和情绪体验的过程,也是一个意志过程,最后表现为行动,即所谓"知、情、意、行"的统一。因而,在培养自我教育能力时,锻炼学生的意志力,即培养自我控制与调节的能力,是十分必要的。

一个人的自我教育能力的完备组合,自我认识与评价,自我鼓舞与激励,自我控制与调节,既有各自的功能,又有相互的联系。一个人自我教育能力水平的发展过程,是在受环境影响、道德规范约束和教育起主导作用的条件下,由低级到高级,由不自觉到自觉,由依赖到独立自主的发展过程。

(二)培养自我管理能力

1.培养自我管理能力的界定

培养学生自我管理的能力,主要是指以培养学生的集体主义思想为核心,培养学生以班级主人翁的精神管理班级,在自我管理中增长才干。一般而言,学生自我管理能力主要有三个方面的内容:一是思想管理能力;二是学习管理能力;三是日常生活和活动管理能力。三者有联系,也有区别。

有的班主任整日辛辛苦苦,起早贪黑,但班级工作却并不十分理想;而有的班主任并不是整天围着学生转,也不事无巨细样样操心,班级却管理得井井有条。之所以会有这样的差异,原因就在于,班主任不但要有对学生进行教育、培养学生自我教育的能力,同时还要注重学生自我管理能力的培养。

目前,中小学无专职班主任,都是任课教师兼任班主任。他们除了班主任工作,还有大量的教学任务,要上课,要批改大量的作业,还要提高业务并不断更新知识。班级教育管理工作要做好,教学任务又必须保质保量完成,而人的时间和精力总是有限的,为解决二者的矛盾,班主任就要注意培养学生的自我管理能力。

2.自我管理能力培养的对策

学生自我管理能力的培养,始终贯穿在班集体建设的过程中,它需要班主任在班级教育管理的过程中,采用科学的教育管理方法,来培养学生的自我管理能力。

(1)充分相信学生的能力。中小学凡事班主任必亲自出马,采取"看管"式的工作方法。眼保健操要看着,课间操要跟着,各项活动更是离不开班主任。这样不仅浪费了班主任的大量时间,甚至影响教研水平的提高,而且会束缚学生创造能力的发挥,同时也违背德育严格要求与尊重信任相结合的原则。学生自己能做的事情就要让学生自己去做,要充分信任他们的能力,相信他们有独立完成任务的能力。

(2)自我管理能力的培养需要一个过程。学生自我管理能力的培养可分为三个阶段:主管、共管、自管。

①教师主管阶段。班主任接手新班或中途接班,这个时期的中心工作是确立班主任在学生中的威信和影响力。这个时候班主任要通过各种途径和方法在学生心目中树立起良好的形象,把学生紧密团结在自己的周围,使松散的班集体,逐渐以班主任为核心内聚成一个集体,或者使优良的班集体向更高的水平发展。

②师生共管阶段。这是创建优良班集体、培养学生自我管理能力的关键阶段。在师生共管阶段,班主任要有目的、有计划地建立以班长为核心的管理机构,班级的一切事情不能由班主任一人决定,除个别重要问题的决策外,一般性的班级日常事务,由班长和班委承担,班主任只是出谋划策。在此阶段,班主任要放手培养、使用班干部。

③学生自管阶段。一般是在班级领导核心已经形成并且巩固,集体健康舆论也已经形成的时候。此阶段的班级教育管理要充分发扬民主,调动全体同学的积极性,更多地发挥集体的教育作用,让全班大多数学生在参加班级教育管理的过程中,增强主人翁意识,能力得到锻炼,思想境界得到提高。可以让班上多数学生在班集体负有一定的责任,如试行班干部定期轮换制。

(3)实行班干部定期轮换制是培养学生自我管理能力的有效途径。现在有些中小学的班委会没有特殊情况,一经确定往往不再变动。这主要是班主任怕班级管理出现麻烦,也有的家长怕影响孩子的学习不愿意让自己的孩子当班干部。实行班干部定期轮换制可以克服以下弊端。

一是"班干部终身制",在某种程度上容易助长部分学生追求权力的思想。

二是多数不任班干部的学生,不在其位,不谋其政,对班级工作关心的程度往往不如班干部。这不利于调动全班学生创建优良班集体的积极性,也不利于学生参政意识的培养。

三是有些学生由于不担任班干部,他们的才能得不到发挥,久而久之,会使他们的上进心、参政意识受到损伤。

总之,班主任要想把教育管理工作做好,抽出更多的时间搞教研,提高自身的业务水平,就必须清醒地认识到,班主任不仅仅是班级教育管理的领导者,更重要的是指导者。做班主任工作不仅仅是“事必躬亲”不辞劳苦,更重要的是要调动学生的积极性,指导学生干部组织学生自己干。班主任动脑、动口指导学生干,要比自己动手亲自干重要得多。学生既是今天的学生,又是21世纪我国社会主义现代化建设的主力军。所以,培养学生自我管理能力、组织领导能力,不仅是培养优良班集体的需要,也是教育面向未来的具体体现。

八、发挥家庭教育和社会教育的作用

(一)重视家庭教育

1. 重视家庭教育的意义

家庭教育,多指父母或其他年长者在家庭内自觉地、有意地对儿女辈施加的影响。其主要任务是:儿童入学前,使他们的身心健康发展,在德、智、体、美、劳诸方面奠定初步基础,为接受学校教育做好准备;在儿童入学后紧密配合学校,督促他们完成学校规定的学习任务,继续关心他们的身体健康,发展他们正当的兴趣爱好,培养他们良好的思想品质;针对生活中出现的矛盾,家庭成员间要相互进行开导和帮助。

家庭教育是一个国家和社会整个教育事业的有机组成部分,是对儿童青少年进行教育的一个重要方面,具有不可代替的作用:

(1)奠基性。在0~8岁智力发展的关键时期,儿童主要在家庭中度过,父母是子女不可更换的、时间最长的“教师”。父母及其他家庭成员的思想、品行、性格、习惯对子女的潜移默化的影响,为他们一生的发展奠定基础。

(2)感染性。父母子女的天然亲情,息息相通,“同言而信,信其所亲”,有着独特的相互感染的教育作用。

(3)针对性。家长与子女朝夕相处,“知子莫若父”,可以准确地针对子女存在的问题和个性特点因材施教;子女也可以针对父母的脾气秉性进行帮助。

(4)长期性。与学校、社会教育相比,家庭教育更具有持久性、连续性,有利于形成牢固的良好品德和习惯。

(5)灵活性。家庭教育面向个别成员,可以结合日常生活活动随机进行,内容具体,方法灵活,富有实效。

(6)社会性。家庭是社会的细胞,家庭教育深受社会影响,同时也影响社会。

对学生进行教育管理工作,必须认识到家庭教育的意义和特点,必须与家长沟通信息,相互配合,只有这样才能收到良好的效果。班主任是学校与家庭之间联系的桥梁和纽带,在教育管理班级培养优良班集体的过程中,必须认真做好家长工作。班主任做家长工作的重点,应该是了解学生家庭情况,帮助家长形成正确的教育观点,学会运用科学的教育方法。由于学生家庭物质生活条件差别很大,家长的职业、文化程度、家庭周围环境等许多方面也都不同,这些情况对少年儿童成长既有有利的一面,也有不利的一面,作为班主任,对这些情况要充分调查,综合分析,帮助家长认识家庭教育的重要意义,充分发挥家庭中有利因素的影响,从而使学生获得良好的家庭教育,把他们培养成为身心健康、品德高尚、学业优良的社会公民。

2. 班主任对家庭的联系与指导

(1)访问学生家庭。访问学生家庭,是班主任了解学生、创建优良班集体的重要途径之一。要创建优良班集体,教育管理好学生,首先要了解学生,熟悉学生。而经常与学生家庭取得联系,和家长互通情况,是了解、熟悉学生行之有效的方法,也便于学校和家庭互相配合,从而做到有的放矢地教育学生。家访是班主任一项极为重要的工作。班主任在接手一个新的班级时,要有计划地对本班学生的家庭进行普遍性的访问。同时,在针对个别学生的教育过程中,可以进行临时性的家访。

为了使家访达到预期的目的,班主任除了做好家访前的准备工作外,还必须坚持做到以下几点:一是“诚”字当头。班主任对家长要以诚相待,切不可摆起教师的架子,去“教育”家长,那必将间接影响对学生教育管理的效果。二是以礼待人。班主任以礼待人,这是教师的职业道德要求。尤其是在遇到特殊情况时,班主任更要以礼待人,自我克制,始终抱着与家长商量问题的态度,积极认真地处理问题。三是坚持经常。家长工作是一项长期细致的工作,不是一朝一夕的事情,坚持经常,才能在遇到问题时“胸有成竹”。

班主任家访时对学生要客观全面,实事求是,对学生的优缺点,既不夸大也不缩小。对于后进生,不可把他们说得一无是处,应向他们的家长实事求是地介绍他们在校内外的表现,绝不能带有厌恶学生、埋怨家长的情绪。只有全面分析学生的优缺点,才有利于教育学生,赢得家长的支持。对先进生,不可把他们说得完美无缺,不然,家长容易放松对孩子的教育,学生容易滋长骄傲情绪。这样,班主任和家长的感情才会融洽,从而满怀信心地共同教育管理好学生。

(2)班级家长会。家长会是学校与家长保持密切联系、邀请家长参加学校教育工作的一种形式。家长会通常由学校组织,分班召开,有时也组织举行全校性的家长会。

一个班的家长会议,是邀请学生家长参加班级教育管理工作的一种形式,一般在学期初或学业成绩考核前后举行。有时班上出现重大问题,需要找家长商量,也要召开临时家长会议。

班级家长会的内容是多方面的:向家长报告班级教育管理工作目标;向家长提出协同学校教育管理学生的要求和建议;向家长汇报某时期内学生在各个方面的进步情况和存在的问题;征求家长对学校和班级教育管理工作的意见。在家长会上,还可组织家长座谈交流家庭教育的经验体会,也可以吸收学生参加,由学生报告班上的各方面情况及学生自己德、智、体诸方面发展的情况,等等。

为了开好家长会,班主任要做好会前的准备工作,目的要明确,中心要突出,准备要充分,时间选择要恰当,尽量争取全体家长出席会议。为使会议开得生动活泼、内容丰富,可以组织家长参观学生的学业成绩展览、生产劳动成果展览、学生作业展览等等。总之,使家长能更具体地了解自己的子女在德、智、体、美、劳诸方面发展进步的情况,进一步关心和支持学校及班级的教育管理工作。

(3)书面联系。书面联系是班主任和学生家长通过联系卡或书信,共同教育学生的一种形式。班主任经常同学生家长保持通讯联系是很有意义的。通过书面联系,可以把学校及班级要开展的重大的教育活动、学生个人各种表现,及时告诉家长,使每个家长及时了解子女在学校班级的表现。尤其是在不便于经常进行家访的情况下,这种联系更有必要。其主要方式有:

联系卡片。班主任把学生的学习、纪律、思想政治表现情况如实写在手册上,由学生自己在家长和班主任之间传递。让家长在手册上签署意见。

"告家长书"或个人通信的方式与家长联系。当学生有了突出的成绩,或者有了较严重的问题,或者学校或班级要开展重大的活动,为了使家长及时了解情况,做好配合教育管理工作,也常使用这种书面联系。但是,不可稍有皮毛小事,就兴师动众。

(二)发挥社会教育的作用

1.社会教育的重要性

社会教育,广义的是指一切社会生活影响于个人身心发展的教育;狭义的则指学校、家庭以外的一切文化教育设施对儿童、青少年和成人进行的各种教育活动。人的本质是一切社会关系的总和。因此,人的一切思想、才能和性格的形成和发展,都离不开现实社会的影响。现代社会教育是学校教育的重要补充。不同社会制度的国家或政权,实施不同性质的社会教育。

社会教育随着历史发展同家庭教育、学校教育成正比关系向前发展着。社会教育对普及民族的文化传统,宣传一定阶级的政治主张,推广生产经验也是一种有效的教育形态。特别是到近代,随着普及科学文化知识的迫切需要,随着现代科学技术所提供的有效宣传教育手段的出现,各国家都在重视社会教育的作用。学生同样离不开社会教育的影响,因此,班主任要时刻注意社会大环境对学生的影响。

2. 社会教育的特点

(1)自愿性。社会教育活动是在学生的课余时间进行的。学生是否参加,参加什么活动,都是根据本人的兴趣、爱好自由选择,不是强迫参加的。但是,当学生选定社会教育机关某项活动以后,也必须严格遵守该项活动的制度和要求,认真参加活动并接受考核与评定。

(2)活动组织形式灵活多样。社会教育是依据活动内容的性质、年龄特点及实际能力而组成的各种小组;活动内容不统一、人数不固定、活动时间长短不统一。

(3)活动内容丰富多彩。活动内容有群众文化工作、科技工作、艺术教育与体育活动等,比课堂教学内容更广泛。而且这些活动还能起到巩固校内所学知识、扩大学生的知识领域、拓展学生知识视野的作用。

(4)在活动的指导方法上重视实际操作。社会教育重视实际操作,在学生实际操作中启发学生学习的积极性、创造性,培养学生独立工作的能力。

3. 发挥社会教育的作用

(1)与社会教育机构配合。为儿童、青少年所设立的各种社会教育机构,是配合学校、家庭对学生进行思想品德教育和科学技术知识教育的校外教育组织。它的类型很多,从活动的内容上可分为综合性的和专门性的两类。综合性的包括青、少年宫,青、少年之家等;专门性的包括儿童图书馆(室)等。

除学校之外,凡是班主任也都应当与当地各种校外教育机构取得联系。班主任对本班参加校外教育机构活动的学生,应该积极支持和关心,班主任要经常听取校外教育机构的意见,互通情报,互相配合,统一步调,共同做好教育管理学生的工作,使学生德、智、体等几方面能得到全面发展。班主任也可以主动挂钩,组织本班学生到社会教育机构去参加各种活动。

(2)与文化娱乐单位取得联系。班级应该与当地的文化馆、图书馆、博物馆、展览馆、影剧院、公园等单位建立联系。并按中小学学生的特点组织他们去阅读书籍、观看节目、欣赏自然风光等。班主任要教育管理学生爱护公物、遵守纪律,还可以组织学生适当参加公益劳动,通过这些活动,丰富学生的课外生活,使他们受到多方面教育。

(3)建立校外学习小组。校外学习小组,一般由班主任或几个班主任联合发起建立,根据学生来源划区编组。校外学习小组要求不高,根据具体情况因地制宜把学生在校外的活动组织起来。这类社会教育机构一般不设专职辅导员,多是聘请家长或退休老工人、老教师、老干部、解放军战士或街道积极分子担任辅导员工作,一般是在学生放学后或节假日组织学生进行活动。它的具体任务是对学生进行思想政治教育,组织帮助学生复习功课,使学生保质保量地完成作业,开展有益的文化、娱乐、体育锻炼活动等。这种校外学习小组简单易行,便于普及,对发挥社会教育的功能,促进学生身心健康的全面发展,有着重要的意义。

(4)聘请校外辅导员。社会教育功能发挥的程度如何,与校外辅导员的工作态度、责任心和工作能力密切相关。因此,聘请校外辅导员,是发挥社会教育作用的关键问题之一。

校外辅导员,对社会教育事业必须有正确的认识,尤其是在改革开放大潮的冲击下,更要热爱这项工作,不为金钱所动,任劳任怨,专心工作,尽职尽责地为培养教育好下一代而工作。不仅如此,校外辅导员还要有一定的马列主义理论水平和社会主义觉悟,在思想政治方面,能够给学生指出正确的方向,在大是大非面前立场坚定,并能做学生的表率。同时校外辅导员还应具备一定的科学文化知识,懂得一定的教育理论。对于校外辅导员,除了对校外学习小组进行辅导,也可以邀请他们到班级作报告,配合班主任做好学生的教育工作。

拓展阅读4-1

家长系列讲座

培养跨世纪人才,仅凭学校单方面的力量是不够的。有智慧的班主任善于调动多方因素,把学校、家庭、社会三者结合起来,形成相互协作的局面。做到这点并不难,只要班主任善于开动脑筋,创造条件,办法总会有的。其实细想想,班主任在这方面有优势。一个班五十多名学生中的一百多位家长,实际上就是一支庞大的教师队伍。忽略了这支队伍,班主任的工作就会出现阻力,调动起这支队伍的积极性,就会给班主任的工作插上翅膀,带来诸多意想不到的收获。

在一次家长会上,我向家长提出了一个要求:为开阔眼界、拓展知识,提高学生自身素养,班里开设了一个"家长系列讲座"。凡是在本班读书的学生家长,请在孩子就读时间内,给学生安排一次授课。授课内容自定,可以是工作方面的,可以是生活方面的,也可以是自身的成长经历……只要是对学生有益的内容,能做到由浅入深、生动有趣就行。没想到,我的这个提议得到家长们的普遍赞同。

很快,班里的"家长系列讲座"正式开讲了。让人感到喜悦的是,家长们把当一回教师看得极其重要,备课自然也十分认真。来自不同工作岗位的家长走上讲台,绘声绘色地给学生们讲述所学知识,包括天文、地质、海洋、医学、建筑、计算机……真可谓五花八门,包罗万象。学生们从"家长系列讲座"中学到了许多课本上学不到的知识,而这些知识又是来自于身边同学的家长,因而使讲座颇具吸引力。

家长的情况千差万别,有的家长曾因缺乏授课能力而苦恼不堪。为解除部分家长的顾虑,我又在家长会上提出:凡是不能给学生讲课的家长,请帮助联系所在单位,让学生们前去参观学习。这一招果然灵验,调动了讲不了课的学生家长的热情。于是,学生除了在教室内听讲座外,还走出了学校,迈向社会大课堂。学生们来到药厂、鞋厂、棉纺厂、玻璃制品厂,走进美术馆、博物馆、大学校园,前往敬老院、儿童福利院,甚至还坐飞机上了天,到大海去领略大自然……那些接触过我班里学生的人评价说:学生们的知识面广,思维活跃,不仅懂事会处事,办事能力也强,整体素质确实不错。作为班主任,我深知自己一个人的知识和能力有限,能让这么多"教师"与我一同培养跨世纪人才,的确是件令人感到欣慰的事。①

① 任安. 家长系列讲座[J]. 人民教育,1999(11):38-39.

第五章　教育转化后进生艺术

【引导案例】

每天进步一点点

他是一个坐不到教室里的孩子,也是一个让很多老师都头疼的孩子。从小学到初中,他的成绩在班里都是倒着数的。初中毕业后,他连高中也没考上。他的家人于是很无奈地把他送到了当地一所私立学校。

临走,家人找到这所学校的校长,希望校长能够帮孩子一把。

校长先是通过各种渠道了解了这个孩子的情况,知道他酷爱长跑。于是,第二天早上,校长就有意出现在那条跑道上。他理所当然地见到了这个孩子,还一下子叫出了他的名字。孩子很是惊讶,从小到大,除了接受别人冷漠的目光,他还从来没有被哪个人——尤其是这个看起来像老师模样的人热切地关注过。那一刻,他的心里起了一种很微妙的感动。

一个又一个星期过去了,他们每天早上都很自然地相逢在那条跑道上,两个人的距离也在不知不觉中拉近了许多。

一次跑步的时候,校长装作很不经意地对孩子说:"孩子,我想给你提个小小的建议,如果一个月后你做到了,我就满足你一个愿望!——从今天开始,你能不能坚持坐在教室里!当然,只要不影响别人上课,你在教室里干什么都成。"

孩子心想,就这样一个要求呀,于是很爽快地答应了。

接下来的一星期里,孩子真的都坐在了教室里。不过,他基本上也没怎么听课!因为,他从来没有听课的习惯。

第二个星期来临了。校长说:"从今天开始,你是不是开始写点东西了?你想写什么就写什么。你不能只是坐在那儿,要不,多难受呀!"

孩子想，就找一些自己喜欢的东西抄抄吧！

第三个星期到了。校长说："从今天开始，你可以找自己喜欢的学科听一听，顺便记一下笔记，好吗？"

孩子就照着做了。

到第四个星期的时候。校长说："从今天开始，你试着去听听你不喜欢的课吧，其实有些东西听起来也蛮有意思的。"

不知不觉中，孩子在一天天地变化着。唯一不变的，是他们每天早上的长跑。

终于到了满足孩子愿望的时候了，校长问孩子有什么愿望。孩子此时已经知道，每天陪自己跑步的是校长。而且，他们一起跑步的情景让班里的同学很羡慕！孩子就说想和校长照张相。校长说，这好办！不过我希望与你的第二张合影是你考上大学的时候！凭我干了一辈子教育的经验，我相信你一定能行的！

听到校长最后一句话，孩子心想，校长真会和学生开玩笑。不过，能让校长有这想法，也绝对不是什么坏事。

时间一天天过去了，校长有事没事的时候，都会找这个孩子谈谈心，偶尔也会询问一下班主任和科任老师这个孩子的表现。大家都说：这个孩子的变化大得让人觉得不可思议！

三年时间过去了，出乎很多人意料的是：这个孩子竟然以优异的成绩考上了某个重点大学的体育系！

这个故事，就发生在河南郑州一所私立学校。

其实，一个孩子，不管他基础如何，只要每天进步一点点，就会有一种结果超乎我们的想象。

如果你是这个孩子的家长或者老师，你有耐心让孩子这样做么？这位校长做到了，相信你也能够做到，只要你愿意。①

据全国少工委一项统计，我国3亿学生中有5 000万学生被教师和家长列入后进生行列。这一总数相当于1个法国、10个瑞士、100个卢森堡的人口总数。在基础教育全面改革与发展的今天，素质教育的新理念——"以人为本""全面发展""培养创新人才"已遍及大江南北，且成为教学本性的精神实质。实施素质教育，其中重要的内涵之一便是"面向全体学生"，而"面向全体"的最大

---

① 殷亚平. 每天进步一点点[EB/OL]. (2008-09-13)[2011-09-08]http://www.lyedu.com.cn/SSYD/JSWY/200809/25854.html.

障碍又是后进生。无论你承认与否,每个班集体中都有"后进生"。因为任何有群众的地方,大致都有比较积极的、中间状态的和比较落后的三部分人。后进生的转化工作是班主任工作的难点之一,也是班主任感到最棘手的问题。作为一名合格的班主任必须做好后进生的转化工作,其实这也是每一位科任老师的义务和责任。而且要当一名优秀的班主任,就必须对学生"爱之深,知之备,导之以微,喻之以理",即要热爱学生,了解学生,善于诱导,这样才能教育好学生,改变后进班的面貌。

大量事实表明,后进生并非天生的后进,也并非无可救药。后进生是可以转化为先进生的。但要做好后进生的教育转化工作也绝非举手之劳,这需要掌握一定的教育学、心理学和班级教育管理理论,并要有献身教育事业的崇高精神。

一、后进生界说

我国教育界关于"后进生"的提法,大约产生于20世纪50年代后期。"后进生"的概念已在许多教育论著中被确认。但在实际工作中,一些教师对后进生概念的理解还比较模糊。有的把比较调皮、不听话的学生视为后进生,但这些学生的学习成绩不一定就很差,也没有犯大错误;有的把学习成绩一贯不好的学生视为后进生,但这些学生往往安分守己,学习未必就不下功夫;有的把违法犯罪、受处分的学生看做后进生;还有的认为低年级学生特别是小学低年级学生中不会有后进生,等等。如果连教师本身都没有一个客观的评价标准,那就很难做好后进生的转化工作。

在《教育大辞典》第一卷中,对"后进生""差等生""双差生"有这样的定义:"后进生"是思想品德发展上距离教育目标的要求较远,在思想行为上存在较多的缺点,落后于一般同学的学生。"差等生"亦称"差生",是不能按规定完成学校作业或学习成绩低于一般水平的学生。现中外各国一般均尽量避免使用这个词。"双差生"是指思想品德和学习成绩都差的学生。现一般避免使用这个词。

那么,到底什么样的学生是"后进生"呢?在教育实践中怎样理解"后进生"的概念呢?我们所讲的"后进生",是指在教育的主导影响下形成的一部分特殊学生,而不是指由某些遗传的或生理的因素造成的智力落后、反应迟钝、神经质、脑功能轻微失调(多动症)等等的儿童,也不是指已经走上犯罪道路,具有"反社会行为"的"问题儿童"。我们认为,所谓"后进生",是指在品德和学业两个方面都与教育目标的要求相差较远,落后于一般同学的学生。后进生有其特殊的特征:

第一,后进生的行为表现有结构特征。一般地说,认知性行为是道德性行为的基础,但道德性行为又反过来给认知性行为以深刻的影响,所以对后进生的品德和学习方面的行为应该联系起来看。例如,学习上的“后进生”其主要特征就是学业特别不好,但他们通常能够自觉遵守学校的规章制度,团结同学,关心集体,听从老师的教导,品德方面并无突出的问题。导致学业不良的原因是多方面的,我们不能轻易把这部分学生视为后进生。但一般情况下,品德较差的学生,学业成绩几乎都很差,因为真正品德不良的学生,往往很少在学习上下功夫,学习成绩落后于大多数人也是自然的。总之,后进生不仅学业成绩很差,更主要的是品德不良。

第二,后进生的行为表现具有力度特征。所谓力度特征,是指人的行为表现出来的力量强度、深度和稳定程度,因此,我们只能把在品德和学业两个方面一贯表现不好,而且达到一定程度的学生叫后进生。有的学生在品德方面偶然犯了几次错误,或学业成绩出现几次失常,或常有某种缺点,但影响甚微,这也不能轻易地把他们看成是后进生。真正的后进生在学生集体中人数不多,但影响很大,有的甚至成为一班之“王”、一校之“霸”,是班主任做好班级工作的对立面,可以说是最难啃的“硬骨头”。

第三,后进生的行为表现还具有动态特征。“后进生”的提法较之“差生”和“双差生”既具有客观性,又富有辩证性。客观性是指对后进生必须有一定的诊断指标,有严格划定的范围,这样就能防止后进生概念的滥用,并避免给一些有缺点的学生乱扣帽子;辩证性是指要充分肯定后进生有变好的可能性。后进生这一概念,最关键、更深刻的含义就在于“进”。“后”是现象,“进”才是本质。对待后进生,不但要看到他们“后”的一面,更要看到他们有可能“进”的一面,只有这样,才能真正鼓励他们进步,帮助他们成为先进生。

二、研究分析后进原因及其心理特点

(一)研究分析后进的原因

后进生,无论是思想品德上的后进,还是学业成绩上的后进,都不是一朝一夕形成的,而是长期慢性发展的结果。“治病先找源”,我们要教育后进生,做转化后进生的工作,首先要了解后进生,了解他们的生活环境、家庭结构、人际交往情况、成长的过程等等。因为不了解后进生形成的原因,就无法做后进生的转化工作。

后进生的形成,总的来说有内、外两方面的因素。从外因方面来看,家庭不良教育的影响,学校教育的失误,以及直接来自社会的不良现象的影响,是造成后进的重要原因。这三个因素在学生成长的不同年龄阶段和不同学习阶段所起的作用是不同的。

1. 家庭不良教育的影响

家庭是社会的细胞,也是孩子降临人世后的第一所学校。父母是孩子的启蒙老师。家庭教育是极其重要的。因家庭原因造成学生后进的,大致有如下几种情况。①

(1)家庭不和睦,父母经常吵嘴打架。

(2)父(或母)长期因病无力照顾孩子。

(3)家庭结构不健全,缺父或缺母。

(4)父母远隔两地工作或双职工工作太忙,对孩子无力照管或放任不管。

(5)老人或父母过分溺爱孩子,一味袒护孩子的过错,使家庭教育与学校教育脱节。

(6)教育方式简单粗暴,使孩子受到不公正的对待,甚至采取棍棒教育。

(7)父母对孩子教育要求不一致。

(8)对孩子的要求有片面性,或者只关心学习成绩,而不关心品德表现;或者只要求不做错事,而不是鼓励积极进步。

(9)父母或其他家庭成员某些错误思想认识和不良行为的影响。

(10)家教无所遵循,完全没有计划性,也没有必要的家规,平时零打碎敲,出了问题就乱抓一气等等。有人对后进生形成的家庭原因做了调查,虽然对后进生家庭成因的分类上与上述分类不完全一致,但主要方面都得到了反应(见表5.1)。

从表5.1中我们可以看出,棍棒教育、父母要求不一致、放任不管(或无力照管)和溺爱,是造成学生后进的几个突出原因。

表5.1 145名后进生形成的家庭原因

家庭原因 / 人数比例	父母要求不一致	棍棒教育	放任不管	管束过严	溺爱	无人照管	家庭坎坷不幸	家庭经济困难	家庭不和睦	父母性生活混乱
人数	38	49	36	10	21	11	7	13	9	3
%	26.2	33.1	24.8	6.8	14.4	7.6	4.8	8.9	6.2	2.1

① 李洪元,陆士杰,龚维珍. 后进生的心理特点与教育[M]. 北京:科学出版社,1987:135-146.

2. 学校教育的失误

学校教育是社会主义教育重要的组成部分。学校教育肩负培养教育下一代的历史重任，广大教育工作者不仅要传授给学生科学文化知识，而且要培养其具有良好的道德行为，陶冶他们的情操。但是，教育功能发挥得如何，与学校领导和教师的思想观点、道德情操、工作作风、文化修养等有着重大关系，它会直接影响到学生的成长。

学校教育的失误主要表现在两个方面：

一是领导方面的失误。主要表现为办学思想不端正，片面追求升学率，不注重素质教育，即没有坚决贯彻党的教育方针，没有在促进学生全面发展方面下功夫，而是赶浪头、图虚名。

二是教师方面的失误。主要表现为对表现差的学生缺乏信心；对待有缺点的学生不公正；学习指导和行为矫治上的做法错误；滥施赏罚，奖惩不分明；教师不能为人师表，在各个方面没有起到表率作用。这些存在于教育方面和教师方面的失误，或多或少都与后进生的形成有关。

3. 社会不良现象的影响

社会不良现象的影响包括许多内容，对学生影响最直接、诱惑力最大的主要有如下几种。

(1)社会上某些不正之风的影响。

(2)内容不健康的电影、电视、录像、图片、图书等对学生的侵蚀。

(3)流散在社会上的同龄人或团伙的不良影响。

(4)犯罪分子的诱骗、腐蚀和教唆。

(5)其他耳濡目染的不良信息的影响。

与家庭、学校不良因素的影响相比，社会不良现象的影响特点在于它更具有直观性和形象性，更能抓住和迎合一部分学生不健康的需要，因而具有更大的诱惑力和危害性。

4. 网络的负面影响

互联网为人们获得信息带来了极大方便，但是它的开放性以及网上信息的即时性和无选择性，客观上也方便了一些精神垃圾进入校园，走入家庭，撞击学生心灵。网络世界对于思维活跃、兴趣广泛、追求新奇、刺激而又缺乏分辨和自控能力的学生具有极强的诱惑力，它使学生分心，家长担心，学校忧心。

5. 个人方面的原因①

随着社会的不断发展,人们生活节奏的日益加快,竞争意识越来越激烈,人际交往纷繁复杂。学生直接或间接受社会、家庭、学校压力的影响,因智力、体力、外貌以及某些生理缺陷带来的限制,会产生一定的挫折感和一定的心理障碍,如情绪的反常、注意力的分散、性格的偏执等,从而感到自卑,难以融入群体,显得与大家格格不入,久而久之,就形成了后进的状况。

(二)掌握后进生的心理特点

教育转化后进生,不仅要了解掌握导致后进的外部因素,还要善于观察、分析形成后进的内部因素,掌握他们心理上的特殊矛盾和心理问题,有针对性地进行教育工作,才能收到良好的教育效果。

1. 后进生的心理矛盾

无论是先进的学生,还是后进的学生,都存在着内心矛盾的斗争。学生心理发展的内因即内部心理矛盾,一方面是由社会要求转化而来的新的需要,另一方面是已有心理发展的水平尚不能满足这种需要,二者的矛盾斗争和统一,构成了学生心理发展的根本动因。没有学生内部心理的矛盾,学生也就失去了发展的内部动因。关键是要看学生内部心理矛盾是朝着健康良性的方向发展,还是朝着不健康非良性的方向发展。如果是后者,那这部分学生就会由于个体心理发展的动因,在外部不良因素的作用下,成为后进生。变为后进生以后,就有了与普通学生不同的特殊的心理矛盾。

(1)需要与需要得不到合理满足的矛盾。人离不开“需要”,需要是人的活动的内在动因的基础。青少年随着身心的发展,不断产生新的需要,而这些需要是否得到满足对青少年的行为有很大的影响。青少年的需要既有物质上的,也有精神上的,我们不可忽视任何一方。什么是需要的“满足”? 一是合理的需要是否得到满足,一是需要的满足是否合理。如果一个学生因刻苦练字,铅笔用得比较多,他向家长要钱买铅笔时,家长若以表扬为前提,鼓励他继续刻苦练习,立志做一个书法家,这个学生就会对写字继续抱有兴趣。但是如果家长认为这样太浪费,埋怨他不会节俭,就会使这个学生失去练字的决心和兴趣。

当一个学生开始体验着一种尖锐心理矛盾,即一方面是需要的“恶性膨胀”,另一方面是需要不能得到满足。这种矛盾激化的结果往往是在感情上逐渐疏远父母、老师和同学,行为上逐渐越轨,久而久之,这样的学生就容易发展成

---

① 葛宁一. 后进生形成的原因及其转化的对策[J]. 成都教育学院学报,2005(10):96-97.

为后进生。

(2)自尊与得不到应有尊重的矛盾。人人都有自尊心和荣誉感,后进生不但有自尊心和荣誉感,而且有时表现得格外强烈。当其得不到应有的尊重时,便形成尖锐的心理冲突,构成后进生的心理"病因"。

后进生由于他们身上的缺点和不足之处较多,加上他们有时自我尊重不够,言行不一致,结果往往得不到别人的尊重,这是他们得不到尊重的自身因素。同时,也有别人对后进生采取不正确的看法和态度的原因。而无论是他人尊重不够还是自我尊重不够,都是自尊心得不到正确的引导和应有的尊重,因此心理很容易受到挫伤。所以,要求班主任、科任教师和家长及同学要理解、体谅后进生,尊重和相信他们,不轻易提及他们所犯的过失,要鼓励他们看到自己身上的闪光点,激发他们的进步要求。对于后进生的批评教育必须建立在高度的尊重基础之上。粗暴的训斥,不应有的批评,定势影响下对一些问题的处理,都会损伤后进生的自尊心,使那种要求得到而实际得不到的心理矛盾表现得更加尖锐,甚至形成父(母)子对立、师生对立,以致任何教育管理措施都不能发挥其应有的功效。

(3)言行易脱节,认识与行动不一致的矛盾。有人经过调查研究发现,后进生和先进生在道德判断测验中所得的成绩无显著差异,有个别后进生甚至还优于先进生。在性格方面,后进生言行不一致,认识和行动不统一,有的后进生说到做不到,做到的又没有认识到;有的在不同的场合行为的表现截然不同,如有些学生在学校里非常调皮,而在家里却非常听父母的话并能主动帮助父母料理家务。

总之,对后进生的言行要客观分析,后进生的表现并非一好百好,一败俱败。他们有时在认识上也有一定的是非观念,有时在行动上能做些好事,他们此一时这样做,彼一时又那样去行动。后进生之所以常常会言行不一,认识与行动不一致,究其主要原因是性格缺乏完备性,是性格分裂的征兆。这种分裂征兆的蔓延,将会成为后进生大量滋生的心理土壤。

(4)好胜而不能取胜的矛盾。俗话说,甜言蜜语三冬暖,恶语伤人六月寒。后进生同样希望得到老师的表扬、同学的赞许,但由于自己的学习基础、同学关系等客观因素,加之自身的缺点和不足,往往得到的是批评、斥责,甚至冷嘲热讽,使其好胜心受到损伤和打击。当班主任的,要有一双善于观察和辨别的眼睛,能够及时捕捉到后进生微弱的闪光点。

后进生不能取胜的原因是多方面的,但外界因素是起主要作用的。如有的后进生"见班主任带领十几个同学打扫教室,就赶忙拿起扫帚扫地,可老师却训斥他说:‘走远点! 你没资格和品学兼优的同学一块打扫卫生。’”[①]一个以捣乱出名的后进生很会养花,他主动为教室门前的花做了剪枝,满以为会得到赞赏和表扬。可老师却说:“谁让你剪枝的? 今后不许你乱动班里的花。”[②]一个后进生想入团,并对班主任表示了自己的愿望。班主任说:“你还想入团? 你去入流氓集团吧!”[③]如此轻视、嫌弃、厌恶后进生的结果,只能激化好胜而不能取胜的心理矛盾,使他们“自暴自弃”,“破罐子破摔”。

如果后进生好胜的心理不能在良好的行为方面得到满足,他们就会反其道而行之。如有的学生在学习上屡遭失败,不能取胜,于是就会想方设法在其他方面,如在不良行为上“出人头地”,来满足自己争强好胜的心理,如果班主任不及时加以指导,好胜心虽然得到了满足,但不良行为却得到了强化。如此恶性循环,势必会造成学生思想品德和学习上的更加后进。

(5)上进心与意志薄弱的矛盾。常言道:人往高处走,水往低处流。后进生无论在品行或学习方面,都有愿意进取向上的积极一面,即使是对前途失去了信心的学生也往往会出现上进的愿望。但是上进是一个艰苦的、反复的过程,需要主观付出艰苦的努力才能实现。

后进生在长期内形成的懒散、学习时注意力不集中、意志薄弱等不良习惯和心理缺陷,必然会增加上进道路上的困难。学业成绩不好的学生,大多数都不是智力方面的原因,而是由于学习目的不明确,学习态度不端正,学习不曾获得过愉快的体验。后进生也想在学习上力争上游,但自己不能克服不良的行为习惯和意志薄弱等心理缺陷。在这种情况下,外部因素的帮助作用是使矛盾转化的必不可少的条件。

2. 后进生的心理问题

(1)失宠心理。学生成为后进生并非天生的或命中注定,他们原来同样得到家长的喜欢,老师的关心与呵护。他们具有优等生的各种品质,由于受各种因素的影响,才被认为是后进生。进入后进生的行列,一种失宠心理油然而生。他们总觉得老师不像以前那样关心自己,得不到父母的疼爱,同学们歧视、疏远他们,处处受冷漠,时时遭冷眼。

(2)松懈心理。每个学生都有上进心,自己的所作所为希望得到别人的认

---

① 郭玉道、陈宗立. 从“零蛋”到“满分”——记差等生李小弟的变化[N]. 光明日报,1980-06-15(2).

② 鲁金贵. 激起后进生前进的火花[N]. 中国教育报,1984-11-20(3).

③ 屈增民. 教师与语言美[J]. 陕西教育,1981(5):5.

可和赞许。在实际的学习、生活中每个人都会不断努力,希望取得较大的进步。如果学生一旦失宠,情绪就会低落,学习无动力,自信心减弱,成绩开始滑坡。对自己要求不严,松懈怠慢,学习、生活随便,有时出现违纪现象。

(3)失落心理。一般说来,后进生在各方面都不太令人满意。在家里经常遭到父母的责骂,在学校常常受到老师的批评,同学们也会疏远他们。感情上得不到交流,人际交往的圈子就会不断缩小,自然产生一种失落感,他们的内心是极端痛苦的。犹如几只掉队的大雁,在高空哀鸣,失去前进的方向。

(4)孤独心理。在学校,后进生与优等生相比,得到老师的关怀要少得多,这个群体往往被老师、家长忽视。如果自己被他人当做后进生,心里总不是滋味,总觉得自己低人一等。由于心理作怪,他们不愿意和其他同学交往,人为地创设孤独的环境和氛围,把自己封闭起来,与世隔绝。

(5)恋旧心理。每个学生都有丰富的情感,后进生亦是如此。触景生情,回忆自己美好的过去,那是经常的事,只要处在特定的环境中就会有这样的活动。一旦自己的进步得不到肯定,或受到批评,或受到委屈,或遇到困难与挫折,往往对前途感到渺茫,看不到未来的希望,时常处于一种痛苦的情感之中。他们常常依恋过去,回忆往事,回眸以前美好的一切,用以平衡心理,安慰自己,给自己以信心。

(6)嫉妒心理。嫉妒是在特定的环境中产生的,是在他人超越自我时所产生的一种情感反映。适度的嫉妒之心,在一定条件下可以化作前进的动力,是超越他人的力量源泉。学生成了后进生以后,其自信与上进之心并没有完全消失。后进生具有嫉妒心理,它有积极的一面,但其危害性是显而易见的。他可能走极端,做出一些超乎寻常的事情。

(7)求异心理。求异应该看做是创新之举,是个性的张扬。后进生的求异心理并非完全如此,由于他们在各方面的表现不尽如人意,得不到老师、家长及同学的普遍关注。为了重新塑造自我形象,再现“当年风采”,很多后进生具有一种求新求异的举动。言行与众不同,有时过激,故意制造一些“新闻”,以转移众人的注意力。

(8)逆反心理。据调查了解,学校、家庭对待后进生的态度有很多共同之处,往往是批评、责怪的多,信任、鼓励的少。后进生受到的批评与责怪要高出优等生一倍以上。专家指出,过多的批评与指责,会打消学生的积极性,泯灭学生的进取心,不利于改变后进生,不利于他们的成长与发展。不管是在家里还是在学校,后进生的闪光点不易被发现,有进步容易被忽略,取得了一定的成绩得不到及时的肯定。过多的批评、训斥是产生逆反心理的重要原因。后进生的逆反心理要比其他同学严重得多。

(9)堕落心理。后进生得不到家长的关心、教师的关怀、同学的帮助以后,总是破罐破摔,自甘堕落。对任何事都不感兴趣,将学习抛到九霄云外。他们一旦被列入后进生的群体,做事没有什么动力,自信心大减,人生态度悲观,自暴自弃。

(10)犯罪心理。在学校,他们经常被忽视,在同学面前总觉得低人一等,抬不起头。在家里,后进生常常受到父母的责骂。老师的批评、同学们的冷嘲热讽以及家长的责骂,时常会在后进生的耳旁回荡。因此,他们对人生感到渺茫,看不到未来的希望,对前途失去信心,其内心极度痛苦。他们时常对家长、老师产生不满情绪,对社会抱有敌视的态度,总是寻机报复,犯罪意识突出。中国青少年犯罪研究会的一项统计表明,近几年来,青少年犯罪总数占全国刑事犯罪总数的70%以上,其中十五六岁的"问题青少年(后进生)"犯罪案件占青少年犯罪总数的70%以上。后进生处于人生的十字路口,如果引导不当,就有可能导致他们偷盗、抢劫、吸毒等,最后走上犯罪的道路。[①]

学生成为后进生总要经历一个复杂的过程,有很多方面的原因,其特殊的心理问题是主要的,也是众多因素造成的。班主任要了解后进生的心理活动,善于从细小的活动中发现他们思想中闪光的东西,抓住时机给予扶植和引导,帮助他们同阻碍他们前进的不良习惯和意志薄弱的心理作斗争。对于任何一点上进的要求和愿望,不管其动机如何,都要抓住它,扶植它,使它由小变大,由少变多,由为个人到为集体、为国家。

三、爱后进生的意义[②]

"班主任教师必须针对学生的心理特征,站在时代的高度,有的放矢地去奉献自己赤诚的爱心,对学生动之以情、晓之以理,引导学生走上正确的道路。"[③]

(一)"应试教育"下师爱的缺失

热爱每一个学生,是教师职业道德的基本要求之一。但由于应试教育把升学率和考试分数作为评价学校办学水平和衡量教师教学质量的唯一标准,只把一部分学习成绩优秀的学生看做人才,导致一部分教师把注意力和关爱,只集中到那些高分、升学有望的学生身上,结果丢弃了对全体学生特别是后进生的

① 冯桂辉.后进生十大心理问题分析[J].心理世界,2006(3):19-20.

② 本节改写自:张宝臣.谈后进生转化工作中的师爱[J].安徽教育,2003(7):17-19.

③ 王巧梅,陈艳平.班主任应该怎样热爱学生[J].山西教育,2000(13):32.

"爱"。从而偏离了基础教育的教育目标和教师职业道德,也使得一部分教师对大多数学生的冷漠甚至是歧视,压制了这些学生个性健康和谐地发展。加之一些地方将学生考试分数和升学率的高低与任教教师的工资福利待遇挂钩,驱使了教师功利观念的强化,只为利、为高分而教,严重地损害了教师的作用价值、人格力量和师表形象,更为严重的后果还在于污染了青少年学生纯洁的心灵。世界著名教育家赞可夫曾经说过:"当教师把一个学生认识到他是一个具有个人特点的、具有自己志向、自己智慧和性格的人的时候…… 才有助于教师去热爱儿童和尊重儿童。"有一位教师感慨地说:"老师们常说'爱生如爱子',但真正能做到这一点的教师,又有多少呢? 浇花要浇根,教人要教心。然而,在我们平时所接触到的道德教育里很少有教心的,即培植人的善心,包括良心、爱心、同情心、怜悯心。"请听听学生的心声:"老师,我希望你常是一个有感情的人,而不仅是一架教书的机器;老师,请你不仅教书,而更是教我们做人;老师,请您也把我当人看待,而不仅是您记分簿上的一个号码;老师,请您不要单看我的成绩,请您更要看我所作的努力;老师,请您经常给我一点鼓励,不要让您的要求,超过我的能力。"有的教师说过,毕业后仍会回母校探望老师的,更有礼貌的学生是在校时成绩差的,表现不好的,被老师经常批评的学生。而优秀生在路上遇见,淡淡地打声招呼,有的甚至对老师视而不见。为什么会这样呢? 因为前者在学生时代属于"与众不同"者,在对他们的教育问题上,教师以爱心、耐心、诚心相待,以浓浓的爱激励他们成长,老师的这份爱永远藏于他们心中,他们感谢教师对他们的关心、教育。作为从事教育工作的教师,对后进生多一份关爱,少一份斥责,一定会取得好的收效。

《中国青年报》2000 年 2 月 2 日刊登教育专家杨东平研究员的文章说,我国最近揭露的多起老师殴打、侮辱、摧残学生的暴力事件,就性质而言,我认为比学生暴力更为严重和可怕,没有比这种现象更深刻地揭露出教师素质的变异和教育品质的恶化。"尊师爱生"长期以来一直是学校师生们的行为准则之一,然而,在教育实践中,老师往往自觉不自觉地受到传统教育观念和"应试教育"的影响,过多地强调了"尊师",而忽视了"爱生"。加里宁曾说:"世界上任何人也没有什么东西能比孩子们的眼睛更加精细、更加敏捷,对于人的心理上的各种微妙变化更富于敏感的了。"教师是教人怎样做人的人,首先自己要知道怎样做人。陶行知先生曾说:"千教万教教人求真,千学万学学做真人。"教师工作有强烈的典范性,为人师表是教师的职业道德的集中体现。教师以身作则,才能起到人格感召的作用,培养出言行一致的人。俄国著名教育家乌申斯基说:"教师的人格,就是教育工作的一切。"教师对学生的这种影响是"任何教科书、任何道德箴言、任何惩罚和奖励制度都不能代替的一种教育力量”。

(二)爱后进生的作用

“凡是教师缺乏爱的地方,无论品格还是智慧都不能充分地或自由地发展。”①每一个教育工作者都懂得,爱是教育的基础,热爱学生是教师的天职,没有爱,也就没有教育。别林斯基说:“爱应该是教育的工具。”马克思也认为:“只能用爱来换爱,只能用信任来交换信任。”因此,热爱后进生是转变后进生的前提。教育管理的效果并不取决于教育的意图,而是取决于师生间的接触和亲密无间的师生关系。只有班主任对后进生倾注真诚的感情,后进生才会“亲其师,信其道”,自觉愉快地接受教师的教诲,接受老师所传授的知识,在爱的氛围中取得进步。

1. 爱是教育转化后进生的感情基础

爱,是普遍存在于人们身上的一种心理需要。每个人都希望得到别人的爱,也愿意去爱别人,人的生活中充满着爱的关系。一个学生不仅希望得到父母的爱,更期望着教师的爱。我国现代著名教育家陶行知先生对教师曾说过:“你的教鞭下有瓦特,你的冷眼里有牛顿,你的讥笑中有爱迪生。”前苏联伟大的理论家、教育家捷尔任斯基说过:“谁爱孩子,孩子就爱他,只有爱孩子的人,才能教育孩子。”这些话,从师生关系上精辟地论述了师爱在教育工作中的极端重要性。许多学生重视师爱胜过父母的爱,对于师爱的反应要比对父母的爱的反应还要强烈。当教师给后进生以爱,当教师以自己热诚的情感去满足后进生的情感需要时,后进生是听话的,是容易接受教育的。教师的爱对于学生来说虽然是一种外部条件,但由于它能促使学生积极的情绪体验,因而可以转化成为学生接受教育的内部动力。“爱所要求的情感和谐可以在两种情形下产生:教师深入到学生的感情中去,不让儿童注意到即机警地参加进去;或者他设法使学生的感情以某种特殊的方式接近他自己的感情……”②

班主任对学生的爱可以使之从一种外部条件成为一种学生接受教育的内部动力。班主任有了爱学生的情感才会时刻把后进生放在心上,为教育后进生而不惜呕心沥血。后进生进步了,他欢欣鼓舞;后进生反复了,他焦虑不安;学生犯了错误,他痛心和自愧。有了这种爱,班主任才会乐于去做那些对教育后进生有

---

① [英]罗素. 教育与美好生活[M]// 现代西方资产阶级教育思想流派论著选. 北京:人民教育出版社,1980:104.

② [德]赫尔巴特. 普通教育学[M]//现代西方资产阶级教育思想流派论著选. 北京:人民教育出版社,1964:260.

益的繁杂琐碎的工作，才会主动热情地去亲近学生，发现他们身上的优点和长处，钻研和创造教育的艺术和方法；有了这种爱，才能以更大的耐心和韧劲教育和转化后进生，才能不怕后进生出现反复，才能“不见后进变先进”而誓不休。

2. 爱的交流是做好后进生转化工作的前提

法国作家拉封丹有一则寓言：北风和南风比试，看谁能把一个人身上的大衣吹掉。北风首先施展威力，行人为了抵御北风的侵袭，把大衣裹得紧紧的；南风则徐徐吹动，风和日暖，行人觉得暖洋洋的开始解开纽扣，脱掉大衣。这则寓言给了我们很大的启示。班主任工作的对象是活生生的有感情会思想的学生。若一种要求和意见被学生认为是出于班主任的好意，他们在情感上就会产生肯定的倾向被愉快地自觉自愿地接受，这就是所谓的“情通而理达”。相反，同样的要求和意见，若被学生认为是恶意，他们就会紧闭心灵的大门无动于衷，严重的还会产生抵触情绪和对抗行动。“当教育者赢得了学生的信任时，学生对接受教育的反感就会被克服而让位于一种奇特情况：他把教育者看做一个可以亲近的人。”①师生间的信任和友爱对教育工作的影响是很大的。爱的交流可以沟通师生间的思想，协调师生间的关系。学生对班主任愈加信赖，班主任的要求就愈加容易被学生接受并转化为学生自己的思想和要求，形成他们的觉悟和决心，鼓励他们去实践自己的诺言。正所谓“亲其师，信其道”。“孩子们所喜欢的是那种本人就喜欢孩子、离开孩子就不行、而且感到跟孩子们交往是一种幸福和快乐的人。”②当学生意识到你是真心爱护他、关心他、为他操心时，无论是耐心的诱导，还是严肃的批评，甚至必要的斥责，都是有效的。班主任的爱发挥了有效的转化作用。师生的情感沟通了，在进行教育的时候，彼此就像有了一个无形的导管，思想的交流，道理的传递，就畅通无阻了，其效果有时甚至会超过教育者的要求。无论在教育过程中，还是在教学过程中，各种教育因素一旦由教师的爱胶结起来，就可以产生巨大的教育力量，提高教育的效能。没有师生间爱的交流，就不能做好后进生的转化工作。

（三）后进生渴望得到班主任的爱

前苏联教育家苏霍姆林斯基指出：“同情心和由衷的关怀，是教育才能的血和肉。”真诚的关心和爱护可以融化一颗冰冷的心，可以使人摆脱忧伤和苦闷，

① ［奥］布贝尔. 品格教育［M］//现代西方资产阶级教育思想流派论著选. 北京：人民教育出版社，1980：302.

② ［前苏联］苏霍姆林斯基. 帕夫雷什中学［M］. 赵玮，等，译. 北京：教育科学出版社，1983：26.

可以使人振作勤奋。爱是真正促使人复苏的动力。

在教育过程中,教师热爱学生,不仅是教师职业的一种客观需要,也是学生学习、生活的一种主观需要。后进生和其他学生一样,也有求得别人关爱的基本需要,但这种需要却常常不能得到满足,班主任如能给后进生以真诚的疼爱,便能触动他们的心弦,引起他们强烈的情感震动和深刻的内心体验。由于情感能反作用于认识,他们的认识因此就会产生转变。

后进生也有苦恼,甚至于自卑,因而他们更需要理解和关心。请看下面这个后进生的一席话:"……我被班里的一些同学命名为'木头脑瓜',任人喊来叫去,在家里常常遭到父亲的打骂、虐待,在学校里常常受到老师的讽刺挖苦。这些都是因为我的学习成绩一直不好。可是,有谁知道我的心里是怎样的痛苦,我何尝不想尽快把学习成绩提高,少得到一些人的冷眼呢?冷眼奚落除了使人感到痛苦,还会得到什么呢?拉我一把吧!我将努力赶上来……"[①]在字里行间,我们可以看到这个后进生渴望教师的理解和关心,有着强烈的上进愿望。

"一个好教师意味着什么?首先意味着他是这样的人,他热爱孩子,感到跟孩子交往是种乐趣,相信每个孩子都能成为一个好人,善于跟他们交朋友,关心孩子的快乐和悲伤,了解孩子的心灵,时刻都不忘记自己也曾是个孩子。"[②]热爱学生,要爱得真,爱得深,还要爱得持久。这三点中,首要一点是爱得真。三者是互相联系,缺一不可的。大量的事实和经验已经证明,关心和爱护是转变后进生的前提和基础,教育和转变后进生的诀窍就在于爱。后进生需要教师的爱护和关心,他们渴望理解,他们高呼"理解万岁"。

拓展阅读5-1　我和橘皮的往事

多少年过去了,那张清瘦而严厉的、戴600度黑边近视镜的女人的脸仍时时浮现在我眼前,她就是我小学四年级的班主任老师。想起她,也就想起了一些关于橘子皮的往事……

其实,校办工厂并非是今天的新事物。当年我的小学母校就有校办工厂,不过规模很小罢了。专从民间收集橘皮,烘干了,碾成粉,送到药厂去。所得加工费,用以补充学校的教学经费。

有一天,轮到我和我们班的几名同学,去那小厂房里义务劳动。一名同学问

---

① 张颖. 他们更需要爱[J]. 辽宁教育,1987(3):8.

② [前苏联]苏霍姆林斯基. 帕夫雷什中学[M]. 赵玮,等,译. 北京:教育科学出版社,1983:44.

指派我们干活的师傅，橘皮究竟可以治哪几种病？师傅就告诉我们，它可以平喘，并对减缓支气管炎有良效。

我听了暗暗记在心里。因为我的母亲，每年冬季都被支气管炎所苦。可是家里穷，母亲舍不得花钱买药。

当天，往兜里偷偷揣了几片干橘皮。

以后，每次义务劳动，我都往兜里揣几块干橘皮。母亲喝了一阵干橘皮泡的水，剧烈喘息的时候，分明减少了。我内心里的高兴，真是没法形容。

母亲自然问过我——从哪儿弄的干橘皮？我撒谎，说是校办工厂的师傅送的。

不料想，一个同学告发了我。

那是特殊的年代。哪怕小到一块橡皮，半截铅笔，只要一旦和"偷"字连起来，也足以构成一个孩子从此无法刷洗掉的耻辱，也足以使一个孩子从此永无自尊可言。

在学校的操场上，我被迫当众承认自己偷了几次橘皮，当众承认自己是贼。当众，便是当着全校同学的面啊……

于是我在班级里，在学校里，不再是任何一个同学的同学，而是一个贼。

我觉得，连我上课举手回答问题，老师似乎都佯装不见，目光故意从我身上一扫而过。我不再有学友了。我处于可怕的孤立之中。我不敢对母亲讲我在学校的遭遇和处境，怕母亲为我而悲伤……

当时我的班主任老师，也就是那位清瘦而严厉的，戴600度近视镜的中年女教师，正休产假。

她重新给我们上第一堂课的时候，就觉察了我的异常处境。

放学后她把我叫到了僻静处，问我究竟做了什么不光彩的事。我哇地哭了……但是，她依然严厉地批评了我。

第二天，她在上课之前却说了一番这样的话："首先我要讲梁绍生（我当年的本名）和橘皮的事。他不是小偷，不是贼，是我吩咐他在义务劳动时，别忘了给老师带一点儿橘皮。老师需要橘皮掺进别的中药治病。你们再认为他是小偷，是贼，那么也把老师看成是小偷，是贼吧……"

第三天，当全校同学做课间操时，大喇叭里传出了她的声音。说的是她在课堂上说的那番话……

从此我又是同学们的同学，学校的学生，而不再是小偷，不再是贼了。从此我不想死了……

我的班主任老师，以前对我从不曾偏爱过。我在她眼里，只不过是她四十几名学生中最普通的一个……但是,她在我心目中,从此再也不是一位普通的老师了。尽管她依然像以前那样严厉,依然戴600度的近视镜。

在"文化大革命"中,那时我已是中学生了,没有给任何一位老师贴过大字报。我常想,这也许和我永远忘不了小学的班主任老师有某种关系。没有她,我不太可能成为作家。也许我的人生轨迹将彻底地被扭曲、改变,也许我真的会变成一个贼,以我的堕落报复社会。也许,我早已自杀了……

以后我受过许多险恶的伤害。但她使我永远相信,生活中不只有坏人,像她那样的好人确实存在的……因此我应该永远保持对生活的真诚热爱。①

四、激发后进生学习兴趣

(一)学习活动是学生实践活动的重要组成部分

后进生的共性之一就是对学习缺乏浓厚的兴趣,他们往往把学习看做一种负担,对所学学科感到枯燥无味。然而学习活动是学生实践活动的重要组成部分,是继承人类已有的知识、智力成果的唯一途径,也是自身发展和生存的需要。学生大部分时间是在学校度过的,学生的主要任务就是学习科学文化知识。学生的天职就是学习,不学习就是虚度光阴,也必然会把时间和精力投入到与学习无关的事情上,这不仅会限制自身的发展,甚至会走上违法犯罪的道路,危害社会。因此,培养和启发后进生的学习兴趣是至关重要的,是转变后进生的关键一环。

那么什么是兴趣呢? 兴趣就是力求认识某种事物或爱好某种活动的倾向,就是学习和思考时带着的一种高涨的、激动的情绪。学生学习活动有显著的特点,他们观察、记忆、思维、注意都带有浓厚的情感色彩,因而学习兴趣就具有突出的重要性。培养学生的学习兴趣,不仅是转化后进生的重要手段,也是教师完成教学任务,提高教学质量的关键。

影响学生对某一学科学习兴趣的因素有社会、家庭、学校、学生自身四个方面。其中教师的教学效果、学生本人的思想和知识基础的影响是直接的,而社会上对该学科的重视程度、家族的要求的影响则是间接的。直接的因素有较大的可变性,间接的因素有较强的稳定性。培养学生的学习兴趣,应从改变直接的、可变的影响因素入手。学习兴趣的问题是反映在每一个学生身上的问题,但在后进生身上所表现出来的是学习兴趣的极其缺乏。教学活动是师生共同的、双

① 梁晓声. 我和橘皮的往事[N]. 中国教育报,1997-05-17(2).

边活动，所以要培养学生的学习兴趣就必须从教和学两个方面入手。

（二）培养激发学习兴趣的途径和方法

1. 从教师的角度

教师在教学过程中起主导作用，学生学习效果如何，和教师的“教”是密不可分的。诸如提高课堂教学语言的生动、形象性演示、直观教具，适当的表扬与鼓励，课外活动、竞赛等等。而班主任培养后进生的学习兴趣主要应从学的方面入手，即从学生自身方面考虑。

2. 从学生的角度

班主任应该做好以下几方面的事情：

（1）树立学习的信念。在不明确学习目的的情况下，一味地强制学生学习是不会取得理想效果的。因此，必须使学生树立一种信念、目的，让学生认识到艰苦的学习对自身的发展和将来的工作是大有益处的。这主要应从培养学生的间接兴趣出发，从学习的必要性出发，激发学生学习的积极性。

（2）明确学习目标。很多事例证明，目标的明确和具体，可以使学生乐于学习，提高学生的学习成绩，增强学习积极性。如果不确立学习的具体目标，就容易影响甚至挫伤学生学习的积极性。只有确立了目标之后，才会激发学生为实现这一目标而努力的积极性。反过来，目标的实现可以使学生有一种自豪感和成就感，这样就会进一步激发学生学习的积极性，产生一种良性循环。为了使目标能充分发挥激励作用，就要尽可能使确立后的目标要具体，而且让学生易于接受。

（3）制订切实可行的学习计划。并不是所有的后进生都无正确的学习动机和明确的学习目的。有的后进生虽然有正确的学习动机和学习态度，有学好的愿望，但是没有合理的、切实可行的学习计划，结果学无收获。他们希望获得成功但又常常失败，自然就没有兴趣可言，久而久之学习对他们来说就成了一件痛苦的事情。因而正确引导学生制订经过努力能实现的计划，是调动学生学习积极性的有效方法之一。

班主任通常是对所有学生制订统一的学习计划，而实质上制订学习计划应该要因人而异，否则会阻碍学生的学习情绪和学习积极性。

（4）从失败中吸取教训。后进生往往失败多于成功，班主任要帮助后进生分析失败的原因，找出成绩不佳的“症结”所在，使他们明白怎样做才能避免失败。切不可过分地责难学生的失败，尤其是后进生，这样不仅不会起到积极作用，相反，还会挫伤学生学习的积极性。

（5）要有自信力。后进生学业成绩不佳的原因是多方面的，有的学习态度端正，但因基础不扎实，学习难争上游。时间久了，失去了力争上游的信心，学习兴趣被抑制;有的有较好的基础,也有要求进步的愿望,但缺乏意志力;有的基础扎实,条件很好,但把注意力集中在非学习的事情上等。所以,班主任不要把成绩不佳的原因归结为能力不足。如果把成功的原因归结于能力,那么,下次去完成一件事时也抱着成功的希望去做,学生的积极性就会更高;如果把失败的原因归结于自己努力不够,那么下次去完成一件事时,就会更加努力,为取得成功而努力。不然就会使学生产生自卑心理,做事感到成功的希望渺茫,因而提不起学习的积极性。班主任切不可说出否定后进生能力的言论。

(6)寻找最佳学习方法。古人云:凡事有法,师舍是则无以教,弟子舍是则无以学。“一切工作,如果仅仅提出任务而不注意实行时的工作方法,不反对官僚主义的工作方法而采取实际的具体的工作方法,不抛弃命令主义的工作方法而采取耐心说服的工作方法,那么,什么任务都是不能实现的。”①有了正确的学习动机和明确的学习目的,掌握最佳的学习方法就显得尤为重要了。

有些后进生有学习的积极性,知道应该认真学习,但是找不到适合自己的最佳学习方法,因此学习成绩不能提高,积极性也调动不起来。在这种情况下,班主任要给予学生以明确的指导,帮助他们选择那些适合自身特点的学习方法,一定不要空喊:“学习呀!学习呀!”使学生学习的积极性受到抑制。

(7)辩证运用“参照物”。看一个学生是否进步,不仅要进行横向的比较,即与其他学生比较,还要进行纵向比较,即和学生自己的过去比较,就是要辨证地运用参照物。学习成绩如何?进步多大?都要尽可能采取明确而具体形式传递给学生。不要把眼光局限在一次一次的成绩上,而要让学生看到他们的进步。这样他们就会体会到成功的甘美,感受学习给他们带来的乐趣。

除此以外,培养学生学习积极性的方法还要尊重学生的自主性,同时给予必要的指导,惩罚要适度,不要因后进生完不成作业,而加大作业量,其结果往往适得其反,使他们消极抵抗,为完成作业而写作业,等等。

培养学生学习积极性的途径和方法是多方面的,只要在工作中注意观察,多思考,学生学习积极性的调动就会取得明显的效果。

五、对后进生抓反复、反复抓

(一)正确对待后进生的反复

后进生的进步,一般都会出现反复,这是思想品德发展的规律。因为学生思

---

① 毛泽东.毛泽东选集[M].北京:人民出版社,1991:140.

想觉悟的提高，道德行为习惯的形成，是一个反复发展的过程，不是直线上升的过程，而是曲折的螺旋式上升的过程。我们知道，即使是传授某种知识也需要经过多次反复，知识才能真正被人们掌握。学习知识、掌握知识就必须同遗忘作斗争，知识的遗忘或谬误，要经过多次复习、实践才能得到纠正。一个人思想觉悟的提高，良好道德行为习惯的形成，更不是一朝一夕的功夫所能奏效的。由于内外各种因素的影响，变化和反复往往是很大的。就拿培养道德情感来说，人们只有认为是善的东西才爱、才好，只有认为是恶的东西才恨、才嫌。但生活常识表明，人们并不是对所有认为是善的东西都真挚地爱，对所有认为是恶的东西都能切齿地恨，只有经过反复的认识、反复的感染，才能真正从感情上爱其所爱，恨其所恨。

一个学生思想品德水平的提高，并不是一次教育活动、一次谈话所能达到的，而是多次的、多方面一致的教育才能达到的。尤其是对后进生的教育与转化，某种不良品质的纠正和改造，还会有多次反复。后进生在进步过程中的反复因人而异，有的反复次数多，有的反复次数少，有的反复程度高，有的反复程度低。任何一个后进生，都没有直线前进的先例。在前进中反复，在反复中前进，因此反复也是按照客观规律进行的。

（二）做好抓反复、反复抓的思想准备

1. 分析反复的原因

当后进生在转化过程中出现反复时，班主任要调查清楚反复的原因，是坏人的引诱，还是受到了黄色书刊、不良现象的影响，还是在困难面前不坚定，意志薄弱。特别要看到，出现的反复往往不是简单的重复。这些都要求班主任作深入的调查了解，分析反复的情况和原因，坚持不懈地、细致地工作，引导他们从反复中总结经验教训，变坏事为好事。

2. 要有耐心

班主任对后进生的教育和转化要有耐心，要善于抓反复、反复抓，在耐心、反复的教育过程中，班主任对他们的要求应逐渐提高，使他们看到希望，增强信心，又使他们不满足现状，引导他们向着新的目标迈进。对后进生的反复不能急躁，教育转化后进生最忌讳的就是“一急、二火、三粗暴”。教育转化后进生的工作是一场韧性战斗，不是一劳永逸的事，也不可能一帆风顺，在某种意义上，与其说是对后进生的一种考验，还不如说是对班主任的一种考验。

3. 有备无患

班主任要把思想工作做在后进生出现反复之前，这样，可以减少反复的次数，降低出现反复的几率。对后进生的反复，班主任要早有预见，做到心中有数，

以不反复应反复,反复抓,抓反复,一抓到底,抓出效果。

4. 态度冷静

班主任对后进生的反复要持冷静的正确的态度,并且加以引导,这样,后进生就能在反复中取得曲折的进步,最终变为优等生。

5. 抓住闪光点

班主任如果善于从后进生的反复中看出新生的因素,就能对后进生的转化起促进作用。下面这位工读学校教师的做法对后进生的教育转化工作会产生有益的启迪。

在一所工读学校里,两个沾染流氓习气的孩子,为了争夺一架手风琴,互不相让,最后拔拳相向,打起架来。打着打着,他们便扭在一起去找老师评理。

这位教师专注地听完他们的叙述,沉思了一会,笑着说:“你们两人都有进步。”两个孩子愣住了。打架怎么还说有进步?教师不慌不忙地说出了三点理由:“第一,你们这次争的是玩手风琴,这说明你们对音乐有兴趣,开始有了正当爱好。这比过去为一些无聊、下流的事情争吵、斗殴好一些。第二,你们不应该打架,这说明你们身上的坏习气还没有根除。但是,这次你们能够中途停手,没有像过去那样,一打就要打个你死我活。这说明新的思想在你们头脑中已经起了作用,这也是一点进步。第三,你们想到找老师来讲理,说明你们心目中有老师,有是非观念,愿意服从真理,这是一点了不起的进步。虽然今天你们还掌握不了是非标准,但有了这样一些进步,你们一定能逐步学会明辨是非。”

两个孩子听后,向老师鞠一躬,手拉手走了。正是因为教师抓住了这两个孩子的闪光点,肯定了他们的进步和取得的成绩,才使他们欣然接受教育。

六、协调各方面教育影响

在教育转变后进生的工作中,班主任肩负着主要责任。但是,后进生的教育和转化,只依靠班主任或班集体单方面的力量是不能完全取得效果的,必须动员发挥各方面的力量协同工作。

(一)学生思想品德的形成是多因素作用的结果

人的思想品德不是与生俱来的,而是后天形成的,是后天社会生活综合作用的结果,先天的遗传素质仅仅给人的发展提供了物质前提。马克思说:“人的本质并不是单个人所固有的抽象物。在其现实性上,它是一切社会关系的总和。”恩格斯说:“人们自觉或不自觉地,归根到底总是从他的阶级地位所依据的实际关系中——从他们进行生产和交换的经济关系中,吸取自己的道德观念。”

换言之,一个人的思想品德总是在家庭、社会、学校等多方面的影响下形成的，是一种多维、多渠道、多层次、多面体的产物。有的来自家庭，有的来自社会，有的来自学校，有的来自邻里伙伴，有的来自校外教育机关。在学校中有的来自教师，有的来自团队、学生集体组织，有的来自课外活动；在家庭中可以来自不同的成员；在社会方面可以来自各种现象、事件或其他环境。因此，班主任要协调各方面教育力量对后进生施加积极的影响。

（二）协调各方面教育影响

1. 协调学校教育内部的影响

学校内部教育力量主要是通过学校领导、教师集体的力量体现出来的，因此协调好学校领导、任课教师的教育影响是非常重要的。班主任要协调好任课教师之间及任课教师与学生之间的关系：促使教师之间统一认识，步调一致，齐抓共管，共同做好后进生的教育转化工作；促使师生之间相互理解，增进师生间的思想感情。

2. 协调学校与学校外部教育力量的影响

协调学校与学校外部教育力量，即协调学校、家庭、社会三方面的影响。协调这几方面的影响形式是多种多样的，工作要细致周密。如聘请校外辅导员、组织校外参观和开展社会实践调查、邀请英雄模范人物作报告等。俗话说："冰冻三尺非一日之寒。"后进生的错误认识、不好的行为习惯并非一下子形成的，学生思想品德的形成是一个长期的过程。当然也不是班主任几次耐心的谈话、批评教育、甚至处分就会转变的，所以只有依靠家长、同学、其他教师多方面帮助，社会各方面教育力量协同一致，为后进生的转化创造一些有利的条件，造成一种积极向上的氛围，才能促使后进生有所醒悟和转变。

拓展阅读5-2　追寻春天——帮助一个后进生的故事

又到了春天，我不由得格外怀念已经毕业的上一届学生。还记得我第一次与他们见面，在教室的一隅，我看到辛雨那双怯生生的、总是躲避着我视线的眼睛。

从以前的老师那里，我得知辛雨是借读的学生，基础很差，性格也很孤僻，家长只希望他能毕业就行，也不用参加考试。一开始，我也打算忽略他的存在。可是，每次看到他那怯生生的眼神，总感觉他的眼睛里分明有一种拷问我职业良知的力量。

是的，作为教师，放弃一个学生显然是不负责任的。虽然他只是班里几十个学生中的一个，却代表着一个家庭的全部希望，他也有享受关爱、健康成长的权利。于是在我的争取下,他参加了入学以来的第一次考试。虽然成绩很低,但他和家长都很感激,这让我受之有愧。

他恰如一棵孱弱的幼苗,我需要给他阳光雨露般的滋润。可是仅有我的关心还不够,我还得在班里营造一个春天般的氛围。在一次“集体因关心而温暖”的主题班会上,我对学生们说:“春天应该属于我们每一个人。让我们和辛雨同学一起追寻春天!”

如今,辛雨已经顺利升入初中。回顾过去,我既感到教师的态度对学生的巨大影响,也深深地体会到,一个充满关爱的班集体对后进生成长是多么不可或缺。

记得五年级刚开学不久,辛雨要辍学。我在动员他返校的同时,召开班委会讨论:大家曾经为辛雨做过什么,应该为他做点什么?

辛雨返校后,班委们主持召开了“我们都有一个家”的主题班会。班长代表全班同学向辛雨作了《辛雨——欢迎你回家!》的致辞,恳请他原谅大家对他曾有过的嘲笑、伤害和漠不关心,同时表示要将班级建设为一个能给每个成员以温暖的家。接下来,学生们每人送给辛雨一份礼物:一张自制的贺卡、一本书、一件文具、一个励志的小故事……辛雨有些羞涩和无措,但在他低垂的眼睑下,分明藏着感动与幸福。

在以后的日子里,我欣慰地发现,学生们在帮助辛雨的过程中,慢慢地学会了关爱。比如,为锻炼学生的朗读水平,我常常用“开火车”的方式,让学生每人读一小节。有一次“开火车”,学习委员提议:“老师,我能不能只读一句?”其他几个朗读水平好的学生也纷纷附和。我虽然有些奇怪,却没有反对:“好啊。但我有要求,不允许出错。错了要一直到完全读对才可以坐下。”因为只读一句,所以进行得很顺利,偶尔有读错的,也只重复两三遍就行了。轮到辛雨了,教室里变得格外安静。他读的一句话有三个分句,第一遍读错了,第二遍又出错了……直到第六遍时,辛雨终于读对了!教室里响起了热烈的掌声。

课后我问学习委员为什么要只读一句,她说:“因为这样就可以让班里每个同学都能读好,包括辛雨!”多么可爱的学生啊!

类似的事还有很多。“日记接力赛”是我为提高学生写作水平采取的一项措施,以小组为单位轮流,每组每天由一个学生写一篇日记。日记不署名,由我批改后打分,各组的分值累积进行评比。但有一天,一个学生激动地对我说:“老师,这不公平。”

“为什么呢?”我有些惊讶。

“我发现,各组的日记中得满分的,全是那些写作基础比较好的。但各组中这样的同学却很不平均。”他振振有词。

“那怎么办？重排座位，尽量让各小组实力平均吗？”我问他。

“不，我想了一个办法，就是日记要署名。这样，您就可以根据各人原来的基础来评判。比如说，同样一篇日记，如果出自辛雨之手应该给高分，但出自写作水平好的，也许就算低分。您说好吗？”

我将他的办法在班会上讨论，大家一致同意。从此在批改日记时，我总能满心喜悦地发现辛雨等后进生的变化。这既让我惊异于学生的创造力，也感动于他们那颗细腻而真挚的爱心！

往事点点滴滴，在帮助辛雨等后进学生的过程里，在师生的密切交流和共同努力中，我时常感受到学生之间纯洁而真挚的关爱。可以说，我们共同创造并拥有了一个春天。

而今，这一届学生已毕业离去。但我想，只要我们走在追寻春天的路上，就总会有美丽的风景在前方守候！①

拓展阅读5-3　走近后进生的心灵

后进生不是天生就后进，由好变差有其原因与变化过程。因此，从摸清后进生“后进”的原因入手，是教育好后进生的前提。

我班里有个学生，上小学时曾被扣上“弱智”的帽子，划入“后进生”行列。升入中学后，我担任了他的班主任，对他进行了深入的研究和耐心的教育。在与他的接触中我发现，他除了学习成绩不好外，在言谈举止、为人处世方面完全是个正常的孩子，而且反应程度并不比别人慢。由此我得出新的结论，他不是弱智学生。

这以后，我通过深入调查和认真分析，进一步证实了我的判断。由于他在小学时缺乏良好的行为习惯，对学习失去了兴趣，以致学习成绩差，加之不遵守纪律，故被误当成“弱智生”。在以后的日子里，我又研究了他的个性特点：懂道理，也知道自己的问题，但缺乏改进的决心和毅力。在找到原因后，经过充分准备，我决定抓住时机对他进行教育。

在一次春游中，我有意识地和他坐在一起，小声对他说：“你上初中虽然带来了弱智证明，但通过接触，老师和同学们都反映你很聪明。要知道，人是可以

---

① 管永志. 追寻春天——帮助一个后进生的故事[J]. 人民教育，2004(6)：21-22.

改变的。只要你确立一个奋斗目标,大胆地做一个堂堂正正的人,你会成为一个成功者。”听了我的话,他若有所思地点了点头。

从此,我注意发现他的积极因素,并寻找他身上的闪光点,随时捕捉最佳教育时机。一次,他突然问我:“老师,我在您心目中是个什么样的孩子?”我对他提的问题很感兴趣,充满深情地告诉他:“你是一个非常懂事的孩子,你有两件事给我印象很深。第一件是在开学典礼上,我的马扎坏了,蹲在你身边,你悄悄地对我说‘老师,你坐我的吧’。我非常感动。第二件是那天我和同学一起做扫除,因为天气热,我额头的汗水不住地流淌,你看到后对我说‘老师,您歇会儿,让我来吧’,你接过墩布就干了起来。我多么为你高兴啊!”这次谈话后,他有了明显的进步,课上守纪律了,作业也能完成了,最可喜的是他有了集体荣誉感,还参加了“国庆”活动的排练。

后进生的不良习惯是较长时间形成的,不能指望一两次谈心就能改正过来。我正确对待学生在转化过程中的反复,深入调查和了解反复的原因,不急躁、不嫌弃,坚持不懈地做好转化教育的工作。当然,转化后进生的方法是多样的,关键是看班主任是否用心,能做到对症下药,就有可能重新扬起后进生理想的风帆。①

① 马立军.走近后进学生的心灵[J].人民教育,1999(12):34.

第六章　教育艺术

【引导案例】

“差生”要当班干部

几年前，我中途接手一个闻名全校的“差班”。

上任伊始，我没有急于“烧三把火”，而是在静观班级的动态，积极地与科任老师、原班委及有关同学交流，向他们征询管理班级的一些建议。在摸清班上同学的相关情况后，我决定组建新的班委。

一些乐于班级工作、愿意留任的同学我决定留任，个别不愿意再当班干部的同学，我也不勉为其难。这样，班委还缺两三名同学。

在班会课上，我向同学们谈了组建新班委的决定，并鼓励同学们积极自荐。

班会课后，我回到了办公室。彭同学紧跟着走了进来。我问：“有什么事吗?”他说：“老师，我想当班干部。”我抬头看他，他不好意思低下了头。通过前几天的摸底，我得知彭同学是“双差生”，不仅不爱学习，而且上课时还常常睡觉，不睡觉时便说话、打闹等，是班上有名的“刺儿头”。

沉默了一会儿，我问：“你为什么想当班干部?”他说：“他们都不敢管，也管不住，而我可以管住。”

与彭同学一番推心置腹的谈话后，我决定让他担任班干部。

随后，我在班上宣布了新班委名单及各自的职责。在宣布彭同学担任班上纪律委员并协助班长管理班级纪律时，不少同学特别是一些想读书的女同学都用疑惑的眼光看着我，而彭同学的一些好友们，则起劲儿地鼓起了掌。面对此情景，我宣布：班委只是临时班委，对不以身作则、不作为的班干部我将随时撤换。

宣布完班委名单后，我又找到彭同学，与他“约法三章”：首先，要管好自己。其次，要管好其他同学，在其他同学有违纪行为时，要及时予以提醒；多次提醒不听者,可将名单记下,交给我。再次,要尽量地去读点儿书,争取尽快提高自己的学习成绩。听完我的话后,彭同学说:“您放心,我一定尽力管好自己,保证上课不做违纪的事情;我一定好好读书。”

此后的一段时间里,由于彭同学和其他新班委的共同努力,班上的纪律情况逐渐好转。

由此我想,“差生”也能当班干部,也能当好班干部。

在任用“差生”当班干部时,班主任要注意以下三点:第一,允许其反复,在反复时给予善意提醒。彭同学毕竟以前散漫惯了,要他一下子做到完全不违纪,恐怕很难,因此我告诉科任老师、班长等,在他违纪时,及时提醒。第二,及时鼓励、肯定。对彭同学自身的转变,对他的敢于管理,我都及时地给予了鼓励,并鼓励其他同学向他学习;同时也向其他同学说明,彭同学等维护班上的纪律是为了大家好,建立和谐班集体,大家都有责任。从而使其他同学理解彭同学及其他班委的管理行为。第三,培养学习兴趣。一个学生如果对学习失去兴趣,感觉不到学习的乐趣,那么他势必厌恶学习。一个厌恶学习的学生,除了违纪他还能做些什么呢?因此,在与彭同学交流时,我总是嘱咐他上课要认真听讲,要尽力地去读点儿书。同时在与科任老师交流时,我也要求他们要针对学生情况,尽量地降低难度,争取每节课都要让学生学有所得,并尽量讲好课,要注意培养、提高学生的学习兴趣。

在彭同学等班委及科任老师的共同努力下,班上学习气氛渐浓,班风迅速好转。在以后的多次考试中,班级成绩渐至年级平行班的中上水平。两年后,彭同学还出人意料地考入了一所二本院校。①

艺术创造上有一句名言:有一千位演员便有一千个哈姆莱特。如果套用这一说法,应该说有一千个班主任,便会有一千种班主任教育艺术。班主任不仅要教书而且要育人,不仅要培育学生成才,而且要培养学生成人。班主任面对几十个学生,面对大大小小的问题,要花费很多精力,有时为了解决学生的思想问题或学习问题,与学生谈话谈得筋疲力尽;有时忍不住要来一番训话,这样不仅收效甚微,也有损身心健康。为了把工作做得更好,班主任要研究班主任的教育艺术。每一个学生的内心都是一个丰富的未知世界,这个世界充满着求知的渴望、自我实现的设想、社会交往的需求、两性关系的迷惘、五花八门的矛盾、突如其来

---

① 晏茂兴.“差生”要当班干部[J/OL].(2009-11-07)[2011-03-06].http://www.banzhuren.com/article.asp?id=9423&tab=znews&word=班干部

的异想天开……学生的内心世界是一个等待开垦的世界，是一个充满能量的世界，是一个充满矛盾的世界。而能不能进入学生的内心世界是决定教育成败的关键一步。从这个意义上讲，教育艺术成了班主任必须掌握的基本功。

一、班干部的教育

班干部是班级工作的“小当家”，是班主任工作的得力助手。班级干部的培养教育不仅关系到班集体建设的质量，也是班主任工作艺术的一个重要体现。

(一)树立正确的班干部培养、教育观

首先，对班干部的使用与培养教育是辩证统一的。一个班集体就犹如一个“小社会”，要管理好它，班主任就要具备很高的素质和多种能力。而班干部不是作为“标准合格者”担任干部职务的，只不过他们所具有的能力更接近于“理想标准”而已，因此，要“用”好干部，先要在培养教育上下功夫。另外，从教育的角度看，班干部不仅仅代表他们为班级承担一种责任，也是学校教育工作的一个途径，是培养教育学生的一个特殊机会。从这个意义上说，班主任任用了一位学生做干部，就意味着对该生承担了更多的教育职责。

其次，能力的培养是对班干部培养教育工作的核心。我们不能把“助手”和“工具”混为一谈，合格的班干部不仅要知道“干什么”，而且要知道“为什么干”和“怎么干”。这就要求班干部要有一定的认识能力、组织能力、交往能力、自制力等多种能力。在这个问题上，我们不能学诸葛亮分派作战任务时拿出“锦囊妙计”便完事大吉，而要学孙权让吕蒙读书那样，使之“士隔三日，当刮目相看”。历史是公正的，一代英雄关羽“过五关斩六将”之后为什么败在吕蒙手下，最终落得“走麦城”命丧黄泉的下场呢？溯其源，我们就不得不向孙权竖起大拇指了。

(二)理想班干部的模式

这个问题可以从许多角度加以阐明，但总的说来，主要有以下三个方面：

(1)具有良好的道德品质和健康的心理素质，能以他们良好的个人修养，稳定、乐观向上的心态，较顽强的意志，赢得同学们的普遍拥戴和尊重。

(2)智慧聪颖、有特长，能在某个或某些方面被同学们公认为是“小专家”。

(3)有很强的组织、交际、适应能力，工作有独立性、独创性、灵活性。

(三)培养教育班干部的对策

1. 培养目标和教育内容的确定

把班干部培养成什么样的人，即培养目标是什么，班主任应该做到心中有

数。明确了培养目标就要规划相应的教育内容。在这个问题上应将长期的目标具体化,并且分阶段实现。

第一阶段是班干部队伍的组建阶段。①在此阶段班主任应为初任班干部的优点提供发挥的机会,以得到同学们的认可,在树立班干部工作信心的同时为他们打下良好的群众基础创造条件。②班主任要在了解情况的基础上,解决班干部们对其工作的认识问题,排除疑虑,增强责任感。③使班干部明确具体工作职责,在班主任的指导下规范地完成本职工作,同时学会处理工作中与其他干部的协调、合作、互助的关系。④培养训练班干部善于发现工作中出现的问题,并能准确主动地加以分析和概括。

第二阶段是班干部工作的调整阶段。在此阶段班主任应着力做好以下工作:①下力气抓好班干部工作作风的培训,如:民主、公正、理智冷静、以身作则、批评与自我批评等。②培养班干部独立主持日常工作的能力,做到有条不紊。③使班干部工作相互协调,做到各司其职,又相互合作。④通过及时总结交流来培养班干部的分析、调整、表达、组织等能力。

第三阶段是班干部能力的提高阶段。班主任的主要工作内容是:①培养训练班干部的设计计划和决策能力,以初步形成班级工作的设计、决策、执行、调整、监控等多方面的综合管理能力。②培养班干部的自我教育能力。③培养班干部独立组织大型的、有特色的活动的能力、培养社会交往联络能力、灵活处理应急事件的能力。

当然,以上分阶段的培养目标和教育内容既不是唯一模式,也不是尽善尽美的经验总结,更不是僵死的教条。班主任应根据班级实际情况,具体问题具体分析,发挥创造性,使班干部的培养教育工作做得更好。

2. 班干部培养教育的途径

(1)建立健全的班干部工作制度。制度能保证工作的计划性、系统性、正规性,在落实班干部培养目标的过程中,通过制度来实现培养目标是十分必要的。这些制度主要有:①组织生活制度。②班干部分工及其相应职责。③对班干部工作的监督评价制度。

“以‘法’治班”是教育改革家魏书生同志的教育特色之一,他认为,制度越健全,班级教育管理的民主程度就越高。同样的道理,对班干部的教育和培养也应从制度落实入手,养成班干部的民主工作作风,通过对班干部工作的规范、评价、调控实现干部素质的提高。

(2)在工作中进行培养和教育。在“干”中学、在“干”中提高是培养班干部的一个重要途径。班主任不能总是担心班干部工作做不好,既要把班干部的工作过程作为班级建设过程,又要将这种实践作为班干部工作的“实验操作课”。班干部工作要有一个逐渐适应、逐步提高的过程,只有进行工作实践,才会发现问题。班主任对待班干部工作中的失误应在信任的基础上给予指导,在为干部承担责任的前提下鼓励班干部发挥主动性、创造性,通过制订计划、实施计划、总结经验、重新工作等程序保证及时发现、调整工作中的问题,及时补救失误造成的影响。

3. 班干部培养教育中常见的问题及解决方法

(1)学生不愿当班干部的思想问题。这种思想存在的根源是:①社会上庸俗的人际交往观的影响,如“出头的椽子先烂”等。②错误地看待学习与工作的关系,认为“当班干部会影响学习”。③班主任交给班干部的工作过多地挤占了他们的业余活动时间或只是让班干部做“机器人”似的操作性工作,使班干部的创造性和独立性受到压抑。解决这类问题应从提高认识入手,班主任可以通过谈心等方式进行正面启发,纠正其错误思想,也可以通过帮助扶持性的工作使班干部在成功中体会班干部工作对自身成长的作用,还可以通过调整班主任的工作方法来激发班干部工作的积极性。另外,家庭的干涉也往往是促成此类问题出现的重要因素,因此,班主任要注意做好学生家长的工作,争取家庭教育力量的支持合作。

(2)不愿向班主任汇报班级情况。其主要原因是:①怕同学们说自己打“小报告”从而受到冷落。②害羞的心理障碍。③师生感情不融洽。班主任应分别对待,可以通过班风建设建立健康的舆论来消除其疑虑,可以通过谈心活动帮助班干部分析汇报工作与打“小报告”的区别所在,提高认识,对“害羞”的班干部可通过一系列的训练或心理咨询使之克服心理障碍,对师生感情上的隔阂可以通过真诚的双边交流,消除误解,增进理解。

(3)班干部工作中的不公正、不民主现象。产生这种现象的主要原因有:①工作中夹杂个人感情因素,对待同学有厚有薄。②有些干部把自己看成是特殊学生,形成优越感,产生角色错位现象。班主任要从加强班干部队伍的自身建设这个高度出发,在班干部的培训工作中,将公正、民主意识作为重要内容,打“提前量”。对已出现的问题应及时进行教育和帮助,同时发挥制度的作用,使班干部工作经常处于全体同学的监督评价之下。

(4)班干部的任免。在班干部培养教育过程中,班干部的任免是一个不能回避的问题,同时也是一个非常敏感的问题。班主任在这个问题上必须掌握好“度”,如通过建立班干部任免制度使之成为一件“平常”而又“正常”的事,降低学生们对此问题的过分关注心理,同时对被任免的班干部要给予充分的考察时间,防止班主任自身的工作失误。另外,班主任要做好被免职的班干部的思想工作,消除其错误思想,也要保证不因任免而出现对学生的错误态度。

二、“学生层”的教育

(一)优秀生的教育

1. 优秀生的界定

对于优秀生,在教师的心目中,常用“好”字加以肯定,在学校教育中,常以“三好学生”的称号加以认可;在教育理论中被称为全面发展的学生。其明确的内涵就是能将国家教育的目标在各个阶段上的特定要求内化为个体素质的学生。

2. 优秀生的特点

(1)学生心目中的楷模。由于优秀生大多具有健康的心理素质、较强的学习能力、优异的学习成绩以及其他优点,因此自然而然成为同学们学习生活中的榜样。

(2)教师心目中的“信得过单位”。由于优秀生在班级中具有榜样作用,因此教师对他们是放心的、信任的,许多情况下班主任也愿意将要求较高的工作交给他们,使之成为班主任工作的助手,他们也是班级建设的中坚力量。

(3)高期望的汇聚点。由于优秀生在各个方面具有较高的发展水平,社会、家庭、学校等各个方面的种种希望常常寄托在他们身上,因此优秀生耳边更多的是鼓励、叮咛之词,各式各样的目标压在他们身上,当然更多的是学业上的期望。

3. 优秀生的教育对策

(1)正确看待和要求优秀生。优秀生固然有其优秀的一面,其发展潜力和可能性很高,在班集体中的作用也很重要,班主任对他们提高要求标准并投注一定的教育力量也是必要的,但在教育实践中,教师也常出现认识上的偏差,导致教育的低效甚至失效,主要表现在以下三个方面:

首先,要求标准上的偏差导致教育方法不科学。有的班主任用过高的标准看待、要求他们,仿佛他们是“不食人间烟火”的神。要知道,优秀生也是学生,有普通人的生理、心理的需求和一定的承受极限;同时,他们的优秀也是相对的、动态的,既存在个性差异,又存在年龄差异,因此对他们的教育要遵循教育规律。科学的教育体现在开发、引导、支持上,调动他们的主观能动性,而不是靠挤、压、管来对其进行强制的“掠夺性开采”,否则只能导致优秀生生理和心理负担过重,身心的平衡遭到破坏,青春活力受到压抑,出现自身对其潜能的保护性抑制现象。因此,班主任要特别注意,不要将成人的目标强行塞给学生,要给优秀生自主选择人生奋斗目标的权利,不要将他们对日常生活的支配权全部剥夺,使他们成为“笼中鸟”,要还给他们青春的自由,还给他们飞翔的权利;不要强迫压抑他们的天性。他们可能是顽皮的孩子,在课间他们有可能是游戏中的“反面人物”,但这不影响他们在正常的学习生活中成为优秀生。当然这些并不意味着对他们放弃教育,而是要使教育更加科学。

其次,教育观的偏差导致教育的失误,影响了优秀生的全面发展。班主任应对全体学生负责,对每个学生都要做到公正、公平。“面向全体学生”应是教师职业道德在学生观上的具体体现。同时,就优秀生本身来说,他们的发展也应是全面的,因而对优秀生实施全面的教育才是真正按教育规律办事。而有些教师在实际工作中却没有做到或没有做得很好。他们有时牺牲大多数学生的利益,把本应投注于大多数学生身上的教育力量都投注于优秀生身上,搞“特殊照顾”“开小灶”,这种做法很可能使优秀生心理适应能力的发展受阻,同时造成优秀生在班级交往环境中被孤立和拒绝。也有的教师受“片面追求升学率”的思想影响,只注重优秀生的文化课学习,而忽视对他们品德等方面的培养,或只注重知识的灌输,忽视能力训练,造成他们“高分低能”“高分低德”,成为畸形发展的人,这是对教育事业极不负责的做法。班主任要对优秀生的发展提出适合他们自身特点的目标,给予符合他们心理特点的关心,采取有利于他们成长的教育方法。

再次,“晕轮效应”往往导致教师对优秀生主观印象的绝对化。优秀生的概念是动态的,又是相对的,这两个特点决定了班主任不能把优秀生看成是一件已经完成的“作品”,在他们的发展中也很容易出现一些问题,如爱虚荣、自傲、自私……教师要经常了解他们的学习生活情况,及时发现问题,及时解决问题,以免使优秀生在发展中伏下隐患,导致教育失败。

(2)优秀生教育中常见的问题及解决方法。

一是学习隐患。一些优秀生在其发展的某个阶段,学业成绩突然停滞不前,甚至大幅度下降,尽管采取了许多措施仍不见效果。产生这种现象的主要原因是学生发展中的深层次问题或关键性问题以潜伏的形式存在。这种隐患到了一定的阶段在适当条件下便会对学习产生严重影响。例如,某学生进入中学后学习非常刻苦,成绩优秀,但到了初二阶段突然大幅度滑坡。经分析,该生进入中学后,没有积极从学习方法上适应中学阶段的学习特点。而在此阶段所有学生也都面临着“适应”的问题,由于该生学习勤奋掩盖了方法上的缺陷,加之其他学生也处于适应阶段,因此当时方法问题就没有在成绩上暴露出来。而到了初二阶段,由于一些学生顺利达到了适应,加之学习科目增加,单凭时间和精力的付出已不能达到学习要求，在这种情况下，该生学习方法的不科学便在学习难度加大的情况下以学习效率低的形式表现出来，“只有招架之功，毫无还手之力”。从这个例子我们可以看出，成绩有时只是表面现象，教师如果不从深层次去观察学生、了解学生，不以系统、辩证的思想对待与学生相关的诸多因素，科学地、有预见性地引导、教育学生，那么，优秀生很容易在发展过程中出现隐患，使之“夭折”。一般说来，学生每一发展阶段都有其阶段性的发展主题，如初一阶段的适应问题，初二阶段的青春期心理健康问题，初三阶段的职业理想问题。这些问题如不能很好地解决，很容易出现学业成绩在“潜伏期”过后形成对优秀生发展的严重障碍。

二是目标冲突。一些优秀生有时会出现对学习生活的极度厌烦心理，进取心消退甚至有意放弃学业。这种现象出现的一个重要原因就是对家庭、学校教育的逆反心理。在优秀生的学习生活中，家庭或教师常主观地为学生制订学习成绩目标、活动计划和职业取向，以为这是对学生负责。而这些各种各样、大大小小的目标是否符合了学生的个性特点呢？这一点常常被忽略了或被认为是不值得考虑的问题。其实，人的内在需要才是其自身发展的真正动力，社会需要也好，家庭需要也好，教师的期望也好，只有内化为学生自身的需要才能发挥导向作用，而“内化”是不能靠“包办”“强制”来实现的。我们不能否认家庭、教师对优秀生的目标设计上有其一定的合理性。但同时也会产生不合理之处，具体往往表现在所采取的教育方法上。优秀生是有意识、有思想的个体，他们有自己的气质、性格特点，有自己的理想、兴趣、爱好和世界观，这些都是十分宝贵的动力资源，学生的发展目标常以此为依据。而教育者的任务是使这些动力资源强行塞入学生的意识之中，这就势必形成学生思想深处两种目标的对立，引起心理上的矛盾冲突，表现在情感上，或犹豫、迷惘、不知所措，或反感仇视、对立，或无可奈何；表现在行为上，或漫不经心，强打精神地对待生活，或以放弃、退缩对待生活，轻者自暴自弃，重者出现心理障碍。近年来国内一些教育、心理学刊物不断地报道一些学生自杀、犯罪、离家出走甚至精神分裂的事件，很多事件都是这种“目标冲突”的心理原因所致。可见这个问题已到了必须引起教育者关心的程度。教育的真正含义在于通过科学的手段，引导学生形成健康的意识，培养学生的自我教育能力。教育不同于机械制造！

三是角色混乱。优秀生和普通学生一样要通过自己的生活实践，在社会交往中倾听别人对自己的看法，通过与他人的认同，通过与同龄人的比较，才能逐渐认识到自己是怎样的人，才能形成艾里克森所说的同一性。根据艾里克森的理论，学生在青春期已开始认识到这个问题，个体度过青春期这个阶段越顺利，他对自己就越自信、也越现实。否则他便会受到角色混乱的折磨,不清楚自己是什么人,对未来生活也不能适应。此理论受到心理学界的广泛肯定并被大量实验所证明。在对优秀生的教育中,由于"保姆式""放任式"两种极端的教育方式的影响,优秀生也常会出现角色混乱。例如,一些优秀生除了会学习外,其他生活能力很差,而教育的错误导向却使他们认为自己应该是这样的,可是进入社会后,"书呆式"的人是不会被社会所接受的。"一个不会自理、不会交往、不会关心尊重他人的人"等诸如此类的评价和原来的自我评价发生了碰撞,各种冲突和压力接踵而至。而实际上不少优秀生在学生时代便已经出现这种角色混乱的情况。导致他们对生活失去理智的适应。从青少年犯罪率大幅度上升的事实中,从进入大学后需要父母为其挂蚊帐的"笑话"中我们都能找到这些优秀生的身影。那么,有经验的教育者(尤其是班主任)是怎样对待优秀生的呢?他们对学生的活动表示兴趣和关心(而不是干预),与之建立良好的关系,通过无敌意存在的讨论、说明和共同尝试引导学生形成健康的自我,他们既让学生懂得生活不能缺少制度,又知道如何适度地给他们增加限制,让他们在社会允许的范围内享受民主、认识生活、发展个性,建立对自己、对他人、对社会的责任感,使其在生活中具有持久的动力和健康的目标。在这种教育下,他们有活力而不冲动,有主见而不固执,有权利而又懂得义务,有理想而又不庸俗。

总之,优秀生的教育确实是一个日益为人们所关注而现实状态又不是令人很满意的问题,值得重视,需要教育工作者进一步探讨和研究。

(二)中间型学生的教育

1. 中间型学生的界定

本书所研究的中间型学生是指相对于各个特定的发展阶段,其各项素质的总体情况低于优秀生,但其素质的重要方面基本达到了教育目标的学生,他们在学生总体中占大部分。

2. 中间型学生存在的主要问题及成因

一是惯性认知。许多中间型学生在认知水平上的特点是其已形成的认知方式、认知能力诸方面的认知品质是有缺陷的或不科学的,影响着学生的进一步发展,但由于长期受教育环境的错误强化,使这些认知品质相对稳定,形成了定势,学生自身也在自动化地以这种定势化了的认知结构为基础进行学习,常常意识不到其认知机制运行中的问题,从而形成了惯性认知。例如,我们在教育中说得最多的是"勤奋出天才",强化"勤"的一个副作用便是忽视了学习过程中遗传、环境、方法等因素,长此下去,一些学生便把"勤奋"作为提高学习成绩的唯一有效方法,一遇成绩不理想,便不假思索地归因于"学习不够勤奋"上。这种惯性认知不但影响着学生的学习成绩,而且影响着学生自我意识的发展,并且在中间型学生中这种惯性认知很普遍地存在着。这种惯性认知之所以形成,主要原因在于教育者缺乏必要的教育诊断和培养能力,没有早期发现问题或对发现的问题不能及时、科学地给予矫正。

二是惰性心理。一些中间型学生在对待学习生活的态度、动机、兴趣等方面的水平不高,其情感表现和意志努力程度也平淡如水,用他们的话说是"不求有功,但求无过""60 分万岁",这就是惰性心理。他们对优秀生不羡慕不嫉妒,一般的教育激励和正常的号召很难改变他们甘居中游的心理,他们不拒绝督促,但很少主动。这种惰性心理的产生往往有以下几个原因。第一,教育环境给予的期望值不高。值得注意的是,在应试教育思想的影响下,一些教师从自己不科学的教育观出发,一旦主观认定学生在学业上没有"培养价值",便基本放弃了教育,中间型学生便是这种做法的主要受害者。当学生从教育者的表现中看出了其中的"含义"后,往往容易丧失信心,产生自卑感;第二,挫折产生自卑。许多中间型学生曾有过很强的进取心,也曾有过勤奋刻苦、积极向上的经历,但由于遭受挫折后没有得到及时指导或本人心理承受能力较差,从而导致了自信心不足,如果类似挫折再次发生,失败感再次被强化,便极易形成自卑感,从而一蹶不振。因此我们认为,惰性心理的核心是自卑,而自卑的产生又和教育环境、自身心理素质有密切关系。

当然,我们在分析中间型学生的特点时也应看到,大多数中间型学生的"中间性特点"不是绝对的,他们具有很强的可塑性。教育家布鲁姆在许多国家进行的教育实验的结果证明,只要教学有方,百分之九十五的学生都能学好课业(他认为百分之一有先天病理缺陷)。因此,对于班主任来说,中间型学生的教育是一项必要而又重要的工作,中间型学生大有潜力可挖。

3. 中间型学生的教育对策

(1)班主任要提高诊断能力,抓住关键性问题,为教育实施提供科学、准确的依据。对中间型学生,班主任要透过表面现象(如学习行为、学习成绩等)抓住问题的实质,找出"病源",通过大量的调查分析,知道他们的问题是源于认知,还是源于自卑;是性格问题,还是气质问题;问题发展的程度,问题的核心在什么地方。否则只看表面,就会导致工作中的"头痛医头,脚痛医脚"行为,而不能从根本上使问题得以解决。

(2)班主任要选择科学的教育方式进行有针对性的教育。属认知问题的应通过建设性的谈话,使学生认识到问题所在,通过有计划的训练形成新的认知风格;属心理问题的,要通过提供具体帮助,进行尝试,获得成功感,逐渐培养起自信心,克服自卑感;属于性格问题的,要通过各方面教育力量的配合,改变其性格中的缺陷;至于气质方面,我国心理学界的研究成果甚少,《中国儿童青少年气质分布与发展研究》课题组经过大量取样调查发现:①胆汁质类型明显受年龄因素的影响,随年龄增长,此类型人数比例下降,其中有从小学五年级至初中二年级呈显著下降趋势。②抑郁质类型对社会变量比较敏感,随社会变量的不同而引起显著变化。这些研究成果对教育工作具有很高的指导价值。

另外,班主任在工作中应把"抓两头、带中间"与"抓中间、促优秀、带后进生"的方法结合起来,改变那种对中间型学生间接教育过多,直接教育力量投入不够的倾向。例如,给中间型学生创造更多的表现机会,通过其潜力的挖掘,使其获得成功感;也可以在中间型学生中抓"典型人物",通过他们的进步唤起其他中间型学生的进取心和竞争意识。当然这首先需要教师跳出传统的思维模式,创造性地进行探索,找到中间型学生培养教育的好方法。

三、"学生类"的教育

(一)独生子女的教育

1. 在独生子女问题上的两种对立观点

独生子女问题是一个全球性问题,纵观世界范围内的研究,对独生子女的看法无外乎有两种观点:第一种观点认为独生子是社会中有"特异性"的"问题儿童"。美国的博哈农曾指出:独生子女在特殊儿童中的比例最大,而且社交性差。德国的内特尔医生通过实验也得出了相同的结论。前苏联教育家马卡连柯也曾说:"甚至在有才能而又关心孩子的父母手中,要教育好一个独子,也是极端困难的工作。"他甚至悲观地认为独生子是社会的"危险物"。近年来我国教育界中也有谈"独"色变的倾向。第二种观点则对前者持否定态度。美国的芬顿研究了幼儿园到小学的193名儿童中的34名独生子女。用12项指标进行考查,结果并没有发现独生子女与非独生子女存在显著差异。法勃研究独生子女的孤独性,结果也没有发现独生子女与非独生子女的显著差异,反而证明了独生子女在游戏中更多地选择了合作性的游戏。20世纪40年代初,约翰·克苏迪等一些美国心理学家对40万名中学生的追踪调查结果表明:独生子女不是"问题儿童",相反,独生子女更聪明、更富于创造性、更具有雄心壮志。

以上两种观点,在我国有关学者的研究中均有体现,因此,如何看待独生子女的优势和劣势,是独生子女教育中的首要问题。

2. 独生子女的优势在于"独",而发展则取决于教育

(1)独生子女的优势体现在"独"上。第一,遗传优势。优生学的研究成果

表明,头胎的身体素质和智力状况等遗传因素,比后几胎要优越。而独生子女绝大多数是头胎"集父母血气之精华"。有人做过研究:独生子女的智商为108,而非独生子女为103。这在统计学上有显著意义的差别,就连博哈农的研究也不得不承认这一点。第二,经济优势。"一对夫妇一个孩"使家庭能集中力量投资于独生子女的教育上。天津市的一项调查表明:家庭用于独生子女的消费开支远远超过非独生子女,并接近甚至超过家庭人均消费水平。这对儿童身体和智能的发展是有很大好处的。第三,家庭教育力量优势。独生子女"独"的特点,使家庭对子女的期望投注方向由从前的"多项选择"转为唯一性的"单项选择",同时也使家庭在时间、精力上更有利于对独生子女进行教育,能使独生子女得到家庭成员专注的爱和各方面的精神满足。例如,在知识上,许多独生子女上小学前就已在家庭的教育下掌握了小学阶段的许多知识。另外,经济优越和教育力量优势共同发挥作用又为独生子女的多种兴趣、爱好的发展提供保障。

(2)独生子女的发展是否健康取决于教育。在列举了独生子女的优势的同时,我们也不能否认,许多研究结果也证实了独生子女的确存在着一些具有倾向性的劣势,即特异性。上海市静安区对独生子女与非独生子女进行了对照调查,选取了八项行为问题:①挑食;②挑穿;③任性,爱发脾气;④不爱惜东西;⑤不团结友爱;⑥胆小;⑦独立生活能力差;⑧不尊重长辈。调查发现,这八类问题中独生子女所占的比例要远远高于非独生子女。那么,这些问题是不是独生子女的"专利"呢?日本保育会会长、东京都立大学教授山下俊郎指出,从独生子女的整体来看,不存在什么特异性,但根据家庭成员构成类型加以划分,就会显示出特异性。梅田研究了父母教养态度和独生子女的特异性的关系,他的研究表明,父母对子女的教养态度在儿童的性格形成和发展中起极其重要的作用。

由于早期教育(主要是家庭教育)的失误,独生子女会在非智力因素上出现一些特异性,国家教育科学"七五"规划项目——"独生子女非智力人格因素特点的研究"课题组,在进行了大量调查统计的基础上得出结论,独生子女的特异性主要表现为:感情易冲动,较任性,注意力不稳定,缺乏忍耐力,难于自制,缺乏恒心。以上特点也导致了独生子女在品德上存在一些问题,如:自私、任性、懒散、依赖性大、不知节俭等。

独生子女在发展中出现的这些问题,也影响到学校教育。许多班主任在独生子女教育过程中发现了一些新的问题,主要有:第一,家庭教育与学校教育出现对立。例如在孩子的发展方向上,家庭教育往往忽视品德的培养。家庭的溺爱,导致独生子女产生拒绝正常的纪律约束和批评教育的不良心理,而家长的教育素质偏低是造成这种现象的重要原因。因此一些班主任感慨地说:原来是家长和我们“两只手”教育孩子,而现在家长有意无意地用他们的“手”削弱、对抗我们的“手”。第二,学校教育中“重智轻德”“重分轻能”的倾向,常使独生子女的不良倾向被忽视或被强化。他们的不良个性一方面受失误的家庭教育(虽然不是全部家庭)影响,另一方面受到被片面追求升学率左右的学校教育的忽视。这个问题带有一定的普遍性,已经引起了教育界有识之士的关注和焦虑。

可见,在独生子女的教育中,如何发挥学校教育的主导作用,是一个必须重视的问题,我们从失误的教育中得出了这样的结论,即独生子女的发展“不在独生,而在教育”。

3. 独生子女的教育对策

(1)着力抓好针对性的教育。第一,教育对象应有针对性。由于家庭教育在独生子女发展中的重要作用,将教育对象由学生扩展至家庭应是班主任工作的一项重要内容。有些学校协助班主任工作办起了家长学校,有很多班主任组织了家长委员会并加强了家访工作。实践证明,班主任在指导独生子女家庭教育方面投入精力的增加,既可以提高家长的教育素质,又能够加强两支教育力量的配合,变“离心力”为“向心力”,从而达到在独生子女教育方面的教育合力。第二,教育内容应有针对性。在独生子女的教育内容中,应有计划地针对他们易形成的毛病进行教育设计,如艰苦朴素思想的教育、利他行为习惯的培养、生活自理能力的培养等。对家长的教育指导则应侧重于教育思想和观点上。

(2)教育科研与教育实践相结合。独生子女的问题是一个社会问题,具有“新”“复杂”等特点,“经验型”的工作风格是不能适应的。班主任要在工作中探索新路子,解决新问题,就必须由“经验型”向“学者型”转变,通过教育科研活动能够准确、深入地了解班级独生子女的特点,提出由理论作指导的科学的教育方法。当前,在独生女子教育方面取得成绩的班主任,大多数是在调查、分析、研究以及制订教育计划、实施教育等方面把教育科研作为依托的。许多优秀的班主任在新生入学时就建立了独生子女档案,充分掌握学生的各方面资料,分析学生的个性特点,实施有计划的教育,这些做法是值得借鉴的。

(二)非正式群体的教育

非正式群体一般是指学校生活中自发形成的学生组织。它的存在是客观的,对学生个体发展和班集体建设具有一定的影响,因此,对非正式群体的研究也是教育界的热点之一。

1. 非正式群体的成因

江苏教育学院高春芳、陈国兴对中学生非正式群体的成因进行了调查,归纳为10种成因:相互机缘、待人处事、文化学习、性格气质、时空原因、能力特长、思想品德、兴趣爱好、特殊情感、师长要求。其中前四项成因约占非正式群体成因的70%。由于基础教育工作中“片面追求升学率”的现象还很严重，学生学业负担过重，心理压力加大，学生正常的心理、生理需求受到压抑，因此非正式群体的数量和成员也有所增加。有调查表明，在校的学生中至少85%的学生有自己的群体归属。

2. 非正式群体的特点

第一，自发性。表现在学生交往中类似因素导致心理相容，行为表现相互协调，目标趋向一致。

第二，独立性。其内部成员具有很强的感情色彩及独立意识。往往有自己不成文的规则，有自己的“领袖人物”，有明显的排外性，对外界的直接控制和领导很反感，甚至怀有敌意。

第三，不稳定性。相对于正式群体来讲，非正式群体的活动范围很不明确，组织结构比较松散，发展状况也不平衡，经常出现自发结合又自然解散的现象。

3. 非正式群体的类型

从非正式群体与教育的关系角度加以区分，可分为“积极型”“中性型”“消极型”“破坏型”。

(1)积极型。对教育持积极主动的态度，其组织内部的目标是上进的，活动内容是健康的，成员之间的相互影响是有利于他们进步的，这种类型即积极型的非正式群体。

(2)中性型。对教育持“随大流”的态度，其成员的变化往往具有从众的特点，取决于影响的性质，取决于谁去引导他们，这种类型的非正式群体就是中性型的。

(3)消极型。对教育不感兴趣，持消极态度，组织内部的目标与娱乐消磨时间紧密相连，其活动内容常常是无意义的，但也未违反班规校纪和道德规范。这种类型的非正式群体属于消极型的。

(4)破坏型。对教育持拒绝、反对态度，组织内部的目标是反社会、反家庭、反学校的，其活动内容是反法纪反道德的破坏行为，成员之间的相互影响能使内部成员迅速走向堕落。另外，这类群体的“头儿”往往与社会不良分子有联系，容易使其组织演变成流氓犯罪团体。具有以上特点的非正式群体就是破坏型的。

4. 非正式群体的教育对策

(1)班主任对非正式群体实施教育的几点注意事项。

第一，班主任首先要清楚班级中非正式群体的数量、类型、成员及其在组织

中的地位，以及组织内部的规则、活动特点和发展倾向，做到心中有数。只有在这个基础上，班主任在工作中才能区别对待，或承认、肯定，或观察监控，或引导、协调，或干预其发展。

第二，班主任要认识到这项工作对非正式群体来说是非常敏感的，不能简单从事。实践证明，班主任采取压制、命令、强迫的办法只会导致群体内部成员关系更密切，逆反心理更强，对班级建设的消极影响或破坏作用更大。因此，班主任应把直接教育和间接教育结合起来，特别要积极运用暗示性的教育，在引导、协调上下功夫。在教育过程中，要注意使学校、家庭社会等教育力量形成合力，使各种教育手段综合发挥作用。

(2)班主任对非正式群体实施教育的具体方法。

第一，创造条件，发挥“积极型”群体的作用。班主任对“积极型”群体要给予公开承认和肯定，如授予荣誉称号，通过宣传其群体和成员的事迹树立其榜样形象，邀请他们参与班级工作的决策和建设性工作等。但要注意，要赋予其独立性和积极性，不能主观地将其划归到班主任的直接管理下，使之成为班主任的“嫡系部队”。以免损害他们的独立意识，招致群体成员的反感。班主任应通过适当的承认和肯定，使其群体目标与班级建设目标达成一致，使其得到巩固和发展。

第二，建立良好的师生关系，从情感入手，协调“中性型”群体与班集体建设的关系，实现其向“积极型”的转变。班主任通过建立良好的师生关系，加强对群体成员的个人的工作尤其是“领袖人物”的工作，激发其上进心和参与班级建设的热情，使其对组织内部活动进行自觉的调整，在此基础上，班主任对其成员和组织活动的进步倾向应及时给予公开表扬或暗示，引导其群体性质向“积极型”过渡。

第三，调动各方面教育力量，疏导、影响“消极型”群体。班主任所调动的力量应是对其群体成员的心理具有足够影响力的、非强制性的力量。例如，班集体舆论的力量对于“消极型”群体的影响作用就很明显。健康的班集体舆论必然要求集体成员积极上进，关系融洽，遵规守纪，既要享受集体赋予的权利又应履行对集体的义务。这种强大的舆论会对“消极型”群体成员产生一种压力感，他们会在自尊感、归属感和从众心理的驱使下，逐渐向舆论要求靠拢，组织内部的目标便会瓦解，在这种情况下，或组织内部重新确立目标实现积极的转化，或自动解散，其成员向积极团体靠近并加入其群体。对于向“破坏型”群体靠近的学生要及时进行正面教育，防止其加入“破坏型”群体。另外，家庭教育，丰富多彩的课外活动，正面的法制教育和纪律教育，都可以达到督促“消极型”群体进步，转移其注意力指向,加深对其行为发展后果深刻认识的目的。

第四,关心、信任与严格要求并重,制裁与引导并举,内部治理与社会监控并进,以此来分化、瓦解"破坏型"群体。对"破坏型"群体,班主任一方面要创造条件给他们以关心和信任,提供转化的机会;另一方面,对严重违犯法纪的成员要动用舆论、纪律和法律手段,对其行为给予揭露、严肃教育和必要的制裁,并促使其内部成员破坏行为较轻的学生及时醒悟。为保证他们接受教育,应在时空因素上进行监控,也可以采取转移学习环境等办法限制其与不良分子的交往,达到挽救的目的。

四、学生操行评定

(一)操行评定的概念

操行评定是对学生的思想品德发展状况的阶段性的总结和评价。它以学生行为表现的基本事实为依据,在日常考查的基础上,通过科学的分析和判断,达到对学生思想品德发展状况的准确描述和概括,是记录学生发展轨迹、发挥教育主导作用的一个重要手段。

(二)操行评定的作用

(1)导向作用。通过操行评定,使学生明确自己的优点及不足,从而激发学生改正缺点,争取进步的动机,这就是操行评定的导向作用。

(2)诊断作用。评定过程实际上就是对学生日常行为进行分析、概括的过程。这样,班主任在评定中对学生存在的问题就会有所认识。在给学生操行定性的同时,问题的根源也就找到了。这就是操行评定的诊断作用。

(3)强化作用。操行评定虽然不直接向学生传授道德知识,但肯定与否定的评价能引起学生强烈的情绪体验,从而强化其正确的思想品德认识和行为,促使学生自我教育和自我完善的自觉性。这就是操行评定的强化作用。

(三)操行评定的基本形式

操行评定的基本形式有写操行评语和评定操行等级两种。

1. 写操行评语

操行评语一般由班主任执笔,具有概括性强的特点,但这种形式对班主任平时的观察、考核和班主任自身的业务素质有很高的要求。在写操行评语时班主任应注意防止出现下列问题。

第一,"千人一面"的形式主义。这个问题的出现与班主任工作责任心不强有很大关系,表现为将其作为一种"应付差事"式的工作或平时对学生缺乏了解,写评语时自然会“套话”连篇,不分甲乙,千人一辞。

第二,主观随意性强。这种问题的出现与班主任过多地从经验和印象出发,个人感情用事的工作作风有很大关系,写出的评语或片面强调某一个方面,或评价不准确。

第三,评价内容偏离操行评定的要求,有些班主任受“片追风”的影响,往往将学业成绩的评价作为评语的主体,对思想品德则给予忽略,使操行评定成了学习成绩分析。

2. 评定操行等级

操行等级一般分为优、良、中、差四个等级,它是建立在制订等级标准基础上的。因此,评价的准确合理与否,关键是能否确定科学的等级标准。标准过于简单则不容易把握,过于繁琐又会使考核工作复杂化,因此,标准力求科学合理,使考核能有较强的可操作性,这是保证等级评定质量的重要原则。

(四)如何做好操行评定工作

操行评定是一件严肃而又复杂的工作,同时也是一件学生很敏感的工作。进行得好,会极大地调动学生的积极性,否则,容易伤害学生的自尊心,使之精神萎靡不振,甚至出现逆反心理。一次好的操行评定通常具有以下特点:

1. 发挥肯定性评价的积极作用

在操行评定中,应把肯定性评价与否定性评价结合起来,但要以肯定性评价为主。有经验的班主任都知道:在多数情况下,表扬比批评更能发挥教育的主导功能。另外,从学生自身发展来说也应该认识到学生思想品德发展的主流是好的,因此在评定中如果把肯定性评价放在主要地位,就能帮助学生树立进取心,激发他们接受教育的主动性。自然地,适当的否定性评价也就容易在肯定性评价的基础上使学生理智地接受。

2. 讲求评价的客观性

操行评定往往是将学生自身的主观性评价与教师、同学们的客观性评价相结合进行的。在这个过程中,主观性评价有其积极意义,但也应看到主观性评价有一定的局限性。如个体品德的差异会导致主观性评价失去准确性。因此,从多角度进行的客观评价应成为评价的主体,从而有效地保证评价的全面、准确,同时也能使学生本身的自我认识水平得到提高,达到教育目的。

3. 强调评价的动态性

动态性评价的特点是将学生置于不断发展变化的背景下,以特定的年龄特点、个性差异、文化背景及教育要求为参照物,用动态的、具有对比性的描述来达到评价的目的。动态性评价更能使学生明确自己的位置差距及今后努力的目标，指导性更强，更能调节学生的心理活动，使之产生适当的满足和焦虑，有利于形成内部动机。

4. 在全面评价的基础上抓住"特色"

一次好的评价，能使旁观者"见字如见其人"。如果只注意泛泛的全面评价，忽视了学生的个性差异，"千人一面"，评价也就失去了它的作用。因此，在评价中，教师既要对学生进行全面的评价，又要抓住学生的特点进行评价，只有这样才能保证评价的深刻性和准确性。

拓展阅读6-1

小学班主任评语例举

杜海卫：你不仅长得天真可爱，而且拥有一个天资聪明的大脑，你是那么热爱科学，你的小制作经常得到老师的表扬。你是那么爱读书，你知道世界发明大王爱迪生吗？应当向他学习。从现在开始你就练一手漂亮的字，准确地算出每一道习题，有条理地整理好自己的东西，定会成为班上的一名优秀生。（烟台市莱州实验小学）

田林：你讲的故事娓娓动听，你的琴声悠扬悦耳，你的学习成绩令同学们称道。课堂上你总是第一个将手高高举起，回答问题时声音又是那么响亮。你的表达能力很强，你的表达能透露出你内心世界的聪颖。你在同学们的心目中威信很高。老师对你有一个小小的要求，如果你能把字写得规范些，老师会更喜欢你。（烟台市福山区实验小学）

于宏辉：你是一位很聪明的男孩子。你勤于动脑，反应敏捷，从不放过任何一道难题。回答问题的流利程度让老师吃惊，令同学惊异。可你又是记得快忘得快的男孩子，"反复记忆"是最好的方法，你不妨试试。（烟台市福山区实验小学）

郝忠瑜：你是个文静的女孩，从不多言多语，但你的眼睛却那样地关注班集体：三角柜脏了，你把它擦得那样干净；黑板擦儿坏了，你让家长把它修好；同学有困难了，你悄悄地伸出温暖的手，送来了本子，递过铅笔。老师多喜欢你呀！可惜，你的字写得不够好，相信你经过努力一定会写好的。（烟台市芝罘区工人子女小学）

王晓军：你是一个聪明活泼的孩子，老师非常喜欢你。因为你上课认真听讲，两只大眼睛总是跟着老师的动作转，对老师提出的问题，积极思考，认真解答；看图说话时，你的想象力那么丰富，话说得有声有色，有条有理，同学听得都入迷了。你的上进心很强，曾记得有一次我说你的字写得有点不太好，从那以后你就暗下功夫练习，很快就大有进步了。老师希望你学习再扎实些，参加集体活动再积极些，能做到吗？（烟台市芝罘区工人子女小学）

李晓翼：爱国主义演讲会上，你那精彩动人的演讲；“六一”联欢会上，你那动情而感人的献词；兴趣活动会上，你那引人入胜的故事都足以说明你是一个活泼且有能力的男孩。你如果做每一件事都能具备恒心和毅力，那你就能更加完美。（烟台市海阳实验小学）

赵璇：你要强、有自尊心，当你因跳舞而耽误功课的时候，你能晚上回家悄悄补上，这一点，老师和同学都很感动。你学习成绩好，书写工整。如果你能养成良好的行为习惯，会管理自己的东西，做到干净利落，你在同学心目中的形象就会更好。（烟台市莱州实验小学）

宋沛泽：升入二年级以后，你有很大进步。上课能认真听讲，发言积极，而且热爱劳动，学习成绩一直保持优秀，作业书写较清楚认真。如果你能在写字方面再加把劲，那就更好了。以后要积极参加班内各种活动，你一定会成为一名大家都喜欢的好学生。（烟台市莱州实验小学）①

拓展阅读 6-2

情真意切　爱暖童心

——我给后进生写评语的体会

“感人之心者莫过于情”。教师用情用心写出的操行评语，字里行间溢满真情，这不仅是开启学生心扉的金钥匙，而且可以密切师生关系，激发学生的上进心，促进学生身心健康发展。

注重观察是写好操行评语的第一步。教师要做生活的有心人，留心学生的一言一行，将能反映学生个性发展特点的事例加以记录，期末写评语时，即可看出每位学生的发展变化，这样才能使评语“有凭有据”，反映个性特点。

我的观察记录上罗列着这样一段记录：

学生：王壁辉

9 月 20 日，活泼好动。上课听讲不专心，爱做小动作，课间经常疯闹。入学前就是有名的调皮大王。

11 月 7 日，语文课写字很认真。

11 月 19 日，写作业时边写边玩，多次未完成当堂作业。

① 烟台市莱州实验小学. 评语改革撷英——烟台市小学评语改革示例[N]. 中国教育报，1997-03-11(3).

12 月 15 日，昨天大扫除，不怕脏累，热得汗流满面。

……

怎样给这个“调皮大王”写评语呢？心理学研究表明，小学时期是儿童自尊需要尤其强烈的时期，教师教育成功的关键是尊重学生。马卡连柯指出：“如果有人问我，我怎样能够以简单的语言概括我的教育本质时，我就回答，要尽量多地要求一个人，也要尽可能尊重一个人。”学生受到教师的尊重时，会有一种受到依赖、鼓舞和激励的情感体验，他会愉快地接受教师的教诲，努力把这种教诲转化为行为，去实现教师的期望。王壁辉虽然是个性格外向的孩子，但也仍然很在乎教师的评价，需要有赞誉来满足他的自尊。如果直接点明缺点，容易使其产生对立情绪，必须先强化他的优点，然后婉转含蓄地道出其不足之处，使其在兴致勃勃地品味自己的优点时，领悟到自身的不足，从内心产生一种改过自新的动力。

我是这样写评语的：王壁辉，多么动听的名字。知道吗？老师喜欢你上课时瞪着大大的眼睛专心听讲的样子，最心疼的是你劳动时累得汗流浃背的样子。同学们都说你的字写得很漂亮。如果那张张漂亮的作业能在规定的时间内完成，该有多棒呀！新的一年里，你愿意与时间赛跑，做时间的小主人吗？

发下操行评语的第二天清晨，当我匆匆走进教室时，王壁辉汗流满面地跑过来，恭恭敬敬地说了声：“老师好！”看着清洁的地面，我故作惊奇地说：“哎呀，王壁辉，今天不是你值日呀”。他不好意思地笑了，吞吞吐吐地说：“老师，我今后一定遵守纪律，快写作业……”我不由地激动起来，多可爱的孩子呀！真没想到，小小的操行评语竟能发挥这么大的作用。那一刻，一切疲惫和不快都不翼而飞，溢满心头的只是那份激动和幸福。①

拓展阅读 6-3　请慎重对待评语

“良言一句暖三冬。”好的评语，不仅能指导学生扬长避短，完善自我，而且能促进良好班风的形成。班主任在给学生写评语时，应该慎重考虑，对学生做出中肯而适当的评价。

长期以来，评语概念化、形式化的现象非常严重。细说起来，评语的通病表

---

① 山其红．情真意切，爱暖童心——我给后进生写评语的体会[N]．中国教育报，1997-03-11(3)．

现为：首先，班主任居高临下，以严师之态、严厉之词，一味批评训斥，甚至只顾一时的快意，以偏概全，以个人情感代替客观事实。其次，对优秀学生和后进学生的评价尺度不一样，对前者表扬多，批评少，甚至是仅以学习成绩为唯一标准，一俊遮百丑；对后者批评多，肯定少，甚至一无是处。再者，班主任平时缺乏和学生深层次的心灵沟通，不了解学生内心情感的变化，所作的评价比较肤浅，缺乏个性。最后，班主任的评价缺乏发展的眼光，过于敷衍，不是从学生个人的发展出发，不注重教育的长效性和连续性。

教育以人为本已经成为时代的要求。班主任必须更新观念和方法，用富有启示性的评语，来引导学生的成长。

要写好评语，首先要求班主任走近学生，做学生的朋友。一方面，班主任要把每一个学生装在自己的心里，留心观察学生，注意学生成长中的点点滴滴；要充满爱心地对待学生，多发现他们的闪光点。另一方面，班主任要加强与学生的交流，要理解学生，明白处于成长关键阶段的学生不免会有许多不成熟的表现，会受到社会不良风气的影响，从而宽容地对待学生的缺点和问题。

其次，评语要真诚。从评语的内容上来说，要写出每个学生的个性和特点，避免千人一面，使每个学生都能感觉到：班主任是真正关注着他的成长。

从评语的写法来说，教师的态度要真诚，建议使用第二人称，像跟朋友说话一样，给学生一种亲切感，同时语言切忌生硬枯燥，要多用描述性的语句，将教师的关爱倾注于其中。

最后，好的评语切忌过分夸张。无论是谈论优点还是缺点，都要把握尺度，既不溢美，也不贬损，这样才不会降低评语的感染力。即便是批评的话语，教师诚恳地说出来，学生也会去心悦诚服地接受。

作为班主任，请慎重对待写给学生的评语。①

拓展阅读6-4 给评语换个面孔

评语在我们的教育教学中扮演着重要的角色，但在强调尊重学生个性的今天，我们不无遗憾地看到，用来评价学生的评语大多仍是千人一面、没有生机，大大地削弱了评语应起的作用。有些班主任把评语单纯地视为一学年或一学期的小结，是学生过去各方面表现的综合评定。因此，我们看到的评语往往是只顾过

① 阳集金. 请慎重对待评语[J]. 人民教育，2003(21)：21.

去，不重未来。这其实有悖于写评语的初衷，说到底，评过去是为了将来。学生现在的表现是暂时的，不能作为定论。所以，评语最重要的一点是要表达对学生的期望：学生做得好的，鼓励他继续发扬；做得不够好的，希望他改进。

很多班主任的评语都是一个套路：先说品德，再谈学习，最后是体育和劳动诸项，这无形中也限制了教师自己的思维。其结果是，诸多的评语如同一个模子里倒出来的，放在哪个学生身上都合适。教师写评语的劳动量减轻了，但评语的空洞、浮泛就自不待言。长此以往，教师不当回事儿，学生也不重视。

其实，学生的个性是丰富多彩的，教师也完全可以用多样化的形式，以纯真清新的文字，针对每一个学生，写出与众不同的评语，打动学生的心灵。

可是，我们看到的很多评语都是用干巴巴的语言来评价一个个活生生的人，态度生硬，语气冷漠，从而失去了用真情感染学生的难得机会。我们忘了，语言还有它温柔多情的一面。我们有意无意地在师生之间划了一道鸿沟。

可是，教师和学生，都是情感丰富的人。作为班主任，我们在写评语的时候，为什么不对学生多一点真诚和坦率，多一点爱心和人情味儿？

评语不是万能的，在有限的篇幅内不可能反映学生所有的情况。我们需要做的，是找到一个合适的突破口，将学生最应该注意的问题摆出来，提醒学生予以关注。如果过于强调全面，各种问题只能点到为止，很难给学生留下深刻印象，作用也就微乎其微了。

怎样科学地评价学生？在全面实施教育教学改革的今天，值得每一位教育工作者深思。笔者在此呼吁：给评语换一个面孔，让它以更加人性化的姿态走进学生的心灵！①

---

① 李尚飞. 给评语换个面孔[J]. 人民教育，2003(21)：21.

第七章　谈话艺术

【引导案例】

“师生恋”谈话——特殊的作业

十几年前，我担任毕业班教学工作。

在一节英语课上，一位眼睛深度近视的女孩遭到同学们的哄笑，我及时为她解了围。女孩因为感激，以后听我的课时都特别认真，还经常跑到我宿舍问问题。

女孩知道我爱好文学，常缠着我为她读一些我曾经发表的文章。有一天，这位女孩送给我一首她写的诗。我拿着这首浅显的诗，呆住了——女孩竟然恋上了没有一点思想准备的我。

女孩依旧来找我问问题，我在耐心讲解之后，也为女孩留了道作业——让她看我女朋友的来信。她痴痴地看着我问：“老师，你们是大学同学吗？”

“是啊，但当时我们谁也未点透，因为我们都想在求学的时候多学知识……”我告诉她，学生时代的爱是脆弱的，因为爱是责任和义务，而不仅仅是感情的表白。“我在高中时有过恋师的情感经历，但我努力读书，用理智战胜了情感。”听了我的话，女孩的脸上渐渐露出阳光来。

女孩仍然经常问我问题，地点已经改在了教室里，我发现，她比以前活泼多了。所以，老师只有坚守住情感的底线，才能帮助学生走出青春情感的沼泽地。如果你遇到了这样的事，不妨也布置一道特殊的作业。[1]

---

[1] 佚名.“师生恋”谈话——特殊的作业[J/OL].（2009－01－07）[2011－06－21]. http://www.banzhuren.com/article.asp? id＝4648&tab＝znews&word＝谈话.

谈话是班主任对全体学生进行思想品德教育的一种有效方式，是班主任全面熟悉了解、准确把握学生思想脉搏的有效途径。班主任工作要想取得良好的效果，就要讲究谈话的艺术。谈话艺术是语言艺术的一种，是谈话技能技巧的升华。一次成功的谈话，可使学生如沐春风，给学生以启发、鼓励；反之，也可以使学生消沉、迷惑，甚至一蹶不振。从这个意义上说，探索班主任谈话的艺术，是班主任的一项基本功，有利于做好班主任工作。

一、谈话概述

班主任是班级的组织者与领导者。开展班级工作，了解学生的思想动态，处理学生存在的问题，对学生进行全面的教育，班主任最常用的方法就是谈话。班主任的谈话艺术是保证谈话取得良好效果的重要条件，因此，进行班主任谈话艺术的研究，对提高班主任的工作质量，促进学生的全面发展，有着重要的现实意义。

班主任主持班级工作，必须与学生广泛接触，达到水乳交融的程度。学生只有愿意向班主任吐露心声，反映班级的真实情况，班主任才可以掌握同学们的心理脉搏，使班级工作保持正常运转。为此目的，要求班主任全面、及时、深入、细致地了解学生，这其中包括学生的学习、生活、劳动、娱乐、交往等各个方面。要了解学生、掌握学生的有关信息，建立和谐的师生关系，最简便的途径就是与学生进行多种形式的谈话。不管是集体的、个体的，正式的、非正式的，成功的或者失败的谈话，都能给班主任提供某些信息，甚至连学生谈话时的表情、神态、举止也都包含着某种信息。

了解了有关学生的信息，其中必有一些需要班主任出面解决的思想问题，而要妥善解决学生的思想问题，最有效的方法还是谈话。问题能否妥善解决，学生是否心服口服，是否能唤起学生进取的欲望，这取决于班主任的谈话艺术。一般来说，普遍性的思想问题，可以通过集体谈话教育、解决；个别性的思想问题，在正式场合下不能妥善解决，或不适宜在正式场合下用集体谈话的形式解决的，就要用个别谈话的方式去解决。针对问题的不同性质和学生的不同特点，一把钥匙开一把锁。集体谈话，可以针对某个典型问题，同时教育全班学生；个别谈话，因人而异，可以照顾学生的个别差异，充分体现因人施教的原则，保证谈话的有效性。

不管是获取学生的信息，还是解决学生的思想问题，谈话都是一种简便、灵活、有效的方法。这种方法简单自然，具有随机性，内容不受时间、空间限制，可以根据需要灵活进行。谈话对环境条件要求不那么严格，事先准备工作也不需太复杂,有些谈话可以反复进行,或与家长配合。这种方法可适用于不同年龄、不同个性的学生,便于班主任创造一种和谐、平静的氛围,让师生表达真实思想,促进感情交流和融合,加速学生思想转化,提高学生认识水平。

总之,班主任的谈话在其整个工作过程中起着极为重要的作用。班主任的谈话艺术是一个值得研究的重要课题。这里所讲的谈话艺术,是专指班主任通过口头语言艺术,直接与学生交谈,交流思想信息,摆事实,讲道理,寓理于情,疏通思想,提高学生思想认识,培养他们良好品德和个性以及促进班级工作开展的一种教育方法,它不同于人们日常生活交往中的谈话。

谈话一般可分集体谈话(包括几个人以上的部分学生和全班学生谈话)和个别谈话。

二、集体谈话

集体谈话一般多是从学生普遍存在的问题和学生共同关心的问题以及对集体有教育的问题中选择谈话的主题。有一位班主任选择了学生感兴趣的有教育意义的“美”的问题,并针对学生对“美”的看法及存在的问题进行了集体谈话。他先在黑板上写了一个大字“美”,说明今天谈谈什么是美和怎样才能使自己真正美的问题,然后问学生:“你们爱美吗?”学生活跃起来了。老师说:“我就爱美,我常常希望以美的形象出现在你们面前,服装整洁大方,言谈举止文明有修养,做一个受你们尊敬的老师,你们说,一个学生怎样打扮自己才是真美呢?”接着这位班主任有理有据生动形象地谈了上述两个问题,很受学生欢迎。这位班主任谈话的主题就选得好。

集体谈话,根据班主任运用谈话进行教育学生的实践,主要有两种模式:一为班主任主讲式谈话;二是师生民主平等式对话。

(一)主讲式谈话

这种谈话最常见的有伦理道德谈话、表扬性谈话、批评性谈话等。

1.伦理道德谈话

(1)伦理道德谈话的含义。一般来说,有关马列主义基本原理,或世界观、人生观、政治经济、思想道德方面需要系统阐明观点以及哲理性较强的内容,宜采用班主任主讲式的集体谈话。

班主任在班会上或利用其他时间,对学生进行政治思想和伦理道德谈话(往往以讲述、讲解、讲演、报告等方式进行)是保证学生明确正确的政治方向、形成道德认识、解决思想问题,激励他们不断进步的不可缺少的、常用的集体教育方法。但是有些班主任没有用好这种方法,他们往往不讲究谈话艺术,常常是长篇累牍地空讲大道理,不考虑中小学学生特点,不尊重学生,多是我讲你听,不切合学生实际的硬行灌输,是华而不实的“假大空”的空洞说教,缺乏说服力,以致收效不大。我们必须改进这种不受学生欢迎的伦理道德谈话,应该讲究谈话艺术,提高谈话效果,真正发挥伦理道德谈话的集体教育作用。

(2)伦理道德谈话的方式。伦理道德谈话的内容是多方面的,谈话对象也是不同的,因此,就要针对不同内容和对象采用多种多样的摆事实、讲道理、以理服人、以情感人的不同的谈话方式,以达到真正提高学生认识和解决思想问题的目的。总结班主任伦理道德谈话艺术实践经验,主要有以下几种行之有效的方式:

第一,层层分析推理式。一位班主任在谈人生价值问题时,先从具体感性认识引入分析:据科学家计算,一个人身上的脂肪,只能加工成 7 块肥皂,所有铁质,只能制成一根 2 寸长的铁钉。这些总共值多少钱?所以人的价值,主要在于创造,为社会多作贡献。只有那些对社会不断作出贡献的人,才能在人类历史中体现出真正的价值。要创造,先决条件是必须有知识,但是一个学生,光有知识还是不够的,还要有正确的人生追求。同是诺贝尔奖获得者,物理学家伦纳德·斯塔尼,用自己的知识为法西斯服务,而爱因斯坦却为人类进步事业尽力,前者为人唾骂,后者受人称赞。所以,人生的价值在于奉献。我们学生应以爱因斯坦为榜样,努力学习本领,为社会多作贡献,才能真正实现自己的人生价值,受到人们的尊敬。学生听了这段话非常信服。

第二,情景式。一位班主任在进行发扬爱国主义精神谈话时,一边播放“血染的风采”这首激动人心的歌曲,一边饱含深厚的感情,朗诵方志敏同志的《可爱的中国》中的片断,接着讲述一位模范军烈属老妈妈把儿子送到前线,儿子牺牲又把女儿送去的动人故事。此时,学生无比激动,老师关上录音机,进一步情真意切地讲述了如何发扬爱国主义精神问题。谈话结束时,播放歌曲《我的中国心》,学生情不自禁地齐声合唱“我的中国心”。这样情景说理融合的谈话,使学生受到了一次深刻的爱国主义教育,效果很好。

第三,启发引导式。一位班主任在进行爱惜时间谈话时,先向学生提出问题“你昨天是如何支配时间的”,接着引导学生计算昨天(除去学习、文体活动、自我服务、睡眠等正当时间)浪费了多少时间?一周浪费了多少时间?一年浪费了多少时间?如果这样下去,今后再活 60 ~ 70 年的话,你总共浪费了多久时间?等于少活了多少年?如果充分有效地利用时间,你实际等于多活了多少年?然后叫学生把自己算出的结果向大家介绍。在此基础上,教师有理有据地深刻地阐述了“一寸光阴一寸金,寸金难买寸光阴”“时间就是生命”“做时间的主人”

“惜时守时是一种美德”等问题，使学生受到极大的震动和教育。课后，学生纷纷自觉地制订分配时间计划。

第四，对比式。一位班主任在针对学生错误认识——“似乎只要实行资本主义制度，就能富裕”的问题，运用数据（典型事实）进行对比：当代资本主义国家中，发达的只有20多个，世界上最穷的41个国家实行的都是资本主义制度，而一些社会主义国家，却并不是最穷的国家；又说：我国收入最高的20%城镇居民与收入最低的20%的居民相比，收入比为2.5∶1；而美国最富的20%的富翁占所有国民财富的76%，最穷的20%的人口只占国民财富的0.2%，贫富悬殊380倍。我国如果照搬美国的制度，势必加速加大两极分化，那么将会有5亿人无法解决温饱问题；最后，自然得出结论：那种认为只要实行资本主义制度，就会都富裕的看法是不符合实际的，是一种似是而非的错误认识。只有走中国式的社会主义道路，才会尽可能的缩小两极分化和贫富悬殊，使大家逐步走上共同富裕的道路。很有说服力。

第五，故事式。选择具有科学性、典型性、趣味性、现实性、针对性的故事（或典型事例）说明道理，效果很好。一位班主任针对学生对体育锻炼不感兴趣的情况，对全班学生进行了集体谈话：一天，我坐在电车上，看见挤上了一位白发苍苍的老公公，一问岁数，已是83岁高龄。乘客赶紧让座，谁知老公公不坐，回头喊道：“妈，你过来坐。”人群中又挤过来一位老太太，有人问：“你妈高寿了？”老公公道：“今年105岁。”顿时车厢轰动起来。又有人问：“你们坐车到哪里去？”老太太说：“去我孙子家，他今年60岁刚退休，大家去聚聚。”此时，全车上的人都笑了。乘客问：“你们一家子怎么都那么长寿呀？”这时，班主任有意识地问学生：“你们猜猜看，老人怎样回答？”同学活跃起来，争着发言：“他们家人命长”“他们吃得好”“他们坚持体育锻炼”…… 班主任接着说：“对啊，他们家人都会武术，天天到公园打拳舞剑。”在此基础上，班主任讲解了生命在于运动，坚持体育锻炼的好处以及我们从小应像他们一样养成坚持体育锻炼的习惯，才能身体好，将来才能为国家多作贡献。从此，这个班发生了变化，后来成为体育活动先进集体。

第六，科学实验谈话式。一位班主任，为了让学生懂得要学习好必须专心致志、目的明确的道理，先指导学生作了一个心理测验。她准备了两块小黑板，每块上都写了20个互不相干、分量相当的词语。她先亮出一块，对学生说：请你们用一分钟时间看看。然后，扣过黑板，要求学生立即将这20个字默写下来，结果没有几个写得下来。接着，她又亮出第二块黑板，对学生提出明确要求：仔细看一分钟后进行默写，结果能写出15个以上的占90%多。何以会产生这样不同的效果呢？她告诉学生，这就是心理学上讲的“有意记忆”和“无意记忆”的不同。接着又语重心长地阐述了要真正学习好，必须目的明确，专心致志，变“无意”学习为“有意”学习，否则，无目的地心不在焉地学习，是绝不可能取得好成绩的。班主任这次谈话使学生心服口服，取得了良好的效果。

（3）伦理道德谈话的注意事项。班主任在对学生进行伦理道德谈话时要注意以下事项：

首先，要对所讲的观点、道理有真切理解和坚定信念，即对所谈的问题要真正搞懂搞通搞透彻，有真情实感，达到坚信不疑的程度，相信自己用以说服学生的理是真理。只有自己真通真信，讲起来才会理直气壮，声声有力，句句在理，情真意切，才能感染学生和说服学生，相信老师讲的理是对的。否则，就会出现或照本宣科，或言不由衷，或“假大空”，或不能自圆其说，或没有真情实感等语言无力无情无信的现象，当然就很难说服学生。

其次，要针对性强，讲真话、实话。一是选题要针对性强，即谈话主题和内容要选择学生中存在的疑难问题和他们普遍关心的有趣的热点问题，如人生价值，美与丑、学生能否帮助大人经商、纪律与自由、民主与法律、社会主义制度和资本主义制度相比究竟孰优孰劣、马列主义是否过时、社会主义市场经济等等。选择这类问题既可以满足学生内在的求知欲望的需要，又可以引起他们的兴趣。外因通过内因起作用，调动他们的学习自觉性、积极性，从而收到良好的教育效果。二是谈话过程中，要联系社会实际问题和学生思想认识问题有针对性地谈话，讲真话、实话，要言之成理，论之有据，对成绩不夸大，对问题不回避，实际情况怎样，就说成怎样，实事求是，推心置腹，开诚布公，实实在在，人心所服，乃是事实。所以，只有讲真话、实话、才能体现出真理和力量，才能言重如山，取信于学生，才有教育意义，才会受学生欢迎。如果班主任不了解学生思想脉搏，抓不住疑难点和热点问题及问题症结所在，谈话中不切实际，无的放矢，教条式地谈一些“形而上”的大话、空话、假说和套话，或文过饰非，这样既说服不了学生，还往往会产生不良后果，引起学生反感情绪，造成他们的逆反心理。

再次，要切实改进谈话方法。谈话要有观点、有材料，两者必须统一，要用正确的观点统率材料，引用实际材料必须能说明观点，事例不在多，而在典型和恰当，说理不在话长，而在于深入浅出，分析要精辟透彻，有说服力。而且要求讲得概念明确，重点突出，条理清楚，逻辑性强，使学生听懂听明白，留下深刻印象。谈话的深度和广度要适合学生年龄特征和认识水平，宜从具体到抽象，要选择他们熟悉的人物、事迹、事例去说明道理，防止空洞说教和成人化。谈话中还要注意学生反映，及时采取反馈措施，不断调整适合他们的内容和方式，集中学生注意力听讲,引导他们的思维跟着教师谈话进程发展,达到讲者和听者的思想交融。伦理道德谈话,不仅要做到以理服人,还要做到以情感人,感情真挚,使学生感动,真正做到通情达理,情真理切,情理交融,思想共鸣,才能收到入情入理入耳入脑入行的效果。

第四,要讲究语言表达。要尽可能运用接近学生生活的语言,避免成人腔调,说话要清楚明白,表达准确,而不要词不达意,意思模糊,产生歧义;要说普通话,简练明确,一听就懂,而不要说那些南腔北调、方言土语以及啰啰嗦嗦、哼哼哈哈等拉杂语言;谈话要生动形象有趣,可以适当运用成语、谚语以及比喻、对偶、排比等修辞方法,以增强语言的吸引力和表现力,而不要干巴巴几条筋,套话连篇,空洞无物;还要注意语调和频率,谈话要抑扬顿挫和快慢适度,以调节学生听讲的注意力;谈话还要有真情实感,富有感情色彩,感染学生,产生感情交流和共鸣;还要辅之以体态语言,以必要的手势、面部表情、眼神配合谈话,以加强语言的情感性和力量。

2. 表扬性谈话

(1)表扬性谈话的含义。表扬是班主任对学生思想行为所做出的积极性评价,是对学生良好思想行为的肯定,是一种积极的强化手段,是引导鼓励学生思想品德向好的方面发展的有效方法。这种谈话一般比较容易,因为谈话对象无抵触情绪。尽管如此,表扬性谈话仍要讲究艺术性。表扬有口头表扬和书面表扬,有个别表扬和当众表扬。这里讲的是班主任面对集体的当众口头表扬,即研究如何进行集体性表扬的谈话艺术。

(2)表扬性谈话的方式。班主任面对集体进行表扬性谈话通常有以下几种主要方式:

一是因果式,即在表扬结果——表扬学生良好思想行为或先进事迹基础上,接着分析学生思想动机——分析导致良好思想行为的高尚思想精神,以提高学生的思想认识水平和道德水平。

二是褒中有贬,即在肯定被表扬学生的主要优点和先进事迹之后,自然地适当地指出其不足,并提出努力方向,这样对学生会产生更大的激励教育作用。

三是表扬集体式,是指班主任对全班学生或部分学生共同努力取得的成绩或做出的有益好事进行表扬,以培养学生集体荣誉感。

四是不点名的表扬现象式,是指对学生做好事尚未搞清是谁的情况下及时表扬,但这时可以表扬现象而不提名,以激励同学们做好事不图扬名的良好思想品质,但最终班主任还是应调查清楚的。

五是对比式,即主要在表扬好人好事的同时,适当指出班级某些不良现象,既激励表扬好的同学,也鞭策某些有缺点的同学,促进全班学生共同进步。

(3)表扬性谈话注意事项。班主任在进行表扬性谈话时要注意以下事项:

首先,表扬要实事求是,恰如其分。表扬要符合学生的良好思想行为实际表现,要有具体事实,使学生感到确实应该表扬,不能表扬失实或言过其实,夸奖过分,随意拔高,更不能凭感情、拉关系,不该表扬的表扬了,否则,会引起学生反感,得不到应有的教育效果。

其次,表扬要着眼于学生的长处,不要求全责备。古语云:"金无足赤,人无完人。"所以,不要因为学生有某些缺点,而不表扬他的某种突出的良好思想行为,也不要笼统表扬整个人,因为表扬人不是评价人,而是表扬他特定的良好思想行为。所以,优秀生只要表现出好的思想行为就应予以表扬;后进生有了某种进步或良好思想行为,也应及时表扬,以激励全班学生在原有基础上不断进步。

再次,集体表扬要适当,不能滥用。过于频繁滥用的表扬,往往会使学生失去光荣感,反而失去教育意义。表扬是手段而不是目的,表扬的目的是激励学生提高思想认识,培养良好思想道德行为。因此,表扬一定要考虑教育效果。为此,须注意如下几点:一是注意受表扬的学生的某些实际表现要比班里一般同学突出一些,付出努力多一些,使学生感到表扬是要经过一定努力才能获得的。二是注意每个学生本身的前后发展变化,如在原有基础上有了明显进步,就要及时予以肯定,以示鼓励。三是表扬时要伴随着一定的说理教育,分析说明表扬的道理。如一位班主任当众表扬一个后进生的进步时分析说:某某学生怕上课迟到,怕影响班集体荣誉,怕耽误上课,就翻墙进了学校。他过去翻过墙,今天又翻了墙,都是错误的,但这不是简单的重复错误。他过去是为了逃避上课向外翻,今天是为了按时上课向里翻,应看到这中间有进步。听了老师的分析,同学们觉得有道理,对这个学生有了正确看法,而这个学生也为老师正确理解他而获得争取进步的力量。

第四,表扬的态度要诚恳热情,发自内心。"情动于中而形于言",从热诚的心灵中流出的语言,才能发挥语言的激励作用。因此,表扬时要充满热情而不要冷淡无情,要情真意切而不要言不由衷,语言要亲切中肯而不要冷淡模糊,要催人激奋而不要干瘪无力。

3. 批评性谈话

(1)批评性谈话的含义。批评是教育者对学生思想行为所作出的消极性评价,是对学生不良思想行为的否定,是一种消极的强化手段,是通过指责学生的不良思想行为,使他们的情绪受到一种羞愧、内疚、自责的体验而抑制原有的反映,从而制止不良行为。所以,批评是制止和纠正学生不良思想行为的有效方法。由于学生对自己的行为偏差往往认识不足,因而产生抵触情绪,或诡辩,或掩饰,或沉默,或顶牛,这就增加了谈话的难度。所以,批评性谈话更要讲究谈话的艺术策略。

批评有口头批评和书面批评,有个别批评和当众批评。这里讲的是班主任当众口头批评,即研究如何进行集体性批评的谈话艺术。

(2)批评性谈话的方式。总结班主任集体批评谈话经验,有以下几种常见的方式:

一是分析式,即在批评学生不良思想行为的基础上,客观地分析其错误的原因、危害性,并提出纠正的主要措施或建议,以提高学生的思想认识,增强他们改正缺点错误的自觉性或内驱力。

二是贬中有褒式,即在批评学生缺点错误的同时,指出他们的某种优点和长处,而不是一概否定,说得一无是处,使学生全面地正确地认识自己和看待别人,以激励他们的上进心。

三是批评集体式,即通过批评集体再由集体制止纠正某个学生的缺点错误,如马卡连柯在《教育诗》中原本是要批评教育彼得连柯,但是他并没有直接对他进行批评教育,而是对分队集体进行了批评教育,从而使彼得连柯从中受到教益,就是批评集体式的方式。

四是不点名式,可以采取对某些不宜点名批评的学生,只泛泛批评班集体中某种或某些不良思想行为现象,实际上是暗指某个或某些学生的不良思想行为,使某个或某些有类似不良思想行为的学生感到是批评自己的,其他学生只需要知道是某些不良现象,而不必知道批评的具体对象,以此达到警戒教育全班学生的目的。

五是“理义之怒”式,即对那些爆发的、严重的不良思想行为,班主任态度严肃地、愤慨地予以怒言斥责,并伴之以说理教育,而不是简单地严厉训斥和辱骂,也不是不讲道理地发脾气,而是一种愤怒激情状态下理智地用激烈愤慨的语言摆事实讲道理地进行批评教育的一种方式。古语云:“气血之怒不可有,理义之怒不可无。”就是说为个人义气发怒是不可取的,但为真理大义而动怒却是不可少的。所以对班主任批评学生,不能笼统否定“理义之怒”批评谈话方式。实践证明,“理义之怒”批评谈话是有效的,同样是不可缺少的批评方式。班主任面对学生严重的不良思想行为,脸色愤怒,仪态威严冷峻,感情激烈,性情激动,措词严厉,语调高昂,不同于正常状态下慢条斯理地批评,而是抓住要害,一针见血,怒中寓理,训中有导,情理并重,使学生心灵受到震颤,这种方式具有很强的刺激性和威慑力,如同一剂有强效的药物,用之得当,往往收到立竿见影的良好效果;但如果用之不当,单纯严厉训斥和辱骂,不结合说理,也会伤害到学生。因此,班主任要善于用理智对怒言予以控制,盛怒之下语言虽然高昂激烈,但不辱骂、挖苦、讽刺、侮辱学生人格;怒到一定程度,就要适时降温,不能怒不可遏或怒言失态,必须思中有理,教育才能收到最佳效果。

(3)批评性谈话注意事项。班主任在进行批评性谈话时要注意以下事项:

首先,批评要实事求是。要把事实搞清楚,不能仅以有人反映(可能情况有出入)为依据就批评,这样被批评者是难以接受的。所以,班主任批评学生必须从实际出发,弄清事情真相,找出问题原因,公正地分清责任,恰当地、有分寸地、有理有据地进行批评,使批评"名副其实",才能取得积极效果。不能主观片面,随随便便,批评失实,以推测代替事实,夸大错误,无限上纲,更不能感情用事,否则会影响师生关系,造成对立情绪等不良后果。

其次,批评要适当。不宜过多,多了容易挫伤学生自信心和自尊心,但也不是批评越少越好,更不是不要批评,过少或不进行批评就不能及时制止和纠正学生某些不良思想行为。所以,批评要从能否收到教育效果出发,根据学生表现出的不良思想行为的不同情况,有选择地、及时地、恰当地予以批评,以此教育学生,才能有效地发挥批评的作用。

再次,批评要结合说服教育。简单地批评学生,只是对学生不良思想行为的一种外部的消极强化和否定,还不能转化为学生改正缺点错误的内部思想动机。所以,班主任批评时应伴随着说理教育,使学生认识到什么是错误的和错误的原因以及改正的努力方向,做到通情达理,使学生口服心服,产生纠正缺点错误、培养良好思想品德行为习惯的内动力。

除此之外,批评还要从爱护学生,把他们培养成为具有创新精神、创新能力的人才出发,既要严格又要亲切,要严中寓爱,爱中寓严。对他们的不良思想行为批评要中肯,分析要深刻,要求要明确、具体、严格,但对学生特定年龄和特定情况下所犯的过失要就事论事,要予以理解和谅解,不要吹毛求疵。在严肃批评中要亲切关心,批评时不忘鼓励,尊重学生人格,措辞得当,不尖酸刻薄,也不絮絮叨叨,以免引起学生反感。

(二)民主平等式对话

1.民主平等式对话的含义

对话,是对话双方或多方在一定环境下,通过语言手段,民主平等地各自发表见解、抒发情感,释疑解问,双向交流信息,增进理解,达到教育听众、提高认识、解决思想问题的一种方法。

对话有多种分类,根据对话内容可分为:政治对话,经济对话,军事对话,时事对话；根据对话目的可分为：传授性对话，议论性对话，说服性对话，鼓动性对话，漫谈性对话，娱乐性对话；根据对话场所可分为：会场对话，电话、电视、广播对话；根据对话对象可分为：和大学生对话，和中小学生对话等等。

对话有着明显的特点：其一，对话的双方或多方可以各抒己见，畅所欲言，可以在平等争论中分清是非，统一认识；其二，可以使对话的双方或多方获得思想信息和感情的双向交流，增强理解，心理相容；其三，对话方式生动活泼，民主平等，气氛和谐。所以，在我国处于社会主义初级阶段改革开放的变革时期，学生思想活跃，他们有许多关心的社会实际问题希望得到正确解答。因此，民主平等对话法主要是广开言路，民主平等地各抒己见，倾听学生意见，质疑问难，交心谈心，互相对话，当场问，当场答，使双方情感交流沟通思想，增进理解，统一认识，解决思想问题，这种方法是对传统的“我说你听”“我打你通”的单方说教，单向灌输的训诫式的德育方法的改革。实践证明，只要正确运用民主平等对话方法对青少年进行教育，都能取得良好的实际效果。

2. 民主平等式对话举例

现摘录“刘吉答中小学生的提问”①中的部分对话，内容如下：

问：少先队教育我们为共产主义而奋斗，爸爸、老师教育我们为考上重点中学而奋斗，你说我们应该为什么去奋斗？

答：共产主义是最终奋斗目标，需要许多代人才能实现，你们在成长中要有不同阶段的奋斗目标。如为考上中学、为考上大学、为入团、为入党而奋斗不能说是错的。要把阶段的奋斗目标融化在最终目标之中，把自己的行动纳入整个国家运行的轨迹。

问：老师说：对后进生教育要硬、要严、要敢，对吗？

答：硬不在言词上，在坚持原则；严不在态度上，在坚持制度；敢不在训人，在热心帮助。（鼓掌）

问：“考考考，老师的法宝；分分分，学生的命根。”您怎么看这句话？

答：应改为“考考考，老师做参考；（鼓掌）分分分，学生做汇报。”

问：有的同学说：我长大了要当官。有的同学说：我长大了要成才。哪种说法对？

答：官职数有限，成才数无限。成才者能当“官”，当官者不一定成才，我希望你们“立志成才”。

---

① 刘吉，华琪. 对话的艺术［M］. 北京：解放军出版社，1989：172.

问:有时候,明明是爸爸妈妈不对,可他们还骂我打我,我该怎么办?

答:骂不还口,打不还手。你们腿脚灵活利索,躲过风头。(笑)等爸爸妈妈气消了,再去评理。

问:一个人从学生时代就要养成刻苦精神吗?

答:“书山有路勤为径,学海无涯苦作舟。”叶帅有一首诗:“攻城不怕坚,攻书莫畏难,科学有险阻,苦战能过关。”鼓励刻苦精神。(鼓掌)……

刘吉同志的对话艺术,是值得我们班主任好好学习、体会运用的。

3. 民主平等对话注意事项

对话不同于讲课、讲演、报告等,也不同于班主任系统主讲式的谈话,它是一种需要答问者具有广博知识和多种智能有机结合的谈话艺术。要想取得良好的对话效果,必须注意如下事项:

第一,要吃透“上头”精神,明了学生“下情”。所谓吃透“上头”精神,是指要学习理解掌握马列主义基本原理,党的基本路线、方针、政策、法令、规定等,只有答话者真正吃透了“上头”精神,才能保证答话的理论性、政策性;所谓明了学生“下情”,是指要具体了解学生对国内外重大事件、社会政治、经济、生活和个人前途、理想以及人生价值等有关问题的思想认识,以便做到心中有数,有所准备,答话时才能针对性地进行有说服力的解答。

第二,要认真打好腹稿。成功的对话在于充分准备,要围绕对话主题认真准备对话内容和实施方案。答话者要根据主题和对象以及估计可能提出的问题进行搜集材料,钻研思考,理解掌握,并考虑好如何针对听众可能提出的问题进行有理有据的解答,即打好腹稿,这样,才能临场不乱,应对自如。

第三,要加强文化智能修养。因为对话中可能涉及意料不到的各种问题,需要答问者具有广博的文化知识和多种智能(如较强的记忆力,善于分析综合的思考力,敏捷的应变力,丰富的想象力,流利的口头表达能力等)修养,为此,平时要加强学习,勤于思考,以掌握广博的科学文化知识和发展上述多种智能。只有这样,才能在快节奏、高效率、灵活多变的对话中掌握主动权,在一瞬间就组织、复核、调整问答内容和话语,恰到好处地予以解答,才能做到语言简洁、明快、准确、有力,观点正确,见解新颖,说理清楚,分析精辟,有说服力。

第四,要创造民主平等和谐友好的对话环境。民主平等对话,并不是今天才有的,早在2 000多年前,孔子就已实施了,并且做得很好。他同弟子互敬互爱,教学相长,从不居高临下,以权威自居。他提倡“当仁不让于师”,即在真理面前,也不必对老师让步。他和弟子席地而坐,平等地互相讨论、对话、释疑解问。现在我们要学习发扬孔子的这种精神,坚决克服那种以“教师爷”自居,凌驾于学生之上的不平等态度，克服那种“命令式”“训导式”的对话方式，否则就容易使学生有畏惧和压抑感，就不可能畅所欲言地进行对话。班主任必须增强民主观念，尊重学生人格，把学生看做是“朋友”和学习的主人，创造一个民主、平等、友好、和谐的气氛，才能做到与学生平等对话，开怀畅谈，探讨问题，各抒己见，释疑解问，取得良好的对话效果。

三、个别谈话

（一）与学生干部谈话

学生干部都是思想比较成熟，有一定的组织管理能力，在同学中能起表率作用的学生。由于工作关系，与班主任接触较多，在同学中有一定威信和号召力，是班主任搞好班级工作的有力助手。与他们谈话要做到以下几个方面：

（1）如果是布置工作，则除了交代任务外，班主任还要在工作方法上予以指导，告诉他什么工作该用什么方法。并可让学生谈谈自己的打算。好的想法，班主任应予以肯定，不当的地方，班主任要明确指正，并讲明为什么。最后，就所开展的工作，班主任谈几点要求。这样谈话，有利于培养学生的工作组织能力，使他在班主任指导下，尽快老练、成熟起来；同时也体会到班主任的关心、支持，增强其工作的信心和积极性。

（2）如果是了解班级情况，让学生汇报工作的谈话，班主任就要首先讲明谈话目的，并以和蔼的口气，鼓励学生如实反映情况。在学生讲述时，班主任对好的方面要表示赞许，对不明白的地方可以插话询问。学生讲完后，班主任对班级情况要作出分析，讲明原因。对学生的工作，要作出评价，坚持以表扬鼓励为主，这样便于调动学生的工作积极性；对不足或失败的地方，要客观地分析原因，不可训斥、辱骂，攻其一点，不及其余；对有些方面，班主任要主动承担责任，态度要诚恳。这样，学生不仅不会心灰意冷，反而会激发工作热情，将功补过，以后他便会在班主任指导下，大胆地开展工作。这样的谈话情真意切，体现了对学生干部的培养、爱护。

（3）如果是批评性的谈话，班主任就要坚持高标准、严要求。对学生的过失作出严肃的批评，并阐明利害，决不能对错误姑息迁就，否则，既不利于学生干部的成长，也不利于班级工作的开展，甚至会留下严重的后遗症，引起连锁反应。例如，学生干部带头违反纪律，如不严肃批评，劝其改正，以后就很难起表率作用，工作也不好开展，影响很坏。

不过，对于学生干部一时的过失，班主任也要正确对待。谈话时，对他工作的成绩，对他本人的优点，要充分肯定，一分为二地对待。讲话要有分寸，满怀期望，对学生的过失表示惋惜。这样，通过谈话可以促使学生幡然悔悟，改正缺点，继续工作。

与学生干部谈话，要注意倾听他们的意见，多采取交谈形式；多讲些道理，多作些分析，开拓其思路；要充分相信他们，尊重他们，但也要严格要求他们；班主任谈话要直截了当，不要拐弯抹角，含糊其辞；班主任作决定要果断，不可优柔寡断；谈话次数要多一些，但每次时间不一定很长。

（二）与优秀学生谈话

优秀学生一般聪明好学，成绩优良，思想进步，表现积极，在同学中有一种优越感，也很受班主任喜欢。但如果放松教育，容易滋长骄傲情绪，不能与同学打成一片。偶有过失，往往持不在乎的态度，一般自尊心较强。与他们谈话要做到以下几点：

开始不要直入正题，可以从他感兴趣的话题入手，解除其防御心理；继而谈到他的成绩、优点，肯定其积极的因素，给他一个班主任很重视、关心自己的印象；接下来阐述有关的人生哲理、成才条件，鼓励其再接再厉。并可列举名人、科学家等的动人事迹，为之树立榜样；当他为班主任的谆谆教导所感动，暗下决心，准备继续努力，争取更好成绩的时候，班主任可不失时机地指出其弱点和缺点，并分析其危害，帮助他客观、全面地看待自己。要向他们指出，成绩的取得不仅是个人努力的结果，同时也与家长、老师的教育密不可分，谦虚使人进步，骄傲使人落后；当他领悟到自己的弱点，明了一定的事理之后，再明确地给他提出要求，鼓励他继续保持优异成绩，同时还要帮助其他同学，一起进步。

与优秀学生谈话，要以鼓励、表扬为主，爱护学生的积极性；对错误不能迁就，教育学生不断完善自我，立志成才；谈话语言要恳切，感情要真挚；启发他们自觉培养自我教育、自我反省的能力。

（三）与表现一般的学生谈话

表现一般的学生在班级中人数较多，他们学习不甚努力，成绩平平，思想上进步要求不强烈，参加班级活动缺乏积极性。他们甘居中游，缺乏进取心。与他们谈话要做到以下几个方面。

可先让学生谈谈自己的情况，谈谈对某些问题的认识，从中发现一些模糊或错误的观点；然后列举优秀同学的事迹，与之对照，找出差距，再阐明有关道理，启发他们觉悟。班主任话语恳切，倾注着满腔的热望，学生就不会不为之所动；接下来给他指出问题：甘居中游，说明胸无大志；没有前进的目标，将来难成大器，对社会，对人类，不能作出应有的贡献，人生也就失去了价值；还可进一步指明,错误思潮、黄色书刊、不良影响,对青少年的腐蚀作用很大。青少年立场不稳,意志薄弱,不进则退,容易被拉下水,所以甘居中游,不思进取,同样存在着潜在的危险。班主任的这些告诫,对其思想一定会有所触动,继而老师可提出希望和要求。如:多与优秀同学交往,向榜样学习;积极参加集体活动,为班级做好事,靠拢组织,要求进步等。

与表现一般的学生谈话,要和蔼诚恳,以情动人;不要严厉训斥、指责,要循循善诱;提出要求目标不要太高,要切合本人实际;重点是增强信心,鼓励上进,不可把学生讲得一无是处。

(四)与偶有过失的学生谈话

这些学生平时各方面表现不错,在同学中有一定影响,只是由于认识偏激或个性缺陷所致,偶尔做出错事。事后能自觉意识到错误,有的主动向班主任坦白,后悔不已。与他们谈话要做到以下几点:

应先让学生谈谈做错事的前因后果,并检查自己的责任;班主任获取信息后,加以分析。对学生的错误进行批评,指出其危害;老师要客观地看待学生,肯定他的优点和成绩,增强他改正错误的信心,不可一气之下,严加训斥,凭一时错误,抹杀全部成绩;接下来班主任应将语气缓和下来,阐述有关道理。如:"金无足赤,人无完人",犯一次错误并不可怕,可怕的是知错不改等。然后再指出改正错误的措施,交代有关任务,让学生"将功补过";班主任谈话态度诚恳、话语亲切,学生在谈话时并无如临大敌,诚惶诚恐之感,而是感到班主任是在关心、爱护、帮助、教育自己,如不改正错误,实在愧对老师,心中自然暗下决心,以后不会再错。

与偶有过失的学生谈话,应注意批评错误,态度要严厉,气氛要严肃,以此给学生一个触动;坚持两分法,正确对待错误;分析时话要中肯,以理服人,不以势压人;给学生指出方向,鼓励其改正错误;班主任谈话,要心怀善意,不要讽刺、挖苦;更不能恐吓、惩罚,多用疏导的方法,促进学生的领悟,激发其进步的内在动因。

(五)与后进生谈话

后进生一般觉悟较低,是非观念模糊,缺乏上进心,也没有良好的行为习惯,因而经常犯这样那样的错误。他们受社会不良因素影响,精力不放在学习上,整日想的是吃、喝、玩、乐,喜欢结伙滋事,寻求刺激,他们是班级的不安定因素。有些学生对老师的教育,持排斥态度,被视为"屡教不改",如何转化后进学生,是班主任一项艰巨的任务。与他们谈话要做到以下几个方面:

班主任先要架起心理沟通的桥梁，奠定谈话的基础。为此，班主任要端正态度，稳定情绪，树立转化的信心，不要将他们视为眼中钉，肉中刺，必欲“整”之而后快。谈话之始，不要“单刀直入”，列举种种“罪状”，而要采取迂回战术，不妨先问寒问暖，从关心其生活入手，这样可解除他的“防御心理”“抗拒心理”，促使他认识到，老师谈话，不是要“整他”“治他”。班主任对后进生的错误表现虽已心中有数，不妨再给他一个“暴露”机会，让他谈谈为什么会犯某种错误。从他的谈话中，班主任可获取支配他行为的错误思想焦点，或内在的行为动机，把他的思想根源作为下一步谈话的突破口；了解了后进生的内心世界，找到了主攻方向之后，班主任就要与之“思想交锋”了。班主任的谈话，重点不是针对错误，严加痛斥，而是要以平稳的语调，含情的言词探讨分析其后进的原因。要么分析其家庭影响与小时候的经历，要么探讨他精神上的创伤，找寻心理的症结，要么剖析其个性特点及其形成缘由等等，晓之以理，动之以情，态度诚恳，苦口婆心，这样一定会在他“冷却”的心灵上掀起波澜，他会意识到，真正关心、爱护他的是老师，班主任的深情厚爱胜过了母爱，化解了他心中的冰层，这时他就会承认自己的过错。谈话至此，还仅仅只是给班主任提供了教育的机会。接下来，班主任就要挖掘学生身上的积极因素，予以充分肯定，阐明有关做人的道理，提出殷切的期望和要求，激发他的上进心，提高他的认识，展示他前途的曙光；后进生的个性发展往往存在严重缺陷，难以一下子矫正，错误意识和行为习惯也不是一下子能转变过来的。因此，班主任的个别谈话要多次进行，要有反复的思想准备，有耐心，切忌粗暴和急躁，只能以柔克刚，不能以硬对硬。

与后进生谈话，应注意重在攻心，不在整人；只能因势利导，不能听之任之；班主任胸怀要宽阔，不能对学生的错误言行斤斤计较；谈话时要控制情绪与情感，特别要制怒；要尊重学生的人格，不羞辱、挖苦他们，防止其产生逆反心理；谈话要寻找有利时机，注意场合；分析、批评要合情合理，切忌无限上纲；谈话可分多次进行，给学生以反省的机会。

（六）与有生理缺陷的学生谈话

这些学生因为有生理缺陷，往往在心理上形成某种压力，总感到矮人一截，容易产生自卑感，怕人取笑，不愿参加集体活动，很少与人交往。长期下去，自身的优势不能发挥，能力发展受到阻抑，有的甚至产生心理障碍。与他们谈话要做到以下几点：

班主任态度要格外热情、和蔼，话语要格外亲切、谨慎，以免刺伤他们的自尊；谈话时要以鼓励为主，讲明人生哲理：人生的价值在于对人类对社会的贡献，身残志不能残，要敢于面对现实，接受自我，发挥自我优势，以坚强的毅力战胜困难，同样能成为优秀人才；榜样的力量是无穷的，与他们谈话，最好多列举保尔·柯察金、张海迪这样的典型，为他们树立榜样，激发其自信，克服其自卑。班主任谈话时，满怀深情，语重心长，一定会引起他的心灵的震撼；谈话中可交代一些他力所能及的工作，为他创造成功的机会；对有过失的学生，在批评其错误时，注意讲话的分寸和语气，千万不可拿生理缺陷做笑柄；在谈话之后，对这类同学，在条件允许的情况下，可尽量给予生活上的照顾，如排座位、上体育课、劳动时，要和其他同学讲明道理，以取得同学们的同情和谅解。

与有生理缺陷的学生谈话，班主任应多几分关怀，多几分爱，以此补偿他心理上的缺失；谈话语气要和缓，话中不要带刺，不要触及生理缺陷，以免伤害自尊心；谈话以鼓励为主，及时表扬其优点，以唤起进取的勇气。

（七）与早恋学生谈话

据有关部门调查，我国约有 15% 的初中学生和 19% 高中学生有早恋行为。男女学生一旦过早误入“爱河”，往往会神情恍惚，情意绵绵，看书看不下去，个人正常的学习秩序遭到破坏，上课注意力分散，对班级开展的各项活动，都提不起精神来，整日想入非非。与他们谈话要做到以下几个方面：

要选择恰当的时间、地点和场合，不可将谈话内容外泄，以免造成不必要的麻烦，特别是对捕风捉影的事情，谈话更要持慎重态度；谈话内容一定是经过充分了解的，有确凿的证据，因为恋爱问题对每个同学都是一个敏感的问题，不能把男女生之间正常的友谊交往当做早恋行为；对确有早恋行为的同学，谈话时，一定要采取正面说理，启发诱导的方法，指出早恋的危害。中学生身心发展并未成熟，过早把精力放在恋爱上面，不仅有碍于智力的发展，而且还会因舆论的谴责和秘密交往的压力造成性格上的缺陷和个性发展的障碍，同时对身体发育也有不利影响；对于坠入爱河较深的学生，谈话时可敲敲警钟，指出早恋往往蕴含着失身或失足的危险。中学生情感好冲动，自制能力有限，在伦理道德判断上还很不成熟，过早恋爱容易发生意想不到的出格行为；因为早恋问题涉及学生家庭，所以班主任谈话前后应与家长取得联系，相互配合，而且要劝告家长不要采取过激行为，更不要伤害孩子的自尊心；班主任在谈话之后，也要谨慎行事，万万不可当众批评，施加压力，否则后果将不堪设想。

与早恋学生谈话，应注意谈话时间、地点，场合选择要慎重，不要引起其他同学的误解；谈话以疏导为主，不要当做犯错误而严肃处理；谈话时气氛要松弛，不要像发生了重大事故一样，以免给学生造成压力；一次谈话后，要给学生以思考的时间，不要快刀斩乱麻，立竿见影地解决问题；谈话的同时，对学生要进行感情的抚慰，以免伤害其纯洁的心灵。

(八)与个性强的学生谈话

人的气质分为多血质、胆汁质、黏液质、抑郁质四种典型类型,其中多血质、胆汁质同属外向型,而胆汁质又属不平衡型,脾气急躁,遇事缺乏冷静的思考,好冲动,易冒险,做事往往不顾及后果,自以为是,敢说敢干,故经常做一些莽撞的事,惹出麻烦。与他们谈话要做到以下几个方面:

首先,班主任要保持冷静的态度,以柔克刚,千万不能不分青红皂白就急风暴雨式地批评一顿。那样,只能激起学生冲动的情绪,他不但听不进正确的道理,反而会误认为老师与他过不去,以硬对硬,其结果只能激化矛盾;其次,谈话要选择恰当的时机。如果学生做了错事,违犯了纪律,班主任要采取冷处理,或过夜再处理的办法,即待事发后,让学生情绪冷静下来,再与他谈话,指出错误,讲明道理,这时学生比较容易接受老师的教导。如果在他冲动时谈话,因他缺乏理智,不能认真地思考问题,搞不好还会与班主任顶撞起来;个性太强的学生既有其急躁、冲动的一面,也有其热情、豪爽的一面。班主任谈话时,要善于肯定他的积极因素,因势利导,鼓励他发挥自己的优势,并劝导他尽量避开消极因素。个性强的学生,大都好胜、好强、好出风头。班主任谈话时,要认真听取他们的意见,对于合理的要求,要尽量给予满足。一般来说,他们都比较"讲义气",知恩图报,如果能让他体会到班主任是出于真心关心他,爱护他,他一定会知错必改,对班主任顿生感激之情。

与个性强的学生谈话,要注意采取以静制动,以柔克刚的策略;适当鼓励,调动其积极因素,发挥其热情、直率、有干劲的优势;一次谈话时间不宜过长,否则他没耐心听;谈话时,可让学生自由些,不要强制他一动不动;要有反复谈的思想准备,一次谈话,不可能长久起作用。

(九)与性格内向、孤僻的学生谈话

黏液质、抑郁质气质的人属内向型,特别是抑郁质学生,胆小怯懦,优柔寡断,孤僻多疑,内心体验深刻,整日忧心忡忡;经常受到疑虑、惊惧情绪的折磨;自卑感强,自信心不足。与他们谈话要做到以下几个方面:

班主任要选择恰当的地点和场合,最好不被他人所知。这样可以减轻对学生心理的压力,动员他们吐露心声;谈话时,班主任要和颜悦色,亲切委婉。因为他们胆小怯懦,又善于察言观色。班主任如果声色俱厉,学生就会胆战心惊,甚至处于惊恐状态,谈话也就无效果可言;即使学生犯了错误,因其自省能力强,本已担心害怕,后悔不已,那么,班主任就不必再严厉批评,更不可讲过头话,增加学生的心理负担,对他们的错误、缺点只要点到为止,更多的应该给予鼓励,指出

他的积极因素，表扬他的成绩，以此来克服他的自卑感，增强其自信心、维护他们的自尊心；班主任与这样的同学谈话，以随机进行为好，不要过于严肃认真，郑重其事，平时应多关心、爱护，有了融洽的情感纽带，要谈的话，其实尽在不言之中；因其内向、孤僻，班主任平时要多关怀、体贴，谈话次数不宜过多，每次谈话时间不宜过长，所谈问题也不宜过多。

与性格内向、孤僻的学生谈话，应注意要在轻松、无拘无束的气氛中进行；班主任话语宜亲切和缓，不要严厉高声；让学生坐下，与班主任保持一定距离；注意观察学生表情反应，及时调整谈话内容和方法；班主任问话，学生默不作声，班主任要善于等待，实在不讲，也不宜训斥。

四、与学生谈话的基本要求

（一）谈话前应有明确的目的，对谈话内容要有所准备，使用的方法要有所选择

谈话既然是班主任重要的工作方法，那么每次谈话要达到什么目标，对学生进行哪方面的教育，班主任应做到心中有数。明确的谈话目的对整个谈话过程起着调节作用。无目的的谈话只是徒费口舌，无助于工作的开展与学生的思想转变。

每次集体谈话要有明确的主题，每次个别谈话要围绕和针对主要问题。为了保证谈话的效果，充分体现谈话的艺术，班主任必须对要谈的内容有所准备。集体谈话，可围绕主题，学习党的有关方针、政策，阅读有关书籍、报刊，联系学生思想动向，作认真思考，拟定提纲。个别谈话，要预先想好解决的问题。对学生的错误事实，要了解清楚，免得谈话时无的放矢。

不同目的，不同内容，要有与之相适应的谈话方法，才能体现教育效益。方法不当，往往事与愿违。集体谈话方法得当，可让学生群情激奋，深受教育，促进班级建设；个别谈话方法得当，可使问题迎刃而解，使学生心服口服，不致引起学生的逆反心理、抗拒心理。

（二）谈话中要随时观察、了解谈话对象，根据学生的心理状态调整谈话过程

谈话过程中，学生在接受了班主任传达的语言信息后，会做出各种不同的反应。学生的反应一般通过语言、面部表情、情绪或行为表现出来，班主任要随时注意观察、了解，结合自己对学生已有的了解，联系学生的个性特点或班级状况作应变思考，然后，根据学生的心理变化和具体反应，及时调整谈话过程。谈话或严厉或缓和，或直接或委婉，或深入或发散，或诱导或抨击，或表扬或批评，完全以问题的性质、学生的个性及反应的表现而定。对谈话过程的调节与控制，要

以保证谈话效果为原则,要坚持应有的教育原则与道德准则,不可随意迁就、放任学生。

(三)谈话的态度要诚恳,阐明事理,循循善诱,施以爱心,以情感人

班主任是教育者,培养学生健康地发展是自己神圣的职责。以诚待人,才能得到满意的回报。班主任谈话,既然是培养、教育学生的过程,那么态度就要诚恳,只有诚恳,方能使话语入耳、动心,如果苛以训斥、羞辱,只能伤害学生自尊,促其向坏的方面转化。班主任在谈话中,要不断阐明事理,帮助学生树立道德观念,明辨是非,判断善恶,坚持正面教育,循循善诱,因势利导,不能强迫体罚。现在的学生因受社会不良因素及影视消极内容的影响,对正确的道理,往往充耳不闻,甚至产生逆反心理,这就要求班主任进一步提高谈话艺术。另外,班主任在教育过程中,对学生要施以爱心,只有对学生充满爱,才能使自己有耐心,有机智。有些个性强的学生,道理听不进,硬压他不怕,可就服班主任的情感感化。班主任处处关心、爱护,谈话动之以情,就能使学生明晓事理,愿意接受班主任的劝导,此所谓"吃软不吃硬"。班主任在谈话中,可以情理交融,以诚为催化剂,这样可以使谈话行之有效。

(四)把握谈话时机,精心选择谈话的时间、地点及场合

"瓜熟蒂落""水到渠成",说明事物发展总是遵循一定的规律。班主任与学生谈话,也有把握最佳时机的问题。过早,时机不成熟,"话不投机半句多";过迟,事态已扩大,悔之晚矣。因此,班主任要把握谈话时机,精心选择最佳时间,最有利的地点和场合。时间的选择要根据工作安排情况及学生思想状况与情绪表现而定。如:学生情绪不稳,容易激动发火,此时不宜谈话;如果工作学习太忙,谈话时,学生也会心不在焉。地点、场合的选择对个别谈话尤为重要,应由班主任根据问题性质及学生气质特点等具体情况而定。如:内向的学生宜选择僻静的地点,或在家里进行;对比较敏感的问题,如早恋问题,要选择无人的场合,以免引起不良影响。

(五)把握讲话的分寸,注意讲话的语气、声调和节奏

班主任谈话,负有教育学生的责任,因而对学生的缺点、错误及存在的问题,要做出中肯的分析。要使分析入情入理,除具有一定的理论水平、思想工作经验和熟悉学生的情况外,在语言表达上也应有较高的要求:一是要把握讲话的分寸。不能夸大事实,无限上纲,也不能避重就轻,掩盖矛盾,要做到语言准确、鲜明,合乎逻辑,对问题做出判断,要有充足的理由,要符合学生的心理特点,这样才便于学生接受,切忌盲目武断、主观臆测。二是要注意讲话的语气、声调和节奏。做思想工作的谈话，语气要和缓、委婉，声调要抑扬顿挫有变化。既不能四平八稳，如和尚念经，也不能声色俱厉，似急风暴雨。和缓、委婉的语气，会给学生一种亲切感、信任感，不会造成学生心理上的压抑，也不至于激化矛盾，便于师生双向直接交流，沟通思想，创造和谐的谈话气氛。讲话节奏要适中，太快，没有思考的余地；太慢，则缺乏生气，这些都影响谈话效果。

（六）谈话后要采取一定措施，巩固谈话的成果，及时反馈学生的表现情况

为保证谈话的效果，不仅要在谈话前准备，谈话时调节、控制，而且要在谈话后反馈、巩固。班主任的谈话一般对学生都会有所触动。有的把班主任的要求落实到行动中，积极进取，再接再厉；有的把班主任的话当作耳边风，我行我素；还有的可能由于逆反心理或抗拒心理作祟，不但对过去不予反省，反而变本加厉，为所欲为。对于前者，应予表扬、鼓励；对于后两种情形，就要根据新情况，再次与之谈话，并采取其他补救措施。如：与家长联系，取得配合；通过社团组织教育辅助；通过开展有意义的活动施加影响；通过英雄模范人物事迹感化；与优秀同学结成“对子”的互帮互学等。教育不是万能的，因而班主任的一次，两次……谈话，是不可能“包治百病”的，但如果我们能通过及时反馈，掌握了学生的心理动态，进而不断采取有效措施，对症下药，那么，班主任谈话未解决的问题，或未表现出来的成果就可以在其他形式教育辅助下获得解决，或将谈话的成果加以巩固体现。只有这样，才能做好学生的思想品德教育工作，不断促进学生健康成长和班级工作的开展。

拓展阅读7-1

换一种方式“谈话”

下午上课前，曹涛到我办公室来抱作业本。我觉得有点儿奇怪，因为这一直是由学习委员朱红负责的。“朱红呢？”我问她。

“老师，朱红让我捎一封信给您。”曹涛没有正面回答我，而是笑着递给我一封信，抱起作业走了。

嘿，有什么事不能当面说，搞得这么神秘。我挺纳闷地拿起封了信，一折开，三个醒目的大字映入眼帘——“辞职书”。

我急忙看下去，信是这么写的：

尊敬的周老师：

您好！

我担任学习委员已经快一个学期了，我尽全力想做好这个工作，但因为一些原因,让我对自己失去了信心。您知道,我和吕佩不仅是文艺活动中的好搭档,更是很要好的知心朋友。可是在班级管理中,她总是不听我的,我不知如何向她解释,如何说服她,这让我很为难。同学们都觉得我在工作中有偏私,但我又不想失去一个朋友,只好向您提出辞职,请您批准。

此致

敬礼

您的学生:朱红

学生能这样坦诚地给我写信,我感到很高兴,而我竟然一直没有觉察到她的苦恼,我不禁又有些自责。我知道,信里没有指明的好朋友是指班里的吕佩同学。吕佩活泼好动、能歌善舞,和朱红都是班里的文艺积极分子。大家都知道她俩是形影不离的好朋友,想不到朱红却有这样的苦衷。

“当官的”都不愿意得罪人,学生们虽然涉世未深,却也有同样的心理。作为班主任,我经常遇到这样的事。大多时候,学生都是被我当面说服,不再提辞职。但事后看来,他们心里并不情愿,工作起来也不够积极。而朱红是个心思很细腻的女孩子,对这件事显然也经过慎重考虑,我必须用一把“新钥匙”来打开她的“心结”。

我一改过去的做法,没有找她谈话,而是也写了一封信给她,因为我觉得她可能更愿意这样跟我交流。在信里,我先是作了自我批评,为对她的关心不够表示歉意,然后肯定了她的工作成绩,表示了对她的信任,相信她会处理好班级管理与同学友谊之间的关系。

信写好以后,我也是请曹涛转交给她。我琢磨着,她看后一定会主动找我。可等了好几天,她一直没有来,来抱作业的还是曹涛。看来我的信作用不大。

怎么办呢? 对了,“解铃还需系铃人”。朱红不是不想当学习委员,主要还是为难于与吕佩的关系,这才是问题的关键。于是,我把吕佩找来,先让她看了朱红的辞职信。吕佩看完,竟哭了起来。等她平静下来,我说:“你肯定也有很多话要对朱红说吧,把它写下来,好吗?”吕佩点点头,拿过纸笔,含着泪写好了给朱红的信:

亲爱的朱红:

你好!

看到你写给老师的信,我既感动又难过。我上课时经常说闲话,你劝告我,我也不听。我虽然知道你是为我好,也知道你很为难,但我就是控制不了自己。

真对不起,希望你能够原谅我!

以后,我一定支持你的工作,尽量不违反课堂纪律。如果再犯,希望你心中不要藏有私心,尽管批评,那毕竟是课堂。即使你批评了我,我也不会生气的。

最后,希望你继续担任学习委员,帮老师管理好我们班。我会支持你的,相信我们的友谊也会一直保持下去!

你的好友:吕佩

信写得很真挚,我问吕佩:"是你直接送给她,还是让别人给?"她干脆地说:"老师,我亲自给。"我满意地点点头。

第二天,朱红与吕佩同学手拉手来办公室找我。朱红说:"老师,以后能让吕佩帮我收发作业吗?""没问题。"我欣然答应。两个人冲我笑了,笑得很腼腆,但流露出发自内心的高兴。我笑着对她们说:"这才是真正的朋友。"

师生之间保持有效的沟通,可以及时发现问题,解决问题。但采取什么样的沟通方式,班主任必须根据学生的特点,采取有针对性的策略,这样才能使教育直达学生的心灵深处。面对面的谈话固然能起到直接作用,但有时候,班主任却要委婉一些,换一种方式"谈话"①

拓展阅读7-2　谈话场所,一个被忽视的细节

办公室是班主任找学生谈话最常用的场所。而在目前学校的办公条件下,除了校领导,大部分老师都没有单独的办公室,他们少则三五人,多则十几人,共用一个办公室。这样,办公室里常见的镜头是:有的老师对学生语重心长地谆谆教诲,有的老师严厉地让学生反省错误,有的老师则对学生声嘶力竭地大声训斥……更有甚者还会出现几个老师同时找学生谈话的场面,那可热闹了,简直成了公审大会。再看学生,有的连声检讨,有的一言不发,承受能力差的则痛哭流涕……

于是,每个班上都有几个办公室的"常客",办公室里其他老师常会跟他们开玩笑:"哟,你们又来了。"学生中也常常用这样的话来吓人:"某某同学,老师叫你去办公室。"此言一出,保证让正在兴高采烈的学生顿时傻眼。

"去老师办公室"也因此成了交代问题或受训斥的代名词。

---

① 周有利.换一种方式"谈话"[J].人民教育,2004(3-4):30-31.

一些老师可能以为这很正常,办公室不就是处理工作的地方吗?为什么不能跟学生谈话?可是,我们必须想清楚,这样谈话的效果如何?能达到解决问题的目的吗?我以为办公室很不适合师生之间的谈话。一方面,在教师的办公室里会让很多学生感到紧张,一旦犯了错误,只想着赶紧坦白完了走人,很少会认真倾听老师的话。这样,尽管教师苦口婆心,却很难达到教育的效果。老师认为学生不可救药,学生认为老师不理解自己。另一方面,办公室里人多口杂,的确不是做学生思想工作的理想场所,学生不会向老师交心,也没法交心,因为怕心里话被更多人听到,怕被人嘲笑。

有人说,办公条件有限,我们有什么办法?可是,为什么不换一个更合适的环境谈话呢?比如,对爱好体育的学生,可以到操场的跑道上,到篮球架下;对多愁善感的女生,可以在草坪上,花坛边,或者放学的路上,师生边走边聊;甚至,公园的石凳上、小桥旁,都可以是与学生谈话的好地方。在这样的场合里谈话,往往会有意想不到的良好效果。学生注意力集中,老师态度和蔼,双方可以完全放松,像朋友一样畅所欲言。润物无声的教育就在这样平等的交流中进行。

一个学生曾在给我的信里写道:"最难忘和老师同行,同行路上的每句话都是那样的入耳入心。现在回想起来,感觉真是一种幸福。"

希望老师们都能注意与学生谈话的场所。一个合适的谈话场所,不仅体现出对学生的尊重和爱护,而且会让老师感受到和学生心灵碰撞的喜悦和幸福。[①]

---

① 段凤娥. 谈话场所,一个被忽视的细节[J]. 人民教育,2004(7):20-21.

第八章 表扬艺术

【引导案例】

赞美的力量

方志恒是我班的一名问题生，我已经不止一次地让他写检查、做保证、请家长，可每次都是收效甚微。这不，今天我一来到学校，就在校报栏里看到了他的违纪记录。原来，午休时他在寝室大声喧哗，不听劝告，反而和寝室管理员争吵。面对这样一个屡教不改的学生，还有什么办法会对他有用？或许我应该尝试其他教育方式。

我想起了一个故事：在非洲的巴贝姆族中，至今保持着一种古老的仪式。当族里的某个人因为行为有失检点而犯了错误的时候，族长便会让其站在村落的中央。这时，整个部落的人都会赶来，将这个犯错的人团团围住，用赞美来“教训”他。围上来的人们，会自动分出长幼，从最年长的人开始发言，依次告诉这个犯错的人，他今生曾经为整个部落做过哪些好事。每个族人都必须将罪人的优点和善行，用真诚的语言叙述一遍，叙述时既不能夸大事实也不允许出言不逊，而且不能重复别人已经说过的赞美。整个赞美的仪式，要持续到所有族人都将正面的评语说完为止。仪式结束以后，紧接着便要举行一场盛大的庆典。庆典在老族长的主持下进行，部族中的男女老少都要参加。人们载歌载舞，来庆贺这个人脱胎换骨，改过自新，开始一种全新的生活。

我灵机一动，何不借鉴巴贝姆族人的办法，来一场别开生面的赞美仪式呢？

上课了，我索性不授新课，把这个惹是生非的小家伙叫到了讲台上。李志恒低着头，耷拉着眼皮，诚惶诚恐，准备接受我的电闪雷鸣。

“同学们，今天我们来夸一夸李志恒同学，请你们说说他的优点，要从不同的方面来赞美他，看谁有一双善于捕捉他人优点的眼睛。”

我一语既出,学生一片愕然,目光齐刷刷地投向我。李志恒也目瞪口呆地抬起头,似乎不相信我的话。

“是的,同学们,每个人身上都有优点,我们来说说看。”

我用肯定的眼神再次给大家以鼓励。

短暂的沉默之后,一个男同学举起了手:“老师,李志恒同学他很爱劳动,每天给教室洒水。”

第二个同学站起来:“老师,李志恒同学拾到了一元钱的饭票,还给了失主。”我暗自欣喜。

“刚开学时,他还自告奋勇帮助您抬书呢!”一个女同学来不及举手,就站起来大声说。

“是吗?我应该谢谢你!”我不失时机地扭过头对李志恒说。他的脸红了起来。

“他还夸您课讲得好,知识丰富。”他的同桌也抢着说。

“他还主动给老师倒过垃圾。”

“我们值日时,他帮助我扫地。”

“老师……”

同学们的赞美从四面八方一齐涌来,我再看看李志恒,他的眼眶里亮晶晶的。这时,我们班的学习委员王艳珂走上讲台,对李志恒说:“你看,你有这么多优点,我们都得向你学习呢!”

这下,这个平时嘻嘻哈哈的小男子汉竟然控制不住内心的激动,哭出声来。我也按捺不住,上前握住他的手:“志恒,同学们都在关注着你呢,你为班集体做过那么多好事。那么,你能不能以后继续发扬你的优点,改正错误呢?”

他流着泪使劲地点点头:“老师,请相信我!”

三个月过去了,方志恒脱胎换骨,面貌全新,期末还被评为学校的“文明之星”。

我在教学日记上摘抄了一位哲学家的话:“要想铲除旷野里的杂草,方法只有一个,那就是种上庄稼;要想铲除灵魂里的杂草,最好的方法,就是用美德占据它。”①

---

① 李本华.赞美的力量[N].教育周刊,2011-03-05(3).

一、表扬概述

表扬是班主任做学生工作的重要手段之一。表扬是一门学问，也是一门艺术。表扬是对学生好的思想和行为给予肯定的评价，其目的是使受表扬的学生明确自己的优点和长处，并得到进一步的巩固和发扬，它是一种积极的“强化”，是调动学生积极性的重要手段。心理学研究表明，对人们的良好思想和行为作出肯定的评价，能使人产生愉快的情感体验，受到鼓舞，焕发更大的积极性，学生尤其如此。人们常说：好孩子是夸出来的。的确，一句简单的称赞，一个关切的眼神，一个小小的鼓励动作，都会让他们感觉无上光荣。当学生受到表扬时，他会感到班主任和同学们都很器重他，爱护他，这样，师生关系就有可能向好的方向发展。教育实践证明，一些后进生正是通过老师恰当的表扬，燃起了希望的火花，扬起了生活的风帆，从感情上信赖老师，接近集体，产生积极向上的愿望。表扬更为深远的影响是，它能使学生体验到一种自尊感和成功的喜悦，从而激发出追求新的目标和新的成功的强烈要求和愿望。表扬不仅影响着受表扬者，还会教育其他学生，使学生从中辨别什么是好的和应该怎样做，引导学生去重复社会所赞许的行为。因此，表扬是良好行为的强化剂，是教育活动中常用的正面激励方式。

罗曼·罗兰说得好：“要散布阳光到别人心里，先得自己心里有阳光。”表扬就如和煦的阳光，能使濒临枯萎的小树重现生机，能使学生在阳光灿烂的日子里健康成长。美国著名作家马克·吐温曾经夸张地承认，一句好的赞词能使他不吃不喝活上两个月。绝大多数人的内心都有这样一种隐秘，都想时常得到别人的赞许。对别人成绩的称赞，既是一种鼓励和肯定，又是一种信任和友好。

孙子曰：“赠人以言，重于珠宝；伤人以言，重于剑戟。”由此看来，作为班主任老师，切勿恶语、恶行随便伤人。一句不经意的赞扬鼓励，往往使人如沐春风。

班主任的表扬艺术策略，是班主任的工作艺术策略之一。“正面教育应该是班主任主导性教育，积极的正面教育可以体现班主任的管理原则，体现师爱。”①班主任表扬的艺术策略，是受班级教育教学管理工作的特殊性所决定的。班主任的辛勤培育，使班集体和学生取得了良好的成绩，班主任对其表扬应遵循哪些原则，才能做到有理有据；采用哪些途径和方法，才能使表扬恰到好处，取得最佳效果；表扬应注意哪些问题，才能使学生再接再厉，取得更大成绩。这就是

---

① 林崇德. 教育的智慧——写给中小学教师[M]. 北京：开明出版社，1999：191.

班主任表扬艺术的研究范畴。对于表扬,我们不能肤浅地去理解,泛泛地去运用。表扬也不是万能的,表扬也有无效的时候,表扬更有其内在的规律和需要注意的事项。

二、表扬的原则

一个真实的、恰到好处的表扬,一般都能让人精神抖擞、自信地去学习。表扬既是一种改善关系的好方法,也是一种激励人奋斗的有效手段。表扬有物质上、活动上的,也有精神上的。不管是哪一方面,采用何种方式方法,都有公开、半公开之别;都需要根据学生的年龄、性别、个性特点,以及不同的心理期待水平,抓住时机,因势利导。采用的方式也要因人而异、因事而异,甚至课堂上一个眼神、一个暗示、一个点拨,都能使学生如沐春风,积极调整学习状态,没有心理负担地投入到学习活动中去。所以,在表扬学生的时候,要注意学生的层次差异,表扬不同层次的学生要采用不同的方法。

(一)对班干部表扬的原则

1. 以鼓励为主的原则

班主任对为班级工作成绩突出的班干部,要给予及时的表扬、热情的鼓励。这既肯定了干部的成绩,又激励干部鼓足干劲,以饱满的热情努力工作,以争取更大的成绩。对那些成绩不突出、工作进展不大的班干部,也要给予支持和鼓励,促使他们认真地总结经验和不足,继续为班级和同学服务,使他们在工作中增强信心,增长才干。

2. 以信任为主的原则

班干部是在全班学生中民主选举产生的,有群众基础,是同学的知心人;班干部又是在班主任全面考核的基础上任职的,能热心地为学生服务,有较强的工作能力,是班级同学的领头人。班主任要充分地信任班干部,放手大胆地使用班干部,以极大的热情调动班干部工作的积极性。班主任切忌在班干部工作时指手画脚,当着学生面指点班干部工作中的某某不足,这既会束缚班干部的手脚,又给班干部造成心理上的压力。

3. 以培养能力为主的原则

班主任对班干部的表扬,能促使班干部更好地学习、工作。但是,表扬只是激励班干部不断进步的手段,目的是培养班干部的工作能力,尤其是独立的组织工作能力,班主任不但要充分地信任班干部,放手大胆地使用班干部,更要注意培养班干部各方面的能力。班主任对班干部要做到在使用中培养,在培养中使用。

(二)班主任对优秀学生表扬的原则

1. 以鼓励为主的原则

优秀学生是班级的中坚力量,是班级工作的积极支持者,各项活动的主要带头人。他们虽然人数少,却有巨大的影响和鼓动作用。有些年轻班主任,教育管理班级上进心切,更多地注重对后进生的教育工作,忽视了对优秀生的进一步培养教育。班主任对他们表扬声少了,优秀学生的上进心松懈了,他们的思想产生了波动,班级工作显得更加被动。班级工作“两头都要抓”,既要注重后进生的转化工作,又要注重优秀学生的楷模作用。要经常注意优秀学生新的进步,对他们的成绩要及时表扬,甚至校外的情况也要注意了解掌握,使优秀学生意识到班主任在时刻关心着他们,这样就会自我督促向更高的目标发展。

2. 树标兵原则

榜样的力量是无穷的。在班级树标兵,就是给学生立样板,同时要与学先进人物的活动紧密结合起来。这对优秀学生是极大的鼓舞,对其他学生是极好的鞭策。这样能使学生感到前进有方向,进步有尺度。做到远学英雄,近学标兵。班主任可以根据学生的年龄特点和知识层次,在班级开展评选最佳少年、最佳青年、各科小标兵等活动。

3. 巩固性原则

优秀学生是学生中的优秀代表,学习的榜样。他们经常受到老师的表扬,学生的称赞,骄傲自满的情绪极易滋生,个别学生又容易滑坡。班主任在表扬他们的同时,还要提出新的希望和要求,以巩固他们所取得的成绩,激励他们向新的高度迈进。

4. 严格要求原则

在人才的培育方面,中国有一句俗语:“严师出高徒。”对优秀学生的培育更是如此。班主任在表扬优秀学生的同时,还要经常帮助他们查找自己的不足之处,并提出今后的希望要求;又要经常与家长沟通情况,对学生要求一致;还要多与科任老师取得联系,发挥多元化的教育优势,取得最佳效果。

(三)对后进生表扬的原则

1. 以鼓励为主的原则

班主任的鼓励是学生进步的动力,尤其是后进生,班主任要热心地关照他们,耐心地做好他们的转化工作。缺点不是后进生所固有的,班主任要善于发现后进生的长处,善于寻找闪光点,鼓励他们进步。他们取得的成绩哪怕是点滴的,都是难能可贵的,班主任要给予及时的表扬、热情鼓励。班主任要像严父慈母般地对待他们,同时要多和他们结交朋友,使他们生活在班集体中得到温暖,给他们创造转化的环境。

2. 以引导为主的原则

进步并不是优秀学生的专利,后进生也有进步的心理要求,有时甚至也很强烈。当先进学生站在领奖台前,他们投以敬佩的目光,给以热烈的掌声,同时也以异样的心情联想到自己,有的小学生在会后竟情不自禁地跑到老师跟前说:“老师,我能不能获奖?”有的还说:“老师!我今后应该怎么做?”要求上进的火花在这些孩子的心灵上茫然升起。班主任在给予他们精神鼓励的同时,也要给他们指出进步的方向、改正错误的措施,并做到经常检查和督促,做后进生的知心人、引路人。

3. 以促进转化为主的原则

后进与先进是相对而言的,一切事物都是发展变化的,后进生也不是固定不变的,也可以向好的方面转化。班主任对后进生的转化教育不能急躁,要像医生对待病人一样。特别是要培养学生的自尊心和自信心,要做到动之以情,深于父母,晓之以理,细如雨丝,使他们的缺点得以克服,优点和长处得到更好的发挥,逐步得到转化,向先进行列迈进。

4. 扬长避短、长善救失的原则

尺有所短,寸有所长。班主任对后进生的教育,要善于发现他们的长处,及时表扬、鼓励;在公开场合,尽量避开谈论后进生的过失或不足,以减轻他们精神上的负担和压力;绝不能采取粗暴、镇压的教育方式。

(四)对一般学生表扬的原则

1. 鼓励上进的原则

一般学生也有要求进步的心理,但不强烈。在班集体内,前有优秀学生,是老师经常表扬的尖子;后有个别学生,是老师关注批评的对象。他们表现为不前不后,观望意识较浓。有经验的班主任注意“抓两头,带中间”,突出“带”字,充分发挥班主任的主导作用。班主任要做好中间层的组织、教育工作,鼓励他们为社会主义现代化建设而努力学习奋斗;激励他们向优秀学生看齐,在树立远大理想上下功夫。

2. 普遍提高的原则

一般学生是班级的中间层次,占班级学生的大多数。一般学生素质的普遍提高,就是班集体的大幅度进步。有经验的班主任不光注重抓典型,培植尖子,还应重视一般学生,重视大多数学生素质的普遍提高。

3. 稳定性原则

班集体里一般学生占大多数,能充分调动一般学生的积极性,班主任工作就能得心应手,班级活动就好开展。班主任对取得突出成绩、获奖的一般学生要给予热情的表扬,哪怕是点滴的进步,也要及时鼓励,这样才能促进班级政治思想稳定,学生情绪饱满。若对一般学生成绩的表扬,只是轻描淡写,蜻蜓点水,则会使一般学生思想浮动,造成班级成绩整体滑坡。班主任要着眼于全局,重视对一般学生的表扬,使他们在稳定中促进步,在稳定中求发展。

(五)对班集体表扬的原则

1. 以鼓励为主的原则

班级取得的成绩是班主任和全体学生集体劳动的结晶,共同努力的结果。班主任面对集体成绩,要予以充分肯定,给学生以极大的鼓励,激发学生强烈的集体荣誉感和向心力。同时给学生指出新的奋斗目标。

2. 正确估价班集体的原则

班主任要实事求是地、辩证地对待自己的班级所取得的成绩,表扬时既不夸大也不缩小。在鼓舞学生肯定成绩的同时,要与兄弟班级相对照,查找存在的差距与不足。只有这样,才能做到知己知彼,减少班级工作中的盲目性,为制订班集体新的奋斗目标奠定基础。

3. 增强集体荣誉感的原则

班集体是班主任经长期的组织培养教育所形成的群体,班主任要引导学生总结本班以往所取得成绩的原因,要向学生经常灌输“一人光荣一点红,全班光荣一片红”的集体主义思想,使学生深深感到生活在这个集体中是荣幸的,值得骄傲的,增强学生为集体争作贡献的激情。

4. 增进集体凝聚力的原则

集体的凝聚力就是集体的吸引力。这种吸引力来自于班主任的表率作用,真正成为班集体的主心骨。这种吸引力来自于班主任对全班学生积极性的调动。表扬班干部,促使他们更热心为学生服务,成为学生的知心人。表扬优秀学生,激励他们成为班集体经常立得住的楷模。表扬一般学生和后进生,激发他们积极进取,克服不足,积极为班集体作贡献。这种吸引力来自于班主任为学生创造一个健康、活泼、向上的集体环境,使学生个个想着集体,人人爱着集体。

5. 培养学生竞争意识的原则

竞争是人类和自然界普遍存在着的规律。没有竞争就没有生存,就没有进步,就没有发展。班主任表扬学生,要侧重培养学生的竞争意识,促使学生不断地探索,不断地发展,不断地进步。但要经常教育学生,竞争不是个人的争强好胜，不是小团体意识的利己主义，不但不会损害集体，反而是群体智慧进步的推动力。

三、表扬的途径

（一）表扬班干部的途径

1. 班队会上的表扬

班队会是在班主任（辅导员）的组织、领导下，由班级全体成员参加的一种自我教育和进行民主生活的教育形式，也是班主任向班集体进行教育的重要方式。班主任在班队会上，对有成绩的班干部给予表扬，以突出班干部的带头作用。但表扬班干部不要忘记广大学生，要突出集体的智慧和群众的力量；反之，则会助长班干部的个人英雄主义，孤立了班干部。

2. 总结会上的表扬

班主任可以在班级总结会上（包括周末、月和各项活动总结会）对取得优异成绩、作出突出贡献的班干部予以表扬，加以鼓励。

3. 家长会议上的表扬

班主任在家长会议上对班干部进行表扬，通报班干部的进步情况，便于家长了解子女在校的表现，配合班主任做好班干部的思想政治工作，激励他们为班级、为同学热心服务，取得更大成绩。给班干部创造一个良好的校内教育环境，有利于促进他们更好的健康成长。

4. 申报表扬

申报表扬是表扬班干部的特殊形式。它是针对有突出成绩、事迹、特殊贡献的班干部学生，通过班主任申报学校或上级主管部门所给予的表扬或表彰。它包括申报校级、县级、市级优秀班干部。班干部学生的突出事迹，受到社会舆论的高度赞赏，班主任要通过学校及教育主管部门申报给各级人民政府给予表彰。

（二）表扬优秀学生的途径

1. 班队会的表扬

班主任要利用班会或队会，对优秀学生在全班学生面前进行表扬。对优秀学生在前一段时间内各项活动中所取得的成绩给予认真、恰当的表扬，使全班学生都受到鼓舞。对优秀学生的表扬要做到影响面广，受教育深。

2. 奖励表彰

奖励表彰是以物质或精神奖励为主的表扬。学期或学年末，学校或者班级对优秀学生要进行表彰。物质表彰可依据学生的年龄特点、文化层次来确定表彰物质的类别。小学生多以学习用品、工具书或科普读物等为主；高年级学生以奖学金、生活用品、娱乐用品等为主；精神奖励以奖状、证书、纪念章或纪念照等为主。

3. 家长会议表扬

班主任在家长会上对优秀学生要点名表扬，把他们在学校的成绩如实、认真地介绍给家长，使家长进一步了解子女在学校的表现，共同采取一致的鼓励措施，以便更好地发挥社会教育的作用。也可以采取家访、书信等形式，把学生在学校的优秀成绩介绍给家长，达到共同表扬的目的。

4. 申报表扬

班主任对优秀学生的突出事迹，可以形成文字材料，通过学校逐级申报给教育主管部门、各级政府，对学生进行表彰或奖励。

（三）表扬后进生的途径

1. 班会表扬

班主任对取得成绩的后进学生，可在班会上进行表扬。表扬的材料要真实、可靠，有影响力，使后进生感到自己也能进步。也可在全班学生面前进行表扬，增强他们进步的自信心。

2. 家访表扬

班主任对后进生，要利用家访与家长互通情况，把学生在校的进步表现，及时反映给家长，使学校和家庭要求一致，鼓励学生积极进步。

3. 单项奖表扬

班主任既要善于发现后进生的长处，又要适当举办各种相应的竞赛活动，给后进生创造表现自我的机会，使他们的特长得到充分发挥，给他们某个方面的奖励，增强自尊、激励进步。

4. 谈话表扬

班主任对有进步的后进生，利用课余、活动之余找他们谈话，以谈心的形式，对他们进行鼓励、表扬，使他们在亲切自然的气氛中找到进步的勇气、力量和方向。这种表扬，效果极佳。

5. 任职表扬

班主任对那些有突出特长、进步幅度较大，在学生中有一定威信的后进生，为了鼓励、鞭策他们，可根据班级的实际情况，让他们担任一定的职务，促使他们克服缺点，发扬优点，在实际工作中培养和锻炼，以利于尽快进步。

(四)表扬一般学生的途径

1. 班队会上的表扬

班主任在班队会上对一般学生进行表扬,肯定他们的成绩,鼓励他们进步。表扬一般学生,要多举实例,要有说服力,感染力,能促使其他学生共同进步。

2. 以小组表扬

班级活动多以小组形式出现,便于一般学生参与,使他们在活动中经常锻炼,得到培养。班主任表扬了小组的成绩,也等于表扬了占大多数的一般学生,以利增强学生的集体荣誉感。

3. 谈话表扬

班主任也可以用谈话的方式对一般学生进行表扬。一般学生在班级里占大多数,会上不可能全表扬,班主任可在与学生交谈时,肯定他们的成绩,鼓励他们进步。这种表扬方式使学生感到自然、亲切,并不因为在会上没有得到表扬而消沉、低落,反而增加了他们上进的信心和勇气。

(五)表扬班集体的途径

1. 班队会上的表扬

班集体在学校各项活动中取得成绩,师生都受到鼓舞,这正是班主任对全班学生进行集体主义教育的好机会。班主任要利用班队会,对班集体进行表扬。正确估价班集体的长处,发扬优点,以增强学生的集体荣誉感。

2. 总结会上的表扬

班主任利用周末、月末及各项活动的总结会,对班级所取得的成绩予以充分肯定,向全班学生进行表扬。表扬的材料和内容,班主任要在会前组织召开班干部会议,对班集体所取得的成绩逐项加以分析,让班干部做好会议记录。班主任在对班集体成绩给予表扬的同时,还要为集体制订新的工作计划,提出新的奋斗目标。

3. 活动中表扬

班集体是在活动中存在,在活动中发展的。学生也只有在活动中才能得到培养、锻炼、提高。班集体在活动中取得了成绩,班主任要及时表扬,鼓舞士气,培养学生的集体主义思想。

四、表扬要注意的问题

(一)善于表扬

表扬是一道善意的门,它如温煦的阳光,可以照亮疲惫的心灵。表扬无论是在教师的教学过程中还是学生的生活中都会发挥巨大的作用，当学生取得好成绩时，表扬会激发他再接再厉；当学生面临困境时，表扬如一针强心剂，让他振作起来；当学生沉浸在失败的痛苦之中，表扬如黑暗中的明灯，点亮他们心中的希望。每个学生都有得到老师表扬的渴望，老师应不失时机地表扬他们。所以我们做老师的要从正面的积极的角度去审视学生，要善于发现和捕捉学生身上的闪光点。

1. 了解学生

不同层次的学生有不同的心理需求，所以需要了解学生的心理需求，了解学生的个性特长，了解学生的实际能力。后进生渴望拥有表现的机会，优秀生希望在奋斗中听到成功的喜讯，一般的学生盼望自己的点滴进步能引起教师的关注；对性格内向的学生宜多鼓励，对性格外向的学生则应多鞭策；充分了解学生的特长和实际能力，方能不失时机地为学生创造恰当的力所能及的表现机会。

2. 善于给学生搭建表现的平台

教师平时要善于观察，善于发现学生的优点、特长，为学生创造表现的机会。但创造的机会一定要适当，若不能根植于他们的实际能力之上，尝试中的失败反而会打消他们的自信心，所以必须是在他们的能力范围之内，让他们能看到成功的希望但又必须付诸努力去实现的，不是唾手可得的。这一点对后进生尤其重要，如果能给他们提供表现的机会并且他们能出色地完成任务，这对他们来说是莫大的鼓励，要比直接的言语表扬有用得多。比如：由喜爱运动的后进生担任体育委员；放手让聪明而不大守纪律的学生去负责清洁卫生；基础差的学生担任学习小组的字词评价；有一定阅读兴趣的学生负责检查朗读和背诵；让语言表达能力强、喜爱写作的学生组织课外阅读和作文的交流与评价；广泛收集信息，鼓励有特长的学生积极参加各种竞赛……老师应为不同层次、不同个性特长的学生精心构建表现个性特长的平台。

3. 选择恰当的表现方式

学生由于年龄原因，心理发展并没有完全成熟，自我控制能力较弱。学生的兴趣来得容易去得也快，不易保持。老师的赞扬可能只有当时在他们心里产生了激励的作用。如果仅靠加快表扬的频率，不改变表扬的方式，他们就会对表扬免疫，甚至会让他们骄傲。如果表扬不能引起学生心灵的震撼，产生的激情不足以抵挡周围的诱惑、克服以往的惰性，那么学生就不可能实现真正的自我超越，坚强的毅力也很难形成。

（二）注意适当

1. 适时表扬

表扬要起到它应有的作用，就必须及时。当学生有出色的表现时，班主任应立即作出积极的反应，及时给予肯定与表扬。这样，不仅能调动先进者本人的积极性，还能促进班集体积极向上心理的产生。如果班主任对集体中的好人好事迟迟不作出反应，先进者的积极心理未得到老师的认同，就会产生失望、压抑的情绪，其他同学也会因此而对集体产生冷漠感。久而久之，班集体就会缺乏一种积极向上的氛围。因此，要发挥表扬的动力，就必须抓准时机。

表扬也不一定在好人好事发生的时候进行，或许平时不经意的鼓励、赞赏会更有意想不到的效果。作为教师，我们更多地在特殊的时刻才鼓励学生，比如考试、比赛之前。事实上此时的鼓励与其说是鼓励，倒不如说是要求，学生得到的是一个具体的名次的要求，要求给他带来的压力远比鼓励的激励作用要大得多，而且这种强烈的心理上的比差，只会让学生背负更大的心理包袱，这样只会适得其反。我们的鼓励可以在平时不经意的一次谈话中，不经意的一堂课中，可能会让人愉悦一整天，一句鼓励的话语也许会改变人的一生命运。

及时的表扬奖励学生也是另一种强化刺激。例如，一个自制力特弱，平时上课喜欢说话，课间经常疯闹的男生，在很多任课老师眼里是名副其实的“差生”，但是在学校组织的合唱比赛中，他积极地帮班级同学借衣服。他的班主任及时表扬他关心集体，使其自制力得到加强。所以，对学生的表扬要及时，不能时过境迁才表扬，否则，表扬会使学生莫名其妙，就起不到优化优秀品质和行为的作用了。

2. 适量表扬

鼓励是一种爱的表现，意味着嘉许和期望，但是也有可能会发生过犹不及的结果。不论是家长还是老师，过量的鼓励都可能适得其反。学生是有自己思维的独立个体，你在鼓励和期望的同时，他也在努力寻求用结果来回报。过分频繁的鼓励，可能会让学生形成过重的心理负担，他就总担心如果不能达到这个目标、不能做得更好怎么办？长久的担心必然会形成学生的焦虑紧张，最终反而会产生消极的后果。

同时，老师频繁地称赞、鼓励，学生可能就会觉得老师的表扬很容易获得，则会对表扬麻木，认为不需要努力也会得到表扬，就会失去进步的动力，表扬也就失去了它应有的意义。对孩子来说，多一些表扬、鼓励固然重要，偶尔因为良好的行为表现受到老师的夸赞，他会很开心、很有成就感，但是太过量、频繁，学生就感受不到应有的喜悦，表扬也就失去了激发学生的力量了。

3. 适度表扬

表扬应该准确恰当，讲究分寸。表扬的基调也应根据实际情况而定，如果该高不高，就不能发挥典型示范鼓励先进的作用了；如果言过其实，任意夸大，就会贬低表扬的价值，致使吹捧、华而不实等不良风气的产生。表扬次数的多少，也应慎重考虑，可以说，只有有意义的表扬才能起到积极的作用。因此，表扬应适度。

我们的表扬应让学生感到完全可以实现，而且在一定的时间内就能完成，而不是遥遥无期，可望而不可即。训鲸员用适度鼓励的方式可以让 3 吨重的巨鲸最终跃出水面 66 米，这不能不说是成功鼓励的最佳范例。我们的鼓励老是让学生感到肩头的沉重，心情的郁闷，这样的鼓励没有也罢。循序渐进，一步一个台阶是认知的规律，也是表扬应遵循的原则。

（三）有针对性

一般来说，表扬都有一定的目的性，或针对班级现状，解决某类问题；或根据教育目标，激励学生向榜样学习。如果不重视表扬的针对性，看到一点说一点，则不能收到表扬的最佳效果。因此，每次表扬，班主任应在认真观察研究、分析班级情况，了解学生心态的基础上进行，尽量避免表扬的随意性。

表扬的目的是促进学生的发展，不但要促进被表扬的学生进步，也要激励其他学生努力奋斗的上进心。所以，老师在表扬的时候要心中有数，斟酌学生的需要，有针对性地进行表扬。如果一个学生的朗读水平很高，老师不但常常请他朗读，而且每次朗读的时候，都对该学生进行表扬，这样的表扬效率反而不高。为什么呢？他的朗读水平高已经是公认的了，再次的表扬，不可能让他有更大的进步。这时，老师就应在其他方面来鼓励他。当老师在表扬某个学生的某个优点时，对其他的学生就是个示范和榜样。比如：一个学生在读课文的时候很注重抑扬顿挫，那么老师表扬“他能读出抑扬顿挫的节奏感”，就是对其他学生的启发和暗示：书要这样读！有针对性的表扬要求老师对学生有充分的了解，掌握学生的优点和缺点，发扬优点、克服缺点。所以老师在表扬的时候，要善于针对学生的表现，提炼出学生需要的表扬来。一个班有几十个学生，每个学生身上都有许多优点，老师表扬哪一个、表扬哪一点是有选择的。

所以，表扬应避免千篇一律、单调重复，避免大而空的泛泛之谈，而应该实在、具体、恰当，让学生知其所以然。比如：你朗读时声音清晰又响亮，值得大家学习；你的观点与众不同，很有新意；你今天勇敢地举手了，老师真高兴；你的发言条理性强，让我们听得明明白白，太好了，谢谢你；你的字有进步，比上次的作业整洁了，继续努力等。恰当的表扬让学生看到自己的优点，看到自己的努力与进步被老师发现和认可,从中获得成就感,他就会有足够的动力把这种优点发扬光大,让学生感受到老师对他的关注和关心,老师与学生的良好关系由此而建立。

拓展阅读8-1

预支一个表扬给你

相信是教育的前提和基础,也是教育的基本技巧和手法。教师对学生发展的可能性期望,就是建立在对学生信任的基础上的。信任学生是转化后进生的态度和方法之一。我们要相信学生,相信他们有内在潜力,有认识错误、改正缺点的愿望和决心,有积极向上的心理需求。只有相信学生,我们才会多给学生时间和机会,学生获得老师的信任,才会积极配合老师,愿望去学好,去改正缺点和错误,那么,教师的期望目标就有可能实现。

今天上课时,我检查学生对昨天课堂上所学知识的掌握情况,前面几位同学答得熟练且准确,我非常高兴,一一给予表扬。当我叫到第五位学生时,他却结结巴巴,而且出现错误,当我给他简单的提示后,他是说了这句漏了那句,旁边的同学都纷纷举起了手。

我也有点不耐烦了,示意他坐下后,准备要说的批评的话全部涌到了嘴边,即将冲出口的瞬间,我的脑子迅速旋转,怎么办呢?

如果批评,就和前边的同学形成鲜明对比,肯定会伤其自尊心;如果不批评,就不能给予警示,就怕其他同学会觉得"你看,××什么都不会也没有关系呀,老师也没怎么样嘛!"这样,会影响同学们的复习情况,而且,对那些认真复习、积极回答问题的学生也不公平。怎么办呢?

忽然,我灵机一动,何不预支一个表扬给他呢?

于是,我说:"这位同学回答得也很好。"

同学们都露出了惊讶的神态,这位同学就更不自然。

我停顿了一下,注视着他继续说:"不过,这个表扬是预支给你的,希望你明天能还给我。"

此时,他的脸上露出了灿烂的笑容。

我又接着问:"明天你能不能好好还给我?"

"当然能。"他的回答坚定而自信。

放学前,我把他叫到跟前,说:"好孩子,你知道我要跟你说什么吗?"他信心满满地回答:"老师,我知道您要说什么,放心吧,明天看我的!"

第二天上课,我的目光投向了他,他果然把手举得高高的,站起来回答得非常熟练而且准确。而且这一节课上,他的眼睛始终跟随着我,这在以前可是没有过的,要知道他可是我们班上出了名的“捣蛋鬼”,不但自己上课注意力不集中,而且影响到周围同学听讲。我知道,正是因为我对他信任,他不仅毫发不伤归还了我的表扬,而且支付了很高的利息。

接下来的几天,他学习数学的积极性非常高,上课注意力较集中了,作业质量明显提高,我在全班同学面前表扬他,并说:“××,老师相信你能够做得比现在还要好!只要你努力,成绩肯定会提高的。”我把这种期望融于各种场合,在交往中,我用微笑、注视、点头、肯定手势、关怀性接触等方式进行鼓励;在课堂上,我大力表扬他的独到见解……这种积极的期望产生了较好的教育效果,他成了班上进步最大的学生。

我知道,这是老师对学生的尊重和信任的结果,是学生内动力被激发出来的表现,是爱得以回报的证明。

每个人都有一种实现自我价值和获得成功的渴望,教师对每一位学生的每一点进步都应给以鼓励和赏识,尊重他们的努力和付出,相信他们经过努力都会成功。这就会增强他们的自信,进而增添其拼搏的动力。每个人都有自尊,都渴望获得别人的尊重,哪怕是犯了错误的学生,也要求维护自己的尊严。

由此,我想到,如果老师能够相信每一个学生,通过积极的期望来鼓励学生,将对学生的一生有很大的影响。充满理解和信任的语言,可以似一股清泉滋润学生干涸的心田,产生润物细无声的显著成效。你的信任就是你的期待,它会产生一种力量让学生的错误美丽绽放。①

拓展阅读8-2

“哑巴”开口

在教育教学工作中,常常会遇到各种各样的“特殊学生”。由于这类学生形成的原因不同,行为表现各异,所以必须针对其特点做耐心细致的工作。笔者认为只有和风细雨、润物无声、因材施教,才能达到转化的目的。

发现

初任五年级(2)班的班主任,听到同学们称本班同学李××为“哑巴”,我甚为奇怪。经过了解得知,原来李××同学的学习基础较差,考试成绩经常是不及格,课上从不举手发言,课下也常独处一隅,极少言语,久而久之,在同学中便有

① 张森. 预支一个表扬给你[J/OL].(2010-02-07)[2011-06-15]. http://ldckc.blog.163.com/blog/static/4964114720101276440769/.

了“哑巴”之称。天真活泼，本是少年儿童的天性，如此孤僻冷漠的性格，怎能适应今后的学习生活和社会生活，又怎能获得身心的健康发展呢？我深感忧虑，该如何帮助他呢？经过一番思索我认识到，要转化该生，必须用爱去点燃其心灵的火花，唤起他强烈的求知欲和上进心，这样，才能使“哑巴”开口。

初试

在以后的课内外活动中，我有意用各种方法调动李××的积极性和兴趣，促使其开口。一节语文课上，我先示范朗读了一遍课文，再让同学们自读了一遍。我想，这回李××该不会有问题了吧。谁知，当我喊出他的名字时，他先是一愣，然后猛地站了起来，脸涨得通红，嘴里不知叽咕了一句什么。顿时，同学们一阵哄堂大笑，他的脸涨得更红了。

初试失败，我懊悔极了。由于自己考虑不周，拿对待一般学生的方法对待李××，结果事与愿违。我暗下决心，今后工作时一定要考虑得再细一些，方法措施要更得当一些。

突破

一天，班里突然添了一个水桶。通过调查我了解到，原来是李××用自己积攒的零花钱买的。我不失时机地在班里进行表扬，说：“我班有一个关心集体的同学，用自己的零花钱为班级做了一件好事。这个同学不愿透露姓名，让我们用热烈的掌声表示对他的感谢！”掌声中，我终于第一次看到了李××的笑容，因为他已深深地感受到了大家的赞誉。往日遮蔽心灵的自卑终于被拂去了。从此，他的作业一天好似一天，成绩也有所提高。

不久，班里进行一次大扫除。负责擦玻璃的李××干得汗流浃背。我仔细观察后发现，他之所以擦得又快又干净，原来是他有窍门。我意识到，突破“堡垒”的契机有了。

劳动结束后，我在进行总结时说：“李××同学今天劳动时干劲大，肯动脑子，玻璃擦得又快又好。你给大家说说经验。”李××站起来，像变了个人似的，平静地说：“我是先用干抹布擦，接着再用湿抹布擦，最后再用干抹布擦。擦的时候，一定要注意，玻璃里面上下擦，外面左右擦。这样，哪里不干净一下就看出来了！”教室里顿时响起一阵热烈的掌声。因为，几年来大家第一次听到他流畅地讲了这么多话。“哑巴”终于开口了，这把“锈锁”终于被打开了。

巩固

教室里、操场上有了李××的笑声、说话声。但我清醒地意识到：由于其学习基础差，自制力不强，如不趁机加以巩固，一旦遇到学习或生活方面的挫折就会前功尽弃。于是，我及时请李××的家长到学校，在全班同学面前，向家长反映了这段时间李××在学习和纪律等方面所取得的进步。家长十分激动，因为这是孩子上学以来第一次因为进步请家长到学校。此后，我又让李××参加班里的生物小组，使他认识到自己在班里的位置，从而消除自卑，增强自信心。我又利用课余或星期天给他补课，和他一起制订了近期、中期和远期学习目标，并鼓励他敢于质疑，大胆发言。终于，课堂上常常出现他高高举起的小手。再也无人喊他“哑巴”了。①

① 耿广亮.“哑巴”开口[J].班主任，2003(8)：42-43.

第九章　批评艺术

【引导案例】

幽默，让批评也美丽

那是发生在上学期的一件事，记得是星期三的中午，我一进教室，眼前的一幕让我皱起了眉头：前排的几张桌椅东倒西歪，黑板没擦，垃圾桶里的垃圾多得已经堆成了山，讲台前还飘落着几块塑料薄膜……我拿起扫帚，一边扫一边恨恨地想：下午班会，看我怎么收拾你们！可是转念一想，其实孩子们平时还是很爱集体的，今天是怎么了？再一想，噢，或许是临近期末，使得大家对班级关注不够。也许我的一番"电闪雷鸣"能暂时刺激他们一下，但能有长久的效果吗？还不如让这群家伙真正明白并且认可"班级是我们每个人的家，维护家的整洁是大家共同的责任"，这样的教育才能产生实效。想到这儿，我停止了打扫，将扫帚放回很不卫生的"卫生角"。抬头看到黑板上写着的今天新学的几幅对联，我灵机一动。在黑板上写下：

看教室　满目垃圾

叹同学　心无集体

然后，我又在这幅并不工整的对联下画了一下愁眉不展的小人儿，便锁上门走了。

下午，我有意磨蹭到上课铃声响才装作若无其事的样子走进教室。嘿，桌椅整齐，地面干净。我故意绕到门后一瞟，垃圾桶倒空了，而且全无早上"蓬头垢面"的委屈样，周身泛着暗红的光，看来还被细心地洗过，旧貌换新颜，正等待"检阅"呢。看我始终一言不发，他们可坐不住了，一个个挤眉弄眼的，性急的金李渊终于忍不住大叫起来："看后面，看后面哪！"我回头一看，黑板上那个愁眉苦脸的小人儿已经换了表情，正笑眯眯地看着我呢。不知是哪个小调皮的主意，他们已经给小人儿画上了和我一样的发型和衣着,别说,还真有几份神似呢。

我笑了笑,说:“今天我给你们出道题。”说完,我转身拿起红笔给对联添上标点:

看教室,满目垃圾?

叹同学,心无集体?

孩子们脸上现出疑惑的表情,开始叽叽咕咕:“这怎么解嘛?”只听机灵的金鑫道:“这都不懂,老师在批评我们呢!”“非也,非也。”我走到金鑫跟前,摸着他的头笑道。然后,又回到讲台前,将对联改为:

看教室,干净整齐;

赞同学,胸怀集体!

教室里顿时一片欢笑,响起阵阵掌声,在掌声中我也忽然感悟到:批评其实也可以这么美丽。

“小孩子犯错误,上帝也会原谅。”孩子是在错误中长大的,和谐的师生关系并不拒绝批评,而宽容并不等于纵容。教育不能没有“惩罚”,没有批评和惩罚的教育不是完整的教育。我觉得建立和谐的师生关系绝不意味着无原则地迁就学生,更不意味着一味地迎合学生。因此,我们必须从自然和谐出发,建立高质量的、经得起考验的师生关系。作为教师,如何批评学生的缺点错误并引导其改正,将成为我今后学习的一大主题。①

一、批评概述

批评是班主任对学生的不恰当思想言行给予的否定的评定,以唤起他们的警觉,去努力改正自己的错误和缺点。批评是班主任对学生进行思想品德教育常用的一种方法,其根本目的是要引起学生思想的变化,使学生真正提高认识,提高觉悟,提高思想素质,变得更有道德和教养,从而少犯错误。换句话说,批评是为了不批评。“批评和处分看来是一种辅助手段,或说严厉的做法,然而却能使学生走上他们应该走的道路…… 表扬是爱,批评也同样饱含着对学生的爱。”②为了使批评能够收到良好的效果,班主任在对学生进行批评教育之前,要弄清学生错误的事实和来龙去脉,进行符合实际的恰如其分的批评;要有耐心,

① 陈瑾瑜. 幽默,让批评也美丽[EB/OL]. (2008-06-25)[2011-09-08]. http://www.teacherclub.com.cn/tresearch/contribute/show.jsp? cid=00001&contributeID=20080625095115973.

② 林崇德. 教育的智慧——写给中小学教师[M]. 北京:开明出版社,1999:191.

允许学生申辩，并通过摆事实、讲道理帮助他们认识错误，指出改正的办法，启发他们自觉改正。与此同时，要充分估计被批评者可能作出的反应，设法降低批评的消极影响。要从团结的愿望出发，尊重学生的人格，增强学生自我改正的信心。批评要取得学生集体的支持，以加强批评教育的作用。作为教师，要教育学生正确对待批评，不讳疾忌医，不因受到批评而失去上进的信心。

二、批评的语言

作为一名班主任，不仅要掌握批评的含义和目的，还必须掌握批评教育的语言艺术。班主任对学生的批评必须怀着爱心，否则说出的话，就会变成另一个样子，试比较以下两种批评语言（见表9.1）。

表9.1　批评语言比较

情绪＼批语用语	教　育　型	非 教 育 型
厌烦	你真是一块“年糕！”	你是臭狗屎！
愤怒	这像什么样子！	不要脸！
失望	我本来以为你能改的，看来我又错了。	我算是白费力气，白费唾沫了！

同样的情绪，怀着爱心，含着理解，说出话来就是教育型的，反之，就是非教育型的。因此，班主任对学生的批评，要注意语言的运用。批评的语言艺术是指在教育过程中，运用语言来否定、抑制和纠正学生的错误行为的技巧与能力。成功的批评，能使学生心悦诚服地接受教育。

（一）要有诚恳的、与人为善的态度

班主任批评学生是为了帮助、教育学生，是为了把他们身上的各种优点和长处都充分地发挥出来；是为了调动他们身上的一切积极因素；而不是为了泄愤整人，或专在学生身上寻找缺点和错误，把学生搞得灰溜溜的。批评不是主人对仆人的训斥和责备，而是主人翁之间思想的上互相沟通、互相帮助。所以，批评时要善意，要讲究艺术，要有强烈的团结学生、教育学生的感情，即使是严厉的批评，也应达到增进团结和友谊的作用。

（二）要学习、掌握运用语言技巧，培养自己的能力

1. 要多肯定，少否定

班主任对学生的教育应多用肯定、启发、开导的语言和语气，最好不用或少用“不准”“不行”“不能”“不要”。否定式语言不利于保持学生的积极性，不利于培养他们的主动精神和独立分析问题、解决问题的能力。

2.要有理、有节、有度

批评学生时要摆事实，讲道理，合情合理，以理服人，要口气温和，态度和蔼；要平等商讨，消除对抗；要正面引导，多加勉励；要平等客观，“心理换位”；要注意分寸，留有余地。不要挖苦讽刺，乱扣帽子；不要随意责骂，造成对立；不要类比推断，乱下结论；不要无限上纲，矛盾上交；不要全盘否定，警告驱逐。

3.因人、因事、因地而异，和风细雨，灵活多样

对于善于思考、性格内向、自尊心较强、各方面比较成熟、有一定思考接受能力的学生，宜采用发问式批评方式，有针对性地提出问题，把批评的信息传递给他们，让他们自己思考、自我觉悟、自我改正；对于情绪抑郁、反应速度慢、学习虽努力但成绩不太好的学生，则要特别耐心，严防急躁，多指出改正的方向和方法，并帮助树立改正的信心；对脾气暴躁、行为容易受情绪左右的学生，应采取冷处理、商讨式的批评方式；对积极上进、性情机敏易受感化的和盲目自大、爱耍小聪明的学生，则应多采取暗示和提醒的批评方式；对错误较严重或怀有侥幸心理的人，则应运用严峻的态度、尖锐的言词即“触动式批评方式”。

恰当地使用批评语言，使学生乐于接受批评。有经验的班主任非常注重批评语言使用的分寸和尺度。

(1)用赞扬代替批评。每一个学生在其学习生活的每一个阶段，必然都有不同程度的进步，也必然会出现这样那样的缺点。教师的职责就是恰当运用表扬与批评的方法，指导学生身心健康发展。然而，多数学生喜欢听表扬话，不愿听批评话，甚至一听批评就出现逆反心理。因此，我们在批评其不足之前，应真诚赞扬他的进步，如果能巧妙地用赞扬其进步代替批评其不足，效果肯定更好。有这样一个学生，他人聪明，学习成绩也好，就是纪律散漫，总是迟到，老师想使他成为一个各方面全优的学生，于是就经常批评他的缺点，却忽略了表扬他的长处，结果引起了他情感上的对立。多次批评之后，他不但未改毛病，反而故意违纪，最后终因严格违反校纪而受到纪律处分，学习成绩也一落千丈。这件事引起了这位老师的深思，他为自己的教育方法不当而深深内疚。后来，他改变了只是一味地批评学生的缺点的做法，效果就大不相同了。也是在这个班，有个全校有名的后进生，在班上是一伙讲义气的哥们儿头儿。老师调查了他的全部情况后与他促膝交谈，先指出他说话算数、有能力、团结伙伴等长处后，以提示的口气说：“如果你不仅仅是团结那几个哥们儿，而能像在他们中那样，注意在全班同学中树立威信就好了。”结果，从那次谈话后他竟判若两人，非但不再恃强凌弱，还积极主动为班上做好事。老师抓住时机又在班上几次表扬他的进步，他也就更加检点自己的言行，后来被同学们选为班级委员。

(2)巧妙地指出“美中不足”。一些班主任在批评学生时也先用赞扬的原则,但他们在赞扬之后却来了一个明显的转折,学生称其为“但是”后面做文章。有的学生一听“但是”二字就反感,认为老师前边的表扬是言不由衷,是批评的前奏。其结果,不但批评不会收获,使前边的表扬也被学生理解为虚情假意了。如果我们不用“但是”这一转折词,效果就可能不同。例如:“你这个阶段进步较快,如果你能进一步抓好课堂听讲和课后复习两个环节,相信你的学习成绩会进步更快。”这样的间接提醒,比“但是”后面直接批评的效果更好,学生也乐于接受。

(3)将问号变成句号。一些班主任习惯于以各种各样的问号来批评学生,诸如“你这样做有什么好处?”“你知道这么做的严重后果吗?”等等。这种带问号的批评常常使学生窘迫不堪,只能咬着嘴唇像接受审判那样对待批评。这种批评是教师镇住学生的绝好武器,但却不大为学生所接受。当它出现时,被批评的学生就会本能地产生防御心理——“小心上钩”。我们来看这样一个例子:这是一起科任老师和学生的冲突,两个学生在课堂上互抢帽子,老师点了一个学生的名:“你为啥不听讲还捣乱?”学生:“他抢我帽子。”“他为什么只抢你的帽子?”学生无话可答,只好反诘:“你为啥只批评我?”结果,批评教育形成僵局。对于这个问题,班主任可以这样处理:“我了解你不是有意破坏纪律的,可如果你能克制自己,不与科任老师争吵,也不会有这样的结果。你看,现在老师认为你强词夺理,同学们也抱怨你搞得大家都学习不成,你看怎样收场好呢?”班主任老师没有像科任老师那样责备学生,而是注意在批评语言上下功夫,使那位同学在这段谈话中感到了老师对他的尊重和信任,于是他就自觉自愿地找那位科任老师承认了错误。

我们听一个老师批评学生,往往能从一个侧面看出老师的教育思想和水平,甚至能看出他的师德和文化素养。

拓展阅读9-1

谁是胜利者

这是一个阳光明媚的早晨,和往常一样,我心情舒畅地走进教室。生活老师谢老师低声告诉我,鹏、豪和六年级两个学生打架!哦,竟有这样的事?真是老虎一不在,猴子就翻天,我正想发作。可细一想,不对呀,这两个孩子向行事谨慎,一定事出有因。草率处置,轻则有失公正,重则草菅人命,伤害心灵。于是我请两个孩子陈述了一遍事情经过。原来这二人吃过晚饭恰遇六年级毛同学,玩笑间,毛戏说:“我们三个比试比试,反正没事玩玩!”鹏、豪二人当即答应:“比就比，谁怕谁呀！”于是三人就在楼下的草坪里开战了。一顿拳脚下来，毛招架不住，为了挽回面子，临走前还甩下一句话：今天不算，你们两个对我一个，明天再战！第二天，还是在原地，毛领了一威猛高大的胖子，自己尾随在后。这场战斗势均力敌，打得不分上下，双方均有挂彩。

真相大白，我首先表态：“现在，我很生气，一是你们破坏了我的好心情，败坏了我的兴致。二，你们与六年级交战，属跨国犯罪，罪加一等。三是你们参战竟然不通知我，没把我这个班主任放在眼里。”请问：“这场战争谁是胜利者？”两个孩子低着头不吭声。后来一人小声说：“第一场我们赢了，第二场没打出结果。”我接过话来：“是啊，你们赢了，你们打出了威风，打出了气势，且在战争中负伤不重。我虽没目睹你们的神勇与威猛，但可以想见，那场面一定不亚于周星驰主演的《功夫》。”我的话音刚落，全班笑倒一片。“但同时你们也是失败者。因为你们的一拳打掉了自己的光辉形象，打砸了五(1)班的牌子，而形象与品牌是无价的。最重要的是，你们这一拳打碎了江老师三年以来倾注在你们身上的心，你们的拳头落在毛子杰身上，但痛在江老师心上。”

这时全班顿时肃静，我又清了清嗓子，语重心长地说：“同学们，对于一个人而言，没有比粗鲁和野蛮更让人掉价的事！在这一场打斗中，你们用壮烈的行为给自己涂上了一层厚厚的丑陋的色彩，更为甚者，据我知道，在六年级毛子杰无论从力量还是智力都不够不上重量级选手，我建议，你俩再从六年级选出两名高手，今日再战！否则，我心不平，气不消！”我装着怒气填膺的样子。一听说要再战，两个孩子急了：“老师，我们不打了，六年级的包老师说了，这场战争已经结束了！”“哦，结束了，两国交战，我这一国之君还未参战，怎么就结束了？不行，今日由我正式向他们发出挑战书，不战不散！”“老师，我们不想打了，这样打下去，什么时候是头，有句话说冤冤相报何时了！”我一听，还真是发自内心的话。于是，我把话题一转：同学们，都说男儿好斗，在你们眼中，好斗是勇敢者的表现，对吗？全班赞成。我又说：“可是你们知道什么是真正的勇敢吗？什么是真正的勇士吗？真正的勇敢不在于仅仅在力量上压制于人，要打就要打出声威，打出国威。看那些在奥运赛场上的摔跤手，他们凭着自己的力量与顽强，为中国扬威！他们是真正的勇士！为解一时之怒，大打出手，这叫匹夫之勇，中国人最不欣赏的就是这种匹夫之勇，鲁莽之勇，蛮横之勇。孔子说勇士有四种，一为猪狗之勇，二为盗贼之勇，三是小人之勇，四才是君子之勇。争夺食物不知廉耻，不畏众强，贪得无厌为猪狗之勇。比如，有好吃的东西，争相抢夺，两眼只盯着利益，自私自利，不懂谦让，为盗贼之勇；不怕死而凶暴，不能忍而出手属小人之勇；而那些不顾及自己生命，为大众利益，为民族发展，为国家安危抛头颅，洒热血，为科技发展呕心沥血，贡献智慧和力量的人，那才是真正的勇士。董存瑞炸暗堡，黄继光堵枪口，徐洪刚勇斗歹徒，杨利伟驾驶宇宙飞船升空，还有许许多多为国家发展作出巨大贡献的各行各业的英雄人物，他们不仅用自己的力量，还用自己的智慧与高尚的道德铸就了一个个大大的‘勇’字。他们才是真正的勇者。”这时，我看到孩子们的眼光仿佛变得深沉，表情开始变得凝重，教室里的呼吸声也显得紧张了起来。

是啊，孩子毕竟是孩子，对行为缺乏控制，对是非缺乏判断，正是因为这样，我们才需要教育和引导。“如果你们想成为一个真正的勇士，我可以给你们出个主意！一是大胆地向包老师道歉认错，敢于认错，本身就是一种勇气，是一种美德；二是写一篇启示录，将自己的认识体会写下来！三是通过考试成绩证明自己是一个智慧与勇气并存的人！”问题顺利解决了，事后，我非常庆幸自己当时没有发火，而是用理智与机智平息了一场战争。如果说激情是好班主任的一种状态；爱心是好班主任的一种品质；沟通是好班主任的一种武器；反思是好班主任的一种习惯，那么智慧与机智就是好班主任的一种魔力！①

拓展阅读9-2　我捡的是好品质

我们班级教师奠定了“好习惯，好人生”的教育主题，从小事抓起，培养好学生的行为习惯。一天，英语老师向我反映了学生随地丢垃圾的现象。经过思考后，我特地在铃声响过之后才走进教室。全班都在静静地候课。我没有说话，看了看地下，发现了好几片废纸。我故意悄悄地走上前，夸张地弯下腰，捡起一片，慢慢地走向垃圾桶，丢下废纸，然后转身在黑板上写下一行字：“他扔的是废纸屑。”我问大家：“同学们，这节课我们先来练习对对子。我写的是上联，谁来对下联？”学生都睁大眼望着，不知道什么意思。“联系我刚才的行动，请写出下联！”终于有人说了句“你捡的是臭垃圾”。我把这句话改成了“我捡的是好品质”。同学们都瞪大了眼睛。“同学们，维护教室环境，我们人人有责！那些把垃圾丢在教室的人，还丢掉了什么？”“好品质！”“那些把垃圾捡起来，丢进垃圾桶的人，向大家展示了什么？”“好品质！”“讲究个人卫生的人有着美好的品质，维护公共卫生的人也有着美好的品质！在今后，我们还应该做到抓好每一件小事情，做到‘勿以善小而不以恶小而为之’。这样才会有美好的品质。”我最后总

---

① 江红梅. 谁是胜利者[J/OL].(2009-03-23)[2011-07-20] http://public.bdfzgz.net/teacher/zhonghejun/keyuan/ShowArticle.asp? ArticleID=428.

结道。

我刚说完,不少同学就忙着捡起那些纸屑。从此以后,“我捡的是好品质”这句话成了班上的口头禅。[①]

三、批评的方法

批评是通过对不正确的思想与不良行为的评判、揭露,从而引起人们警觉和制止错误的一种强化教育的手段。在班级教育管理中,班主任不可能不运用批评这一教育手段,使犯错误的学生能够改正错误,更快地进步。但并非所有的批评教育都能达到这样的效果。有些教师由于批评方式运用不当,不仅收不到应有的教育效果,反而造成学生的抗拒心理,甚至给整个班级带来不良影响。成功的批评教育要讲究科学和艺术。

(一)批评要准确

教师对学生的批评教育,第一位重要的就是掌握准确的事实,做到实事求是。不准确或无根据的批评是正确批评的大忌,在这方面容易出现如下几个方面的问题。

一是对问题或错误的责任掌握不准。有的教师一旦发现学生犯了错误,就不分青红皂白的狠狠批评,“有理三扁担”“无理扁担三”,特别是对后进生,一出问题首先怀疑他们。据了解,后进生对老师最不满的就在于此。

二是对问题或错误的性质、影响等情况掌握不准。学生中存在的问题和所犯的错误,并不是像一碗清水一样,能一眼看透的。只有掌握准确并进行定性、定量的分析后,才能进行正确恰当的批评。否则批评过重,言过其实,给人以小题大做、乱扣帽子之感;批评过轻,对学生的心灵触及不够,对错误的危害认识不足。这都不利于学生接受教训、改正错误。

三是对发生错误的过程及细枝末节掌握不准。例如批评时张冠李戴,有的“不到位”,有的“越位”。

四是对犯错误同学当时的心理状态和他们的一贯表现等情况掌握不准。从一个具体的错误来分析,是有意还是无意,是偶然表现不好还是一贯表现不好。这些情况掌握不准,批评将是无的放矢,且有就事论事的简单化倾向。只有准确

---

① 刘志勇. 班主任工作的“近、小、实”(案例三)[J/OL]. (2009-03-23)[2011-07-01]. http://public. bdfzgz. net/teacher/zhonghejun/keyuan/ShowClass2. asp? ClassID=27.

地批评,学习才能心悦诚服,才有利于他们改正错误而向好的方面转化。

(二)批评要入情、入理、入心

所谓“入情”,就是批评应具有情感性,以情感人。班主任对学生的批评应建立在对学生关心和爱护的基础上。批评应始终遵循爱的原则,应是教师对学生的和风细雨般的“雕琢”。在批评方式上切忌简单粗暴,而应以平等的态度,以关怀、爱护的口气,诚心诚意地帮助学生,引导学生平心静气地认识自己的言行错误,进而鼓起勇气改正错误。

所谓“入理”,就是批评应该讲理,以理服人,而不是以势压人。通过摆事实,讲道理,使学生心服口服。

所谓“入心”,就是要注意师生心理的协调。人的心理因年龄、性别、知识素养、环境等不同而异。教师在批评前,要注意考究当时当事人的心理状态如何。有经验的班主任对犯错误的学生进行批评时,总要先给学生一段认真反思的时间,在学生具备一定的心理基础时,再有针对性地进行教育。如果学生正处于极端苦闷的时候,你对他进行批评教育,肯定不会有什么好结果。

批评,不仅要合道理,还应该合情理、合心理,做到入情、入理、入心,学生才能接受。情是“人心换人心”,理则是“以理服人心”;情是为教育疏通渠道,理则是教育的根据和教育的目的。

感情是说理的基础,没有感情的理是高调,任何批评、离开了情感的润滑作用,硬邦邦地讲理,往往讲不通。只有感情沟通,才能疏通说理的渠道;缺乏情感的地方,理智与文明都将不能自由地发展。

理是感情的升华,任何感情都离不开理的支配,没有理的情是私情。一味迁就感情,从自己的好恶出发,批评教育就失去了意义。

以情感人,以理服人,都要适合当时师生的心理状况,注意两者的协调。由此可见,正确的批评,应做到寓理于情,念情论理,以心交心,以心换心。

(三)选择合适批评的方式

班主任常用的批评方式主要有以下几种。

1. 渐进式批评

批评要有层次,逐步深入,而不是一股脑儿把批评的信息全部抛出。这种批评方式对自尊心较强的学生非常适宜。学生在学习、生活和纪律方面偶有差错,如果当众批评,而且用语尖锐,就会使被批评的学生一时下不了台而产生对立情绪。因此,用渐进式批评方式,可使其逐步接受批评,不至于一下子“谈崩”。

2. 启发式批评

以暗示为主要手段,用提醒、启示或提问之类的语言与被批评的学生谈话,也可以用微笑、眼神、动作提醒学生，以示批评。比如学生上学迟到几分钟，或上课时偶尔望了一下窗外，这时，老师对其微微一笑，或做一个手势，他就会意识到自己的不对。还可以用“沉默”的方式，对学生进行批评。例如，上课时有些学生思想开小差，老师可微露不悦并沉默不语，突然中断讲课一分钟左右，就会给学生造成一种心理压抑，领悟到老师内心的不满和责备，便立即警觉起来，思想也就集中起来了。这比大发雷霆好得多，能收到“此时无声胜有声”的效果。这种批评方式对善于思考、性格内向、思维机敏、疑虑心理较重的学生更为适用。

3. 商讨式批评

这是一种较为缓和的批评方式，班主任可用商讨问题的态度，把批评的信息传递给被批评者。在发现学生的不良表现时，不是以居高临下的姿态去训斥他，而是以平等的态度，心平气和地与之商讨不良表现的不良后果以及改正的办法。譬如初夏来临，学生听课容易疲倦，打瞌睡的现象时有发生，发现学生打瞌睡时，老师可把他轻轻地摇醒，待下课以后（课堂上不宜花过多时间批评学生）再与之谈话：“是我的课讲得不好提不起你听课的举动，还是你昨晚睡得不好以致今天精神不振呢？”如此，学生既能为自己没有认真听课而感到惭愧，又能感受到老师的谦和和诚恳。

这种方式适用于反应快、脾气暴躁、否定性心理表现明显、行为常被情绪所左右的学生。以商讨的口吻，平心静气地交换意见，改变被批评者可能存在的对立情绪。这样即使是个“炮筒脾气”的学生，也能抑制自己。

4. 及时式批评

批评要及时进行，不要事后批评。有些学生自我防卫心理强，不肯轻易承认自己的过错，常常在事后矢口否认或搪塞掩饰，对这样的学生要注意当时、当场进行批评，用刚刚或正在发生的事实，冲破批评者的心理防线。

5. 对比式批评

借助他人、他事的客观形象，运用对比，烘托出批评的内容，使被批评者感到客观上的某种压力，认识到自己的缺点和错误。这种批评，可适用于经历较浅、自我觉悟和自我意识稍差、理智感较弱、易受感化的学生。

6. 表扬性批评

表扬与批评是对立统一的，是互相转化的。所谓表扬性批评就是通过表扬的手段达到批评的目的，其中也含有暗示批评、间接批评和预防性批评的意思。

表扬性批评可以通过对某一同学自身优点的表扬来暗示批评他本身的其他错误。如通过对某同学有正义感、乐于助人等优点的表扬来暗示他曾有过与人打架的错误，以制止他这一错误的发展。表扬性批评也可以通过对一个后进小团体中个别人优点的表扬来批评其他人的错误,如表扬某同学关心集体荣誉、为班级争光的事迹,暗示批评其他人不关心集体的错误行为。表扬性批评还可以巧妙地指出“美中不足”来进行批评。

表扬性批评的运用,可以让学生在愉悦的心境中接受正面教育,进一步感受老师与集体的温暖,逐步实现缺点和错误的转化。

7. *严厉性批评*

如果学生严重地违反了规章制度,破坏了学校纪律,而且并非初犯,老师就必须对他进行具有说服力的严厉批评,决不能姑息迁就。但是必须注意,采用这种方式时,批评的内容一要准确集中,切忌目标不明;批评的语言一定要清楚明了,斩钉截铁,说一不二,切忌含糊其辞;批评的态度一定要严,可怒发冲冠,但又要诚恳端正,切忌威胁鄙夷,伤害学生的自尊心和人格。

选择什么方式对学生进行批评,这要根据批评的目的,学生错误的性质、大小、程度、影响以及学生的个性特点等来确定。

(四)班主任的制怒与动怒

见到不良倾向和错误的行为,人就要产生怒气,围绕怒气就产生了制怒和动怒的问题。是引而不发、强压怒火,还是怒气冲天、大发雷霆?这都与批评艺术有关。因此研究制怒与动怒的问题也是对批评艺术的探讨。

不良倾向和错误行为使人产生愤怒的心理倾向是自然的、正常的。但是这种愤怒的心情如何表达,要看错误的性质、大小和其影响的程度才能确定。另外,也要充分考虑犯错误学生的承受能力和接受批评的水平以及一般学生的认识水平。什么情况下动怒呢?通常在错误性质非常严重或带有严重不良倾向的时候。如一些学生不顾学校的三令五申,到没有救护设施的水库中洗澡;再譬如一个学生借故约校外人员到校内滋事打架等。面对这样的错误,不动怒反而会使学生感到不理解。在这里,怒可以使学生们认识到错误的严重程度和严重后果,怒可以使学生们的心灵得到更加猛烈的震颤,怒可以使学生更好地接受教训和改正错误。当然,动怒不是大声咆哮,更不是泼妇骂街,而是态度十分严厉,是一种愤怒心情下的理智表现。动怒应当沿着下降线发展,不可不加控制。大怒之后,施以平心静气的谆谆教诲,可以使学生在震惊之后仔细品味老师的批评,这样的动怒才能取得好的效果。什么情况下要制怒呢?犯错误的学生一时难以接受班主任的批评,大部分学生一时也难于理解,这时候班主任处理问题要制怒;一些不马上解决也不至于导致不利后果的错误也要制怒。

制怒的目的一是有利于搞清事实的真相和原委;二是可以避免造成新的冲突,或因冲突的升级而使矛盾激化;三是可以稳定情绪,对问题作冷处理,使犯错误的学生有时间冷静地认识错误，此时再进行批评就容易收到好的效果。

（五）训斥、伤害、株连式批评是正确批评的大敌

从批评的目的来说，批评是使学生纠正错误、接受教训，从批评的关系来说，班主任对学生的批评是上级对下级的批评；又由于目前学校的“批评效应”引起的不良反应，即学生普遍感到受批评就是挨班主任的“刮”，所以班主任对学生的批评往往易滑入训斥、伤害、甚至株连式批评的误区之中。

训斥式批评是班主任单方面训斥，学生处于被告的位置，似乎是接受宣判。伤害式批评是班主任采用讽刺、挖苦的语言，个别的甚至用辱骂性语言伤害学生的人格和自尊心。株连式批评分为两种：一种是针对个别学生，班主任因学生有错误，举一反三，株连到该学生过去的错误，即揭老底、算总账；再一种就是株连一片，错误出自一人，但批评却捎带着“这一帮”“那一伙”。班主任虽想震慑一片，却“打击一大片”，反而孤立了自己。没错误而挨批的人心中不服，犯错误的人却感到有人“陪斗”心中不慌。这样的批评只能产生负效应。

（六）批评的转化

当班主任的批评向着集体批评的方向转化，学生接受批评向着自我批评的方向转化时，“批评”这一教育手段才进入到最完善的境界，才能发挥它的最佳效果。

批评与接受批评虽然是主客体完全不同的行为，但又有着一致性，即目的一致性。也就是说，班主任的批评与学生接受批评的根本利益是一致的，这是批评实现转化的基本条件。

班主任的批评虽然是班主任个人的行为，但他是从正确的原则出发，站在维护集体利益的立场上，也是站在维护被批评者根本利益的立场上进行的教育行为。批评的艺术就在于班主任在进行批评时，能够把这种立场渗透进去，让被批评者明显感到集体的力量。只有在这时，班主任批评学生个人的行为才能转化为集体的舆论，产生集体批评、集体教育的力量。这正如苏霍姆林斯基所说：犯了错误而又得到同学们原谅的学生，总是力争不辜负集体的信任。集体的宽恕是比教师的惩罚更加有力百倍的教育手段。

学生通过正确的批评教育，提高其自身的主体意识、自尊意识和自我评价的能力，对自己的过失产生深深的内疚、羞愧和自责。只有这时，他才能痛下决心，真正接受教训，改正错误，把道德规范的要求、文明的修养和正确的思想内化为自我健康成长的要求。这样，班主任的批评才真正产生预期的效果。

(七)让学生自己先碰碰钉子然后批评教育

学生多是根据自己的阅历,站在自己的位置上去考虑问题,因此常对班主任提出的要求感到不理解,总是采取某种办法加以抵制。对此,应该适当地调换角色,让学生自己去试一试,碰碰钉子,然后进行教育,可以收到更好的效果。例如,有的学生喜欢夸夸其谈,学习不刻苦,纪律也不大遵守。班主任多次批评,多次讲做学问应扎扎实实的道理也收益甚微。为了解决问题,班主任带学生参观杨贵妃墓,指导他们研究杨贵妃墓的诗碑。回校后他们又围绕杨玉环这个历史人物夸夸其谈起来。见此情形,这位班主任灵机一动,决定让学生自己组织研讨会,讨论造成杨贵妃悲剧的原因。会议由学习委员主持,班主任和应邀而来的校长坐在一旁静听。他们的讨论当然深不下去,校长在发言时当场给他们泼了一桶冷水,说他们的意见"太浅薄","由于知识面所限,还不能讨论这个问题"。学生们一个个愣住了,校长走后竟好一会儿无人说话。班主任抓住这一时机,在对他们的热情做了肯定后指出:要真正说服人,必须占有大量的材料并对材料加以严密的推理与分析。而这一点,恰恰是你们所缺少的。不怪校长批评你们,如果你们在对大量史料作了扎实细致的研究之后再谈看法,校长恐怕就会是另一种态度了。

从那之后,这个班的学风有了显著变化。一个学生告诉班主任:那次讨论之后,他认识到"自己知识的贫乏","浅薄是知识贫乏的后果",由此而激发了刻苦学习的动力。由此可见,让学生自己去试一试,碰一碰钉子,帮助他们分析得失,启发他们自己教育自己,远比班主任要求他们"要这样,不要那样"的效果好得多。

(八)用自己的过失、教训启示学生

有时直接批评学生,不如班主任以自己为镜子教育学生的效果好。比如对中学生早恋问题,有些班主任常常是声色俱厉地禁止,或以停课、处分相威胁,殊不知这样做不但达不到教育的目的,反而会引起学生的对抗心理。与这些班主任不同,有一位班主任从来不讲"禁止谈恋爱"之类的话,他想,学生早恋,是他在处于青春萌动期而又不善于控制自己的表现,单凭硬性禁止是不行的。我们是过来人,何不以自己年轻时的感受和教训去劝诫他们呢?于是,每当这位班主任发现学生有早恋苗头时,不是批评,而是先赞扬他们之间纯真的友谊,赞扬他(她)的对方的优点,然后在谈起自己中学时代同学之间的友谊和恋爱情况,告诉他们:男女同学间建立友谊没有错,但切不可谈情说爱,影响学习,也决不能像我们中学时代那样蠢,错把友情当爱情,弄得丧魂落魄。这样,学生都乐于接受

班主任指导,也乐于向班主任讲出他们心里话并中止他们的恋爱关系。

(九)给学生做出榜样

从心理学的角度看,被批评者最爱以批评者的言行去观察批评者,如果发现批评者违背自己的言行,他们就会自然地去抵制批评。作为班主任,如果只是“说而不做”,那学生是不会服气的。

有个班主任发现本班清洁区内有堆垃圾。就让班上一个学生去打扫。那学生说:“今天没轮到我值日。”老师说:“我知道,但我现在派你去。”学生心理有想法,边干活边嘀咕,那位班主任听了非常生气,就批评那个学生态度不好,结果师生二人顶撞起来。这事一直闹到学校领导那里才结束。这件事表面上看是班主任胜利了,实际上是失败了。因为他根本没有达到教育的目的。

而另一位班主任每次遇到这类情况,不是批评或指派学生去做,而是自己动手。学生们一见老师亲自动手,都不好意思地跑过来帮忙。几次之后,班上的卫生工作根本就不用班主任再去操心,每天都有学生自觉地把教室打扫得干干净净。在学校有记录的几次卫生检查中,这个班连续 8 次获先进,被评为卫生先进班。

“身教胜于言教”,当班主任批评学生的时候,首先要考虑自己是否为学生做出了榜样。

(十)做好批评后的“五防”

批评是一种不可缺少的教育手段,它不是教育的终结而是教育的开始。为了有效地达到教育目的,批评后班主任必须做出更深入、更细致的思想工作,特别要注意“五防”:

一防学生情绪低沉。批评,不论你采用何种形式,总是一种否定的评价,总是刺激学生的心灵。有的学生批评后情绪低落,萎靡不振。遇到这种情况班主任应细心观察学生的表情和生活习惯,发现异常情况应及时主动采取措施。如个别谈心,以明了事实,晓之利害,以疏通思想,求得师生之间的信任。若因批评时言辞过激、态度粗暴,班主任主动作自我批评,开诚布公、态度诚恳方能情感交融,或抓住时机,发现身上的点滴“闪光点”,恰当地予以表扬,来振奋其精神。

二防学生疏远。学生受批评后往往与教师有一个疏远期。好似伤口一样,让其自然愈合时间较长,倒不如主动去接近关心被批评的学生,伤口的愈合期就会缩短。

三防重复批评学生。批评学生决不能没完没了的“婆婆嘴”,今天批评,明天批评,大事批评,小事批评,弄得学生无所适从,甚至产生“横下一条心”给班主任闹对立的情绪。

四防撒手不管。学生毕竟是学生,自控能力较差,很可能做出些是非不分的错事,这些正需要我们班主任给以热情帮助,悉心关怀,决不能认为该生"不可教也"而撒手不管,放任自流。

五防操之过急。学生犯错误有一个过程,改正缺点和错误同样需要有一个过程。因此,做学生的思想工作决不能谈一次话,交一次心,开一次会就了事,务必循循善诱,抓反复,反复抓,春风化雨方能茁壮成长。

四、批评要注意的问题

批评是班主任对学生进行思想品德教育过程中经常运用的一种重要方法,没有批评也就等于没有要求,没有教育。但批评必须运用得当,才能达到教育的目的;如果运用不当,不但不能达到教育、提高之目的,而且可能造成师生感情对立,促使学生逆反心理的形成,增加了今后教育、转变的难度。因此,是否善于运用批评这一武器是衡量班主任教育能力的重要方面。班主任要对学生正确开展批评教育,必须注意以下十个问题。

(一)不要厉声训斥

学生犯了错误,做班主任的应当采取摆事实,讲道理,循循善诱,以理服人的方法。因为只有讲清道理,分析其错误危害、根源,启发学生自己思考,自己比较,从中得出正确的结论,才能提高认识,才能避免下次重犯类似过错。如果不是这样,而是采用厉声训斥的方法,就不能达到预期的目的。厉声训斥属于强刺激的一种,对于犯有严重过错的而又拒不认错,或者屡教屡犯者,给予厉声训斥,促使其猛醒,当然是可以的,也是必要的。但是如果不看对象,不分错误大小,不分初犯屡犯,一概厉声训斥,就不妥当了。虽然训斥中也有道理,但训斥本身极易使学生产生对立情绪和恐惧心理,不会冷静地思考,达不到提高认识的目的。经常受训斥的学生,对训斥习以为常,无所谓了。尽管班主任讲的再有道理,他也听不进去。尤其是经常的训斥易使学生形成怯懦、粗暴或不诚实的性格特征和不健康的心理素质。

(二)不要变相体罚

有的班主任对多次犯错误的学生缺乏耐心、细致的思想教育,不仅容易发火,对其大喊大叫,甚至还动手动脚,变相体罚,这是班主任崇高职业所绝对不能允许的,是班主任自身不文明和无能的表现,极易使学生产生对立情绪,不可能达到教育的效果,并且为今后的教育设置一大思想障碍。可以这么说,体罚之日就是教育失败之时。

（三）不要当众揭丑

人都有一定的自尊心，都很顾及“脸面”。青少年学生有了过错，一般地说都希望班主任保密、谅解和宽恕。因此，班主任最好是单独批评教育，不使他当众丢丑，尤其像中学生早恋一类的错误，最好不要在全班同学面前批评他。即使需要在众人面前批评，也要留有余地，不要过于严厉，对自尊心强的同学尤其应当如此。否则容易使学生产生“横竖横”的思想，拒不认错，或者与班主任的顶撞，走向教育愿望的反面，甚至使班主任自己也下不了台。对学生以往的过错，一般情况下也不要翻老账、搞清算，应就事论事地批评当前的过错；只有在学生重犯过去同样性质过错，进行分析教育时可以联系起来，否则容易使学生误以为班主任揪住不放、看死了，产生消极对抗情绪。

（四）不要语言粗俗

班主任应该最具有人类文明和美德，不仅用自己的言论，而且用自己的行动教育、感染学生，塑造学生美好的心灵。但是我们有的班主任在教育学生过程中有时也表现出不文明的一面，语言粗俗，有的则说话尖刻，讽刺挖苦，污辱学生人格，刺伤学生自尊心。语言是一种传递思想的信号，对人的心理、生理都能起很大的刺激作用。讽刺挖苦的话极容易激起学生强烈的情绪反应（气愤、哭、发抖、说不出话、血压升高、心跳加快）甚至会做出不顾任何后果的行动来，人为地激化师生之间的矛盾。因此班主任在批评学生时切切注意语言文明，举止高雅，杜绝粗俗语言和讽刺挖苦。

（五）不要上纲上线

批评一定要实事求是，一就是一，二就是二，允许学生申辩，不随意夸大事实，青少年学生的过错一般说来是无预谋，无预见的情形下发生的，分析时要实事求是，不要上纲上线，不要妄加推测，把可能性说成现实性。否则学生容易产生委屈、埋怨情绪，不能心悦诚服。

（六）不要千篇一律

批评一定要区分对象，根据学生不同年龄阶段、不同性格特征，采用不同的批评教育方法。一般来说，高年级学生已经形成一定的道德观念，开始具备自我教育的基础，因此批评要更多地作理性分析，讲清道理，尽量避免“声色俱厉”；低年级学生，其行为主要是以情绪、临时动机为基础的，因此批评要具体，就事论理，应该怎样，不应怎样，要形象具体，不可笼而统之；要多讲“小道理”，少讲“大道理”。对于“吃软不吃硬”或脾气倔强的学生，教师要力求心平气和、耐心细致,先表扬他的其他优点,再批评某一方面的缺点、过错。多作鼓励,切勿顶牛。学生的性格、个性各色各样,教育的方法也要千变万化,没有千篇一律的程式。

(七)不要不调查分析

对于学生的过错,批评前如果不作调查分析,劈头盖脸地训一顿,往往难以奏效。比如有的学生课堂上经常不守纪律,老师天天批评,既有“硬”的,也有软的,但就是不见效果。什么原因呢?因为“病”根没有找着。不守纪律只是表象,不切断不守纪律的诱因,批评当然难以奏效了。“病”根可能是学习目的不明确;家长娇惯、没有要求;教师上课不生动,激发不起学习兴趣;基础差,听不懂老师讲的内容;身体有病或意志薄弱,自制力差;性格散漫,任性,没有养成常规学习习惯等等,可能是其中某一种或几种原因同时起作用,造成了课堂上不守纪律。为了解决问题,班主任必须批准“病”根,对症下药。

(八)不要成见看人

批评一定要言之有据,言之有理,切忌不作调查,先入为主,成见看人。一个班级四五十个学生,学习成绩基础不一样,思想认识水平和思想品德品行参差不齐,这只能作为班主任工作的起点和基础,不应用凝固不变的观点看待每一个学生。青少年正处在长身体、长知识的时期。一切都是不确定的、变化着的,经过学校的培养、教育,相信每一个学生都是可以成才的。对待目前后进的学生,应当多一份爱心,多一份关怀,多做教育引导工作,而决不应该把他们看死;班级出现问题,不要想当然,以为“坏事”都是他们干的;不要动不动就批评,看不到他们身上的积极因素和进步表现,要增强他们前进的信心。

(九)不要唠唠叨叨

批评时一般只需简明扼要地指出错误所在,讲清道理即可,切勿唠唠叨叨,没完没了。青少年学生最讨厌大人的啰嗦、唠叨。从心理学上说,唠叨是一种重复刺激,听的人会在大脑皮层上产生保护性抑制,你越说他越听不进去,并产生厌烦情绪,所以唠叨是一种无效批评,不起教育作用。

(十)不要言行不一

班主任是学生心目中的楷模。班主任讲的一切道理固然十分重要,能起到教育作用,但班主任的行为在学生心目中更加重要,“身教重于言教”。一个优秀的班主任总是处处注意检点,严格要求自己,以身作则,言行一致,起表率作用。而一个不良思想和作风的班主任,就会潜移默化、影响、带坏学生。因此,凡是要求学生做到的事情,班主任首先不应该违犯。那种口是心非,言行不一的班主任,批评学生不会有说服力,甚至会使学生得出错误结论:人都是虚假的,大道理都是骗人的。这就把诚实的人们,把正确的理论都给看歪了,这是一种恶劣的后果。

拓展阅读9-3　一则批评的启示

第二节上课铃一响,我正准备进语音室上课,语音室的管理人员气愤地对我说:"熊老师,你班的学生把语音室的一扇窗帘扯下来了。我去问学生,竟然没有一个人承认。请你把这个人查出来,要不我就报告校长。"当时,大多数学生围拢在我的旁边,都在察言观色,洞察我的态度。我想:这堂课是上听力课,听力效果的好坏与学生的情绪紧密相关。如果我一上课就追查此事,肯定会引起学生情绪的波动,同时也影响课堂教学的效果,影响教学任务的完成。于是,我心平气和地说:"对不起,您先等一下汇报,等我上完这堂课,我一定查清楚。"听我这么一说,管理人员不好再说什么,只好表示同意。随后,学生们一一就座,开始上课。

出人意料,这堂课的教学内容很顺利地完成了,效果也比较好。距离下课还剩下几分钟的时候,我通过耳机轻声细雨地对全班学生说:"我不想此事传得满城风雨,这对班集体会造成不良影响;我也不想当堂追问,这样既影响课堂教学,查出来也对学生本人的自尊心有所伤害。我相信同学们的觉悟,我希望下课后,这位同学能主动来承认错误。"听完这番话,学生们一反原来推卸的态度,改为互相询问和低声指责,表现出良好的集体荣誉感。课后,那位学生果然来找我说明了原委,承担了责任。

事后我认真反思:如果我当堂追问,肯定不会有这样的结果,而且教学任务也无法如期完成。我为自己能讲究一点批评的艺术而感到欣慰。的确,批评也要讲究方法,它如同医生的手术刀,不注意分寸,就会变为伤人的利器;而讲究方法,则会起到妙手回春的作用。①

拓展阅读9-4　批评,也可以远离学生

老师批评学生,似乎是老师的权力;学生挨批评,也似乎天经地义。可是如果不批评也能达到好的教育效果,我们为什么不让批评远离学生呢?如何让批评远离学生,笔者在实践中有三点体会。

首先,过程比结果更重要。高中入学后的第一次考试,我们班的学生考得很

---

① 熊军梅. 一则批评的启示[J]. 人民教育,2001(2):31.

不理想，一个个垂头丧气。我没有批评他们，而是和他们一起查找影响考试成绩的各种因素。我让学生写出自己的反思，挑选其中有典型性的学生在班会上发言。一些学生认为自己仍沿用初中时的学习方法，唯老师是从，主动性不够；一些学生检讨自己太浮躁，不重视基础。通过反思，学生们对自己有了清醒的认识，也有了较好的学习习惯，重新找回了信心，在以后的学习中取得明显的效果。

我觉得，班级管理中出现了问题，班主任不要只看问题本身，而要通过引导，反思问题产生的过程，让学生在过程中认识和改进。

其次，合理运用激励措施。对学生的不足和弱项，老师如果冷眼相待或一味贬斥，只会让学生更自卑。学校要举行女子排球比赛，我班的女生连发球都不会，真是“赶鸭子上架”。我鼓励说，你们有聪明的脑袋，没有干不成的事。学生被我的热情所感染，尽管手腕处青一块紫一块的，都不以为苦。我把女生的精神在班里做了适当夸大和渲染，一时群情激昂。最终，女生们在比赛中取得令人惊奇的好成绩。

对学生的长处和强项，要舍得表扬，还要掌握好“度”。表扬太多，会让学生觉得太“廉价”，起不到激励作用；表扬太夸张，会让学生觉得难为情，甚至以为是挖苦。

最后，真正把“民主”交给学生。作为一个男老师，我一开始并不崇尚民主式的班级管理，什么事情都要征求学生的意见，未免太婆婆妈妈了，我也不愿牺牲自己的权力。于是，我习惯了替学生做主，学生也唯我是从。这样当了几年班主任，我发现自己很累，学生对我也没有真正认可。我这才开始尝试民主管理，以宽容和耐心的态度对待学生。如今，无论是班级管理机构的设立、班级管理制度的制定，还是各项活动的组织、班级文化的建设，都是由师生共同来决定。

有了民主，就自然少了批评。比如说，班干部们定期召开班务会议，总结管理中出现的问题，讨论改进措施。班里有同学犯了错误，不用我出面，班干部们就会研究出处理的措施，或者让他写出书面的说明或反思，或者在班会上讨论。应该说，高中学生已完全有能力管理好自己的学生和生活。只要给他们民主，班主任失去的是表面的尊严，得到的是日益融洽的班级氛围和学生的真心爱戴。

总之，要让批评远离学生，班主任应该在充分信任学生、了解学生的基础上，通过正确的引导，建立起平等、民主的师生关系。①

---

① 苗金德. 批评，也可以远离学生[J]. 人民教育，2004(8)：21-22.

拓展阅读9-5 美丽的惩罚

今天去学生宿舍检查,在一个角落里发现了几个香烟头。又有人吸烟!我当时气不打一处来,一定要重惩。是扣分,罚款?是写检查,上报教育处?或者干脆把家长叫来,领他们回去反省?冷静下来以后,我想起以前类似的事情。几年前,班里也有一个经常吸烟的学生,屡屡教育无效,加上有打架、偷盗等其他恶习,终于被我上报教育处,开除了事。还记得他临走时一脸不情愿的表情,现在想起来我有点儿后悔,难道如今我还要如法炮制吗?

几个"肇事者"被查出来了,惴惴不安地来到我面前,求我原谅。我瞪着他们半天不说话,琢磨着怎么处理才好。偶然间,看到校门口的警示牌:校内请勿吸烟。我突然有了灵感,仿佛一道彩虹划过我的心坎。我摆出一副更加严肃的表情,对被我看得心里发毛的学生说:"现在有一项重要任务,给你们两周时间,利用各种渠道搜集吸烟有害健康的材料,做成宣传版面在校园内公开展览。只要完成得好,我就取消对你们的处罚。"

学生面面相觑,眼睛里充满了新奇。

两周后的一个艳阳天,他们兴奋地来请我去看展览。来到学校宣传栏前,我不禁为他们丰富的想象力感到惊讶。几个学生充分发挥了美术特长,用图文并茂的形式,告诫人们吸烟的危害性,还介绍了各种戒烟措施,不仅有制作精美的宣传画和漫画,还有一些发人深省的警句:"绅士风度无需用吸烟来诠释""买烟何如买书?"

如果不是亲见,我很难相信这是出自这几个学生之手。望着不断前来观看展览的学生,我由衷地为他们骄傲。而从他们的眼神里,我也发现了一种从未有过的成就感。

"老师,您还处罚我们吗?"他们中的一个偷偷问我。

我指着宣传栏,笑着说:"这不是很好的'处罚'吗?"①

① 李波.美丽的惩罚[J]. 人民教育,2004(21):21.

第十章　人际交往艺术

【引导案例】

好家长也是夸出来的

我班陈权一次又一次地违纪，让我非常苦恼，更令我烦躁的是，我一次又一次地向家长反映情况，家长一次又一次地说“到家我会教育他的”，可一次又一次地令我失望。这怎么行呢？本来就很调皮的陈权，加上年龄的增长，家庭的放任，他越来越调皮，越来越放肆，也越来越难管了。教育一个人，要靠学校与家庭配合，像他这样轻描淡写地应付一下，怎么能够把学生教育好呢？我看在眼里，急在心里。

一次，一个老师向我介绍陈权的父亲：家里好几亩地橘子树，几个网箱，还养了几十头猪，陈权的父亲整天早出晚归，即使在家，也不懂得如何教育他的孩子，也根本不会把学校的老师放在眼里。记得去年有一次，由于陈权违纪了，他原来的班主任就叫他的家长到学校来一趟。结果，陈权的父亲当着老师们的面对陈权说：“你这个死崽，总是打架，要是打得赢别人还好，你又打别人不赢 。”搞得办公室里的老师哭笑不得，当然，家长心里还是希望陈权变好的……

原来如此，难怪我每次打电话，他都说没时间管孩子。另外，他说家里有事，有时也只是一个幌子，只不过孩子太难管了，但他心里还是希望自己的孩子能有所转变。那怎么才能说服家长，怎么才能调动家长的积极性呢？一个偶然的机会，我听一位老师说：站在一个家长的角度上看，班主任适当地给予家长一定的鼓励，有利于调动家长的积极性！于是，我就通过电话与该家长进行了一次交流。

师：喂，你好，是陈权的家长吗？

父：是呀，你好，你是何老师吧！

师:嗯,陈权同学在学校爱说脏话,老在别人面前称"老子"……

父:这个死崽!到家我教训他!何老师,进屋玩啰!

我知道,他说这话就意味着要挂机了。趁此机会,我赶快说:"好的,说句老实话,陈权这个学期以来有很大的进步,这离不开你的悉心教育啊!如果全班同学的家长都能像你这样,那我的负担就要减轻很多了!"家长一听,急忙跟我说,家里有多少橘子,有多少网箱,养了多少猪,也就没时间教育孩子,是自己把儿子耽误了!听他说得这么诚恳,我趁热打铁:"是呀,其实这正是你值得肯定的地方,能够在百忙当中挤出时间来教育自己的孩子,这是很多家长都做不到的啊!好了,今天就聊这么多,下次再聊吧!"

自与陈权的父亲通了电话后,陈权在校的表现真的改观不少!

一天,我正在批改作业,手机忽然响了,一看,是陈权的家长。

师:喂,你好,陈权的家长吗?

父:是呀!何老师,打扰你了!我家陈权在校的表现怎样?

师:比以前强多了!

父:哦,那就好了。感谢你们老师了!

师:这是老师应该的,你是一个负责任的家长,这么忙还要抽出时间来问问孩子在校的情况,如果你时间允许的话,我很想和你当面交流一下。

父:好好,行行,随便什么时候都可以,只要你说一声。

……

于是,我约定了时间与家长交流,家长如期赶到,这一天我们聊了很久,诸如教育要有一定的方法,表扬和批评要适度,批评时更要讲究艺术,有些话在孩子面前不当讲的不要讲等等。

到这个学期末,陈权同学改了很多恶习,各科的成绩都有明显改观![1]

人是一切社会关系的总和,人际交往是人类社会特定的社会现象。班主任要教育组织管理学生,必然要与人际各个方面各种类型的人发生交往关系,班主任工作的实质就是交往。因此,要使班级教育管理工作富有成效,班主任就必须注意人际交往的艺术。班主任应该成为人际交往的艺术家。学生不仅是处于班主任的直接影响下,而且还受其他任课老师及学生家长等方面的影响。这就决定了同班主任发生人际关系的,有许许多多方面。所以,班主任工作的一个重要

① 何永辉.好家长也是夸出来的[J].班主任之友,2009(10):35.

的组成部分是如何处理好人际关系。

一、人际交往的作用

人们为了彼此传达思想,交换意见,表达情感需要等目的,运用言语和非言语而实现的沟通称为人际交往。人类的生产活动和生活离不开人际交往,它是人类生存的一种需要,如果没有交往,没有形成相互作用的准则,没有行动的协调一致,人们进行共同的活动也是不可能的,一切社会形式的运转也将停止,社会也将不会发展和继续存在。马克思曾指出:“人们在生产中不仅仅同自然界发生关系。他们如果不以一定方式结合起来共同活动和互相交换其活动,便不能进行生产。为了进行生产,人们便发生一定的联系和关系;只有在这些社会联系和社会关系范围内,才会有他们对自然界的关系,才会有生产。”费尔巴哈也曾指出:“人的本性只存在于交往中,人与人的统一中,仅仅依赖于我与你之间差别实在性的统一中。”

总之,从人类最初开始,人际交往就担负着协调人与人之间的行动和满足个体间心理接触需要的重要作用。人际交往既具有积极正面的性质,也具有消极反面的性质。积极的人际交往,有助于一个人形成良好的品行。反之,消极的交往不利于形成良好的品行,甚至会形成反社会行为。因此,班主任在人际交往中,不仅要使自己与他人的交往是积极的,而且还要注意协调学生与他人的交往向积极的方向发展。

二、人际交往的手段

班主任为更好地履行自己的职责,不仅要认识人际交往的作用,而且要掌握交往的正确手段。

(一)言语交往手段

言语是人们认识现实,认识自己的工具,是人与人之间信息沟通和情感交流的媒介。借助于语言,人们可以传递信息,获取知识经验,可以表达自己的思想感情和意向,加强彼此间的了解,调节着人际交往的进程。与其他交往手段比较来看,言语所提供的信息更为丰富、充分和深刻。在学校教育中,由于有言语的参与,将能使学生更好地理解学习目的,掌握丰富的知识和经验,掌握活动的技能技巧,形成良好的思想意识和道德品质,从而提高学业成绩,增强思想认识水平。

(二)非言语交往手段

参与师生共同活动调节的不仅仅是言语手段,而且还有面部表情、体态等非言语交往手段。非言语交往手段在不同情况下对言语有不同程度的依赖性。它们经常伴随着言语手段进行人际交往，运用“生动的内容充实它”，或者代替言语表达独立地表现出来。

人际交往手段，一般说来具有三种不同的功能，即信息沟通的功能，情绪沟通的功能和调节沟通的功能。在人们直接交往中，这一切功能相互联系着，并决定着共同活动的效率及相互关系准则的形成等等。

如果从交往手段来划分，那么，非言语交往手段主要传递鼓励性的信息，而较少用于传递表达评价性的信息；言语交往手段则主要用于传递消息和表达评价性信息。

三、人际交往的心理效应

在人际交往中，人与人之间总会产生各种印象、反映效果，我们统称为心理效应。如果我们对各种效应把握得当，会有助于交往的顺利进行和班主任工作的展开。

（一）首因效应

素不相识的人，初次见面，彼此所形成的印象称为第一印象。首因效应就是指人们在初次交往中，最先提供的信息对形成第一印象的影响。知觉者凭第一次接触，直接从对方的外表、言谈和表情中，获得有关对方人品的信息，或在未见面以前，从其他渠道预先得知一些有关对方的信息，在此基础上形成了对此人的第一印象。第一印象极为鲜明、深刻而牢固，给人形成一种固定的看法，影响着今后的交往关系，实际上第一印象只能作为对人知觉的起点，而不能作为终点，因为第一印象不可能全面而真实地反映一个人的根本面貌，难免有主观性和片面性。

由于第一印象在人际交往中具有重要作用。因此，班主任一方面要注意自己的言谈举止和行为规范，注意整饰自己，力争给学生留下良好的第一印象；另一方面，又不能只凭第一印象来认识、评价学生，避免因第一印象的影响而对学生产生错误的看法。

（二）晕轮效应

晕轮效应也叫月晕效应，光圈效应或成见效应。在对他人的某些品质形成了清晰鲜明的印象后，掩盖了对其余品质的知觉，是一种以偏概全、以点概面的反映。常言说“一俊遮百丑”、“一好百好”、“一坏百坏”，指的就是晕轮效应。晕轮效应大多产生于对他人的感知和评价过程中，往往夸大一个人的优点或依一个人的某一方面不足为根据而对此人产生否定性的评价。在学校教育中,此种效应会产生不良的后果。班主任要注意防止发生晕轮效应。要客观公正地评价和认识学生,既要看到学生的长处,也要了解学生的不足,不能仅凭学生的某一方面的表现而作出终结性的鉴定,尤其是在选择、任用班干部时,更应力求避免这种现象的发生。

(三)刻板印象

刻板印象是指对社会上各类人所持有的固定看法,或者说是对人的概括泛化的看法。刻板印象普遍潜移默化地存在于人们的意识之中。在地理环境、经济条件、政治地位、文化水平、民族、宗教等方面有相似条件的群体中有许多共同点,逐渐形成了比较固定的概括化的看法,甚至地区、国籍,肤色、职业、性别、年龄等都可能成为刻板印象的基础。有了刻板印象后,在对他人进行知觉时,往往简单地把某个人归入某一群体的刻板印象中去。例如,认为独生子女是比较聪明、任性的;女性是较为腼腆、拘谨、羞涩的等。

刻板印象有时可成为知觉他人的捷径,可以帮助人们迅速而有效地适应环境,较快地对某人或某一群体作出概括性的反应。但有时也容易产生先入为主的失误,形成对他人的错误的评价。人们一旦形成不正确的刻板印象,用这种定型去衡量一切,会造成认知上的偏差,妨碍人与人之间的正常交往。班主任在日常的教育教学活动中,应注意观察学生的具体表现,实事求是地去看待学生,决不能仅凭刻板印象主观地给学生下评语,更不能人为地将学生随意地划归到某一群体中。

(四)近因效应

近因效应是指最近所获得的信息给人留下的深刻印象,对后来的交往产生一定的影响。这种效应多出现在对熟人的知觉中。由于熟人的行为中出现新的变化,会影响或改变对这个人的原有看法,帮助人们改变第一印象的影响。作为班主任来说,应重视学生的最近表现,善于发现学生的每一点进步,并及时地给予鼓励。同时也应避免由于学生近期出现的某一点差错,而全盘否定对其原有的良好评价。

(五)线索偏差

线索偏差主要是指对一些人的真正意图被假象迷惑,形成对人认知的错觉现象。例如,有些人为了讨好、奉承一些人,或是为了达到某种目的而彬彬有礼。这种表面的假象往往会影响到对一个人的本质的正确认识。班主任在分析评价学生时,不能只见树木,不见森林。要透过现象分析本质,正确理解学生外在表现的隐含意义,借助于长期的观察和了解,掌握学生的本质特征,不要被学生某些表面行为的假象所迷惑。

(六)制约现象

在现实中,我们常常会根据某一特性的存在而推论与此特性有关的某些特性也同时存在。例如,有人曾经对一个人形成了良好印象,后来就发生当遇见和这个人的某些人格特征(如音容笑貌或其他方面)相类似的人,也可能在不知不觉中产生良好印象的心理制约反应。产生这种心理现象的仍是对一个人的音容笑貌已经形成和我们所喜欢的人形成了一个制约反应的单元,因而只要我们遇见与此相类似的音容笑貌也就会产生单独地引起对这个人的全部反应。平日所谓的"一见如故"、"一见倾心"等就多属于这种制约现象。

(七)情绪效应

在第一印象形成的过程中,主体当时的情绪状态可以影响到对这个人今后的评价。第一次接触时主体方面的喜怒哀乐对于对方关系的建立或是对于对方的评价,可以产生不可思议的差异。与此同时,交往对方还可以产生"情绪传染"的心理效果。主体情绪不正常,也可以引起对方不良态度的反应,因此就影响到良好人际关系的建立。

四、与学生交往艺术[①]

班主任与学生的交往是人际交往中的一种特殊交往,它不同于社会上的人际交往。积极正面的师生交往,有利于建立起良好的师生关系,有利于形成良好的工作关系,进而全面地完成教学任务。

(一)师生交往得以实现的条件

人际交往的媒介是言语和非言语,它们是人际交往的工具。但在进行交际时,双方必须对此有统一的认识和理解,缺乏这个条件,双方就不能发生交往活动。因此,师生在交往过程中所使用的言语和非言语就必须是师生双方所共同理解的,这样才能达到师生真正的交往。

(1)传出的信息要尽量不受到外界的干扰。如果声音太小,有噪音等,都会对师生交往活动产生干扰作用,影响信息的传递。

(2)信息的接受者(教师或学生)要有心理上的准备。信息的接受者(教师

---

① 本节改写自:张宝臣. 班主任校内人际交往艺术初探[J]. 教育探索,1995(5):28-29.

或学生)如果心理上缺乏接受信息的准备性,或心理上的准备性不同,即使是同样的信息,接受者(教师或学生)也会将信息内容打折扣或产生歪曲。

(二)师生交往的意义

师生之间积极正面的交往,是保证教育教学任务顺利完成的重要条件。了解和研究学生是班主任开展工作的前提,没有对学生深入细致的调查了解和研究,就没有明确而自觉的教育行动。而了解和研究学生又是通过师生交往来实现的,在交往中,师生之间增进了了解,加强了理解,教育活动就容易开展,学生也容易接受班主任的教导。师生交往在某种意义来说是相互作用的交往,它可以促进师生各自的提高和进步,通过交往,班主任与学生相互取长补短,共同提高。

(三)与学生交往的原则

1. 平等性原则

班主任与学生是平等的关系,只有掌握知识的先后之分,没有高低贵贱之分,班主任与学生有掌握知识多少之别,而在人格上是平等的。人格平等,集中表现为师生之间权利与义务的平等,不承认有任何特权的存在。这一原则是师生关系之间的人格特征。

2. 相互信任性原则

信任来自理解和友爱。发展良好的师生关系,要多讲理解和友爱。师生之间无利害冲突,这就决定了相互信任是师生关系本质的一面。这一原则是师生关系之间的心理特征。

(四)师生交往的形式

师生交往不只是教师向学生传递信息,也不停留在师生的相互认识上,它还有师生在动作上的交互作用。班主任作为班集体的领导者与管理者,必须清楚在他与学生的协调活动中,既有可能形成相互协调的动作,也有可能发生冲突。要了解多种师生相互作用的形式的特点,努力使师生在课堂中的交往成为有效的协同活动。

美国教育心理学家林格伦(1967)在《课堂教育心理学》中提出了学校领域内师生之间交往的4种形式。

(1)第一种形式(图10.1),教师在课堂上与学生保持单向交往,它是传统的教师讲话型的师生交往形式。在这一交往类型中,信息传递受到教师发送信息能力和学生吸收信息能力的限制,而且学生接受信息从总体上来说是被动的。缺乏主动性和积极性,因而效果最差。

(2)第二种形式(图 10.2)教师与学生发生着口头和非口头的来回交往。有时,表面看来是教师讲学生听的单向交往,但实际上学生可用姿态、举止、面部表情等向教师反馈信息。所以,这是一种双向交往的方式,因而效果尚好。

(3)第三种形式(图 10.3),教师和学生不但保持双向交往,而且也允许学生之间的交往。在以教师为中心的教学活动中,学生之间自然会发生相互发问或以某种方式交换各自的感受,因而效果较好。

(4)第四种形式(图 10.4),教师成为相互交往的中心,教师和学生都作为集体中的一员,进行来回的交往。从而促使所有成员双向交流,活动全面展开,因而效果最佳。

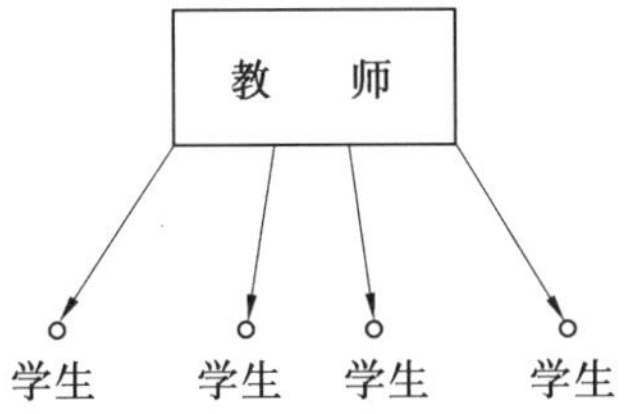

图 10.1

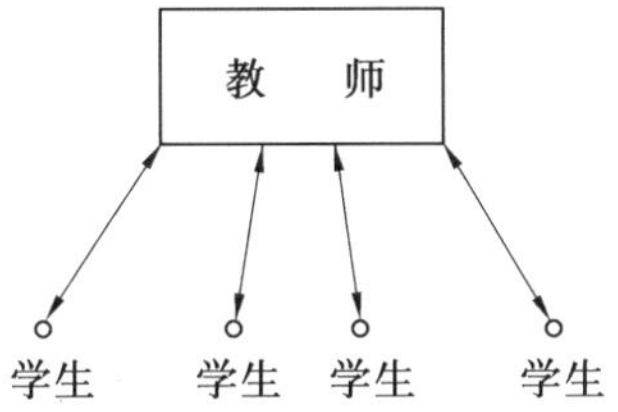

图 10.2

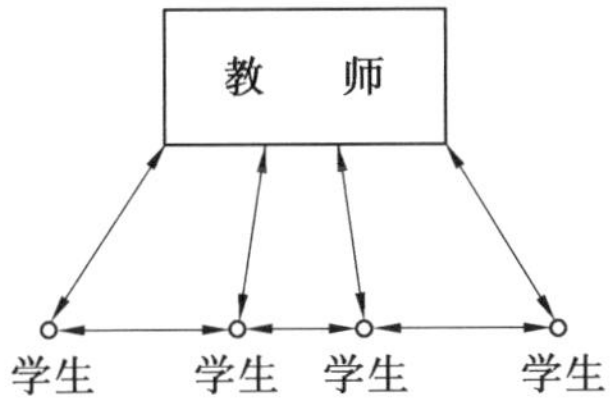

图 10.3

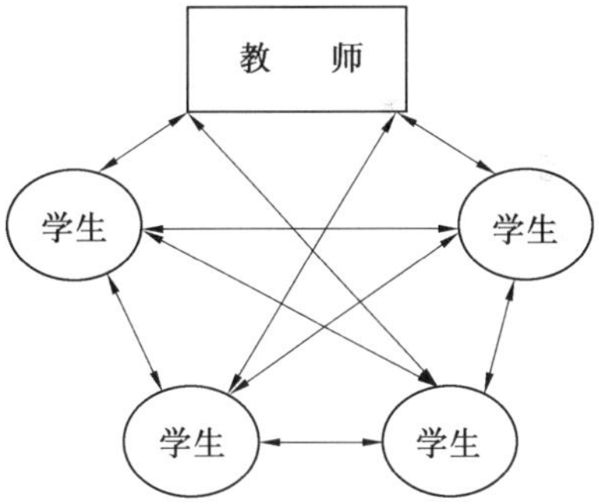

图 10.4

以上提出的几种交往形式只是理论模式,事实上,人们在进行交往活动中,各种方向的交往都不是单纯地分离开来的,而往往是错综复杂地交织在一起进行的。

五、与科任教师交往艺术[①]

班主任的工作是否卓有成效,不仅仅取决于班主任个人的工作态度、能力和水平,还取决于教师集体及其与班主任的配合程度。马卡连柯说:“哪里教师没有结合成一个统一的集体,哪里也就不可能有统一的教育过程。”任何学生的成长,都是教师集体努力的结果。因此,班主任应主动与本班各科教师取得联系,互通情况,统一要求,使本班科任教师形成一个坚强的教师集体。班主任协调好科任教师之间的关系,是形成团结友爱,积极向上的班集体所不可缺少的条件。

(一)要虚心听取科任教师对本班学生各方面情况的反映

从整体而言,班主任对本班学生的感情,要比科任教师与学生的感情密切,因为班主任与学生相处的时间长,共同参与的活动多,对学生了解比较深入,对本班学生所负的责任要比科任教师所负的责任大得多。正是如此,才更需要班主任虚心听取科任教师对本班学生各方面情况的反映,以便更好地担负起自己的责任。有的班主任喜欢听科任教师对本班学生的赞扬,而不愿意听取科任教师对本班学生的批评,也有的班主任对科任教师所反映的本班学生的问题,采取应付了事的态度,不认真解决;还有的班主任对本班学生护短,袒护学生的问题。这些现象都是班主任应该加以注意并力求避免的。为了做好班主任工作,在教师中形成一个坚强的教育集体,班主任必须抛弃一切不正确的思想观念,把教书育人放在首位,不应以自己的感情和对学生的亲疏远近来听取科任教师对学生的评价。

(二)维护科任教师的形象,树立科任教师的威信

班主任如何对待评价科任教师,直接影响自己在学生心目中的形象和威信。要让别人尊重自己,首先就要尊重别人。班主任对科任教师的尊重,正是以自己的行动来教育学生应该尊重他人。很难想象,一个不尊重别人的班主任,自己会得到学生的尊重。作为一名班主任,要注意从以下几方面维护科任教师的形象,树立科任教师的威信。

1. 不在学生中议论、评价科任教师的缺点

金无足赤,人无完人。不仅科任教师,就连班主任自己可能在教学水平,对待优差生的态度等方面,都存在着令某些学生不满意的地方。班主任要从一分为二的角度出发,对学生加以正确的引导。且不可为了抬高自己,在学生中有意

---

① 本节改写自:张宝臣. 班主任校内人际交往艺术初探[J]. 教育探索,1995(5):29-30.

无意地贬低以至诋毁科任教师。否则,不仅不利于形成教育集体,还容易在学生中造成不尊重教师的不良习气。青少年精力旺盛、敏感、好奇,喜欢对教师和同学评头品足。但由于学生的认知能力有限,对教师或同学的评价往往出现错误或主观片面性,这是正常的、难免的。当班主任听到学生这些议论时,应明确地纠正学生的错误评价,切不可顺水推舟,推波助澜。

2. 正确对待科任教师在课堂教学中出现的失误

人不可能不犯错误。教师在教学过程中也可能会出现这样或那样的失误。当科任教师在教学中出现失误后,班主任要在班级做正面的解释,增强学生对教师的理解;在同事中不能把科任教师的教学失误加以扩散,更不能以此讽刺、挖苦科任教师。班主任要积极主动地与科任教师共同协商,找到处理课堂教学失误的最佳途径,探讨如何才能避免出现课堂失误,这样,既维护了科任教师的形象,树立了科任教师的威信,也增加了班级教育的合力。

(三)与科任教师要志同道合、步调一致、目标统一

所谓志同道合、步调一致、目标统一,就是班主任邀请本班科任教师共商班级大事,让班级的奋斗目标得到科任教师的认可,争取科任教师的支持和配合,一个人的能力和水平毕竟有限,如果再得不到科任教师的支持和配合,要实现班级的工作目标是不可能的。为此,班主任要与科任教师保持良好的人际关系,与科任教师心往一处想,劲往一处使。

要做到与科任教师步调一致,目标统一,主要有以下三条途径。①班主任在开学前后应邀请本班科任教师,共商班级大事,让班级的奋斗目标获得科任教师的认可,争取他们的支持。②平时邀请科任教师参加本班的团队日活动、春(秋)游、新年联欢或兴趣小组等集体活动。③通过个别交谈的方式把班级的奋斗目标及其他大事告诉科任教师,以期获得他们的支持和理解。

(四)与科任教师经常互通情况

班主任要想科学合理地教育管理班级,必须掌握班级的所有信息,而科任教师有时会掌握一些班主任所不了解的班级情况。为此,班主任要经常与科任教师进行联系,沟通情况,借助于科任教师,获得一些可贵的"情报",同时也可以征求科任教师对本班工作的意见和建议,以便进一步改进班级的教育管理工作。另外,通过和科任教师的交往,可以将自己的教育管理方法、思路传达给科任教师,以求得科任教师的配合,做到班主任和科任教师步调一致,要求统一,齐抓共管,从而更好地做好班主任工作。

六、与学校领导交往艺术

班主任与学校领导之间的关系，是上下级的关系，这种关系的融洽与否，将会对班级的教育管理工作带来很大影响。在班级的教育管理工作中，如果能得到学校领导的支持和帮助，将有利于班级各项工作的开展，取得良好的教育管理效果；反之，如果上下级关系不融洽，班主任未能处理好与学校领导的关系，甚至与学校领导产生对立和冲突，势必会降低工作热情，产生抵触情绪，进而影响到工作效率。

学校领导是学校各项工作的“总管”，也是班主任的直接领导者。班级的各项工作离不开学校管理者的领导和监督，班主任开展工作也需要学校领导的支持和帮助。所以，班主任要使工作达到预期目的，取得良好效果，就必须处理好和学校领导的关系，正确掌握人际交往的艺术。那么，班主任如何才能协调好与学校领导的关系呢？

（一）尊重领导，服从领导

学校领导是党的教育方针、制度的执行者和传达者，也是学校各项工作制度的主要制定者。班主任既然是学校团体的一员，就有责任有义务不折不扣地遵守学校的各项制度、要求，服从学校管理者的领导和监督，要尊重学校领导者的意愿，维护领导的威信，接受领导的指令，以便使学校的各项制度得以贯彻执行，使学校的各项工作计划得以实现。作为班主任，决不能恃才傲物，蔑视领导，不能独断专行，各行其是，拒绝执行学校领导的命令，更不能借助自己班级学生的力量要挟领导，故意给领导出难题。当然，在执行领导指示时，也应有一定的创造性，避免盲从。

（二）做好本职工作，获得良好评价

要想处理好和领导之间的关系，最基本的是要尽心尽力地做好自己的本职工作，保质保量地完成自己的工作任务，获取学校领导对自己工作的良好评价，以增强领导对自己的满意程度和信任感。作为领导者，都希望自己的下属具有应付各种工作的才能，具有敬业、乐业的精神。所以班主任作为学校领导的下属，必须热爱自己的职业，关心自己的班级，满腔热忱地去教育管理班级，使班级的各项工作有一个好的起色，这样才能使领导满意，让领导放心，增加自己在领导心目中的地位，学校领导对于自己的工作也会给予全力的支持和帮助，上下级的关系也才能融洽、和谐。

（三）加强信息沟通，搞好信息交流

班主任在日常活动中，要多向学校领导请示汇报，汇报自己的工作情况，提出自己的建议和看法，尽可能地利用各种方式多与领导接触，增加交往频率，缩短和领导间的心理距离。这样，既便于及时准确地获取领导的指示、评价，提高工作的效率，又可以使领导较快地获得学校工作的反馈信息，增进上下级之间的理解，促进双方的信息沟通。

（四）树立全局观念，照顾整体利益

学校领导要顾及全局，不能面面俱到。而班主任所抓的是具体工作。因此，在工作中难免会与学校领导产生这样或那样的矛盾，甚至冲突，出现班级小集体与学校大集体不相一致的局面。在这种情况下，班主任一定要心胸宽广，树立全局观念，以整体利益为重。要站在领导的角度考虑问题，设身处地地为领导着想。有时宁可牺牲自己班级的某些利益，也要维护学校这一大集体，决不能心胸狭窄、斤斤计较，处处事事只为自己班级着想，争名夺利，追求所谓的“事事合理”，而全然不顾其他班级或学校整体的利益。

（五）坚持原则，不逢迎媚上

学校领导是班主任的“顶头上司”，所掌握的权力对班主任的利益有一定的关系。但班主任也决不能因此而媚上欺下，对领导阿谀奉承，不能为了自身的利益或某种企图而一味地逢迎讨好领导，毫无原则地迁就领导。而应该光明磊落，不骄不媚。对待领导的正确指示，要坚决贯彻执行，对于领导的错误要敢于提出批评，对于不合理的命令和意见应进行抵制。只是要注意抵制的方式方法，力求做到既帮助领导改正缺点错误，又要维护领导的威信，不能鲁莽、蛮干，凭意气用事。

（六）了解领导者的领导方式，采取相应的交往措施

学校领导者的领导方式是指学校领导者用来对教职工行使权力和发挥领导影响力的行为表现方式。它体现了领导过程中领导者与被领导之间的关系，体现着领导者的工作作风。在我国，客观上存在着三种类型的学校领导方式。

1. 专制型的领导方式

专制型的领导方式，也叫集权型领导方式，它的主要特征是学校领导者权力高度集中，突出领导者的地位。凡事躬亲，事无巨细都得领导点头，下属必须无条件地服从与执行领导的决定，重视行政手段的作用，强调奖惩，经常干预下属的工作，不喜欢听反对意见，不愿与有独立见解和创造精神的人相处，喜欢发命令，作指示，对于教职工的缺点错误毫不留情地进行批评教育。

2. 民主型的领导方式

民主型领导方式的主要特征是学校领导者在工作中广泛依靠广大教职工，积极吸收广大教职工参与学校的管理工作。在进行决策时，注意吸收和听取教职工的建议和意见，尊重下属的职权，放手工作，注意调动下属的工作积极性，信任教职工，满足教职工的合理需求，乐于与教职工接触，上下级的关系较为融洽。

3. 放任型的领导方式

放任型领导方式的主要特征是学校领导者放弃自己的职责而把大部分权力交给教职工，要求教职工实行自我管理。领导不干涉教职工的活动，完全依靠下属的自觉性，不强调规章制度的约束作用，较少使用惩罚手段来进行管理，下属对自己职责范围内的事可以自作主张，各行其是。学校领导者与教职工保持不即不离的关系，很少主动与教职工接触，对教职工的问题采取不闻不问的态度。

上述三种领导方式，各有所长，各有所短，比较起来看，民主型的领导方式更为适宜一些。但采用何种领导方式，往往由领导者决定，而非班主任所能控制的。班主任所要做的是根据不同领导方式的特点，采用相应的交往方式，更好地搞好和领导间的关系，以取得良好的交往效果。

对于专制型的领导，班主任要注意维护领导的威信，承认其权威性，无条件地执行领导的正确意见，遇事多请示、多汇报、不可自作主张、各行其是，不可因领导专制而减低责任心、降低工作效率。同时，也要采取易于被领导接受的方式，提出自己的合理化建议，帮助领导搞好工作。对于领导的失误，要尽自己的能力进行挽救与弥补，决不能看笑话，闹情绪，影响工作。

对于放任型的领导，班主任要增强自身的责任心和义务感，提高工作的积极性和自觉性，严格要求自己，主动和领导接近，合理有效地使用领导下放的权力，既不能放任自流，自由散漫，也不能越权办事。要积极发挥自己在工作中的主动性和创造性，具有开拓进取的精神，圆满而有效地做好本职工作，要主动自觉地将自己置于领导者的监督之下，自觉遵守各项规章制度，避免无政府主义。

民主型的领导，和下属的关系较为融洽和谐，班主任和这种类型的领导交往较为容易和随便，易于建立良好的人际关系。但也要注意戒骄戒躁，决不能恃才傲物，所提的建议或要求必须合情合理，不能胡搅蛮缠，对领导采取强硬态度。

七、与学生家长交往艺术

学生的成长发展是学校教育、家庭教育、社会教育相互作用的结果，其中最主要的是学校教育。但学校教育是否有效，还要得到家庭教育和社会教育的配合和支持，尤其是家庭教育对学生的影响作用更为突出。因为家庭是学生的第一所学校,家长是子女的第一任教师,家庭的氛围与养育方式对学生的身心发展起着不可低估的作用。家庭环境如何,直接关系到学生能否健康成长。

教育管理学生的工作,必须要有家庭的密切配合。班主任是学校与家庭联系的桥梁和纽带。争取家长配合学校对学生进行教育管理是班主任工作的一个重要内容。因此,班主任一定要与家长取得密切联系,掌握学生在家里的表现,征求家长对学校工作和班级工作的要求和意见,向家长宣传党的教育方针和学校采取的教育工作的方法和措施,向家长介绍家庭教育的正确方法和先进经验,提高家长的教育水平,使学生家长掌握并采用合理的教育手段,并和家长一起共同商讨研究教育学生的措施。争取家长协助班级工作的艺术主要有走出去、请进来、信号联络三种。

(一)走出去的艺术

走出去的艺术,主要是班主任进行家庭访问的艺术。家访的作用在于:第一,可以互通情报,使学校和家长都知道学生在校内校外的表现,从而能够对他的思想、行为作出正确的估计和判断,以便有的放矢进行教育;第二,可以使家长明确学校对学生的要求,配合学校做好教育工作;第三,可以了解学生家庭教育的经验和缺陷,帮助家长扬长避短,改进方法,进一步搞好家庭教育。总之,家访,既有利于学校教育,也有利于家庭教育,是班主任必须做的一项重要工作。

搞好家访,并不是轻而易举的,既要讲求科学性,也要讲求艺术性。

1. 家访要普遍化、经常化

所谓普遍化,即是对全班学生的家庭要普遍进行访问。特别是班主任接受一个新班时,要在开学前对全班学生家庭普访一次。目的是了解学生家长职业、对孩子的教育方法、家庭环境、居住条件、对学校有什么要求等。同时,通过访问,认识学生,了解学生的个性、爱好,跟什么人交往,过去学习上有什么困难,对教师、学校有什么要求等。同时还可以向家长和学生说明学校和班上新学年对学生的要求。

所谓经常化,就是家访要经常进行,而且形成制度。不要等问题成了堆或学生犯了什么错误才去进行家访,不要使家长产生“无事不登三宝殿”的感觉。

家访的目的是增进家长与班主任、学生与班主任之间的感情,以争取家长对班级工作的大力支持,这种沟通就是要使家长和班主任在教育子女问题上,在认识领域和情感领域里产生一种共识和共鸣,从而促进对学生的目标管理。班主任与家长之间的心理沟通是一个极其纷繁的过程,由于家长的文化层次不同,家长与班主任在许多认知、情感方面就很难产生一种共识和共鸣。这就决定了家访的经常化。经常化的访问有利于对学生的管理,防微杜渐;可以消除家访时学生的紧张情绪,可以把“问题式家访”变为“正常性访问”,从而消除家长对子女的责备,也可增强家长事后犯“嘀咕”病的免疫能力。因而他们会很热心地支持班主任工作。

强调家访要普遍化、经常化,又不是搞形式主义,硬性规定教师普访次数,把家访当做例行公事。是否家访,次数多少、何时家访,应由班主任相机行事,使家访恰到好处,收到实效。

家访要做到普遍化、经常化,必须善于合理安排时间。班主任家访工作是教育工作的需要,而家访必须付出时间、精力,因为它会直接影响备课、批改作业及业务学习。要解决这个矛盾,就必须合理安排好时间。一般说来,普访可以在暑假期间进行;常访利用业余时间有计划地进行。家访虽然花了时间,但所得到的却是不能用尺来度、用器来量的。当家长真正把管教子女的责任负起来,切实配合班主任对子女进行教育时,就可以看到家访所起的作用是不可估量的。

2. 家访要做到“胸有成竹”

家访一定要有明确的目的,不能为家访而家访;家访一定要事先作好准备,不能来也匆匆,去也匆匆,三言两语,敷衍了事,这样的家访不仅不会获得家长对班级工作的支持,相反,有时还会产生副作用,导致家长和学生犯“狐疑病”,因此,班主任进行家访一定要做到“胸有成竹”,走访前一定要做好准备。班主任为家访而作的准备包括心理准备,内容准备和程序准备。

班主任进行家访,就是与家长打心理攻坚战。因此,家访前,班主任对学生家长的文化层次、兴趣爱好、品德修养和家庭教育类型等方面,作一个初步的了解,便于家访时以不同的心态选择不同的语言、表情,进行和谐的心理交流。班主任的心理准备如何,直接关系到家访时能否做到随机应变,掌握主动权。如果家访时班主任能根据家长的个性,并投其所好,谈吐投机,使家访在和谐融洽的感情气氛中进行,达到家访的目的,则说明班主任在心理上早有准备。

家访前的内容准备必须具体、单一化。最好是一次家访中集中解决一两个问题,因而也就只需集中精力准备一两个问题的有关内容。准备的内容要有较强的针对性。这就要求班主任平时多观察学生的表现,注意把握学生的思想脉搏,抓住他们现阶段存在的主要问题和表现出的主要优点作为准备家访的内容。同时,家访内容的准备还要有趣味性,要根据家长的理解能力,选择容易产生共鸣的问题与家长共同商讨。

家访前的程序准备,就是班主任即将进行家访时,对将要进行家访活动的进程作一个有条理的安排。家访时,与家长先谈什么,后谈什么,重点谈什么,在家访前都必须心中有数。程序准备还要求提前通知学生本人,使学生本人欢迎家访,那种背着学生悄悄到学生家里访问的方法并不会受到学生本人的欢迎,而且会使学生产生抗拒心理,学生家长也不一定乐意接受。家访做到了“胸有成竹”就能避免随意性和盲目性,提高家访的教育效果。

3. 家访要“喜忧兼报”

作为班级的领导者、组织者、教育者的班主任,家访时要善于运用辩证法作为与家长 交谈的武器,既要向学生家长反映其子女的某些不足,又要给他们汇报其子女的明显进步。在与家长交谈中,首先应充分肯定学生的优点,以鼓励学生发扬下去,更主要的是为了争得家长产生一种心理快慰的需要。家长产生了这种心理需要就自然会产生一种“教有所获”的满足,这种已足需要激起家长兴奋之余,班主任再指出其子女的某些不足,从而使家长心里形成一个逆转运动,马上又会产生一种不足的需要。家长都希望自己的子女在原有基础上获得更大进步,班主任就要利用家长的这种心理提出家长与学校共同管理学生的一些具体办法,家长为了把未足需要变为“已足”需要,自然而然就要协助班主任搞好班级工作了。

值得强调的是,即使是班级中的后进生,班主任家访时,也要喜忧兼报,不能只报忧不报喜。不论学生怎样后进,在他们身上总有一些积极因素,班主任要于发现和挖掘他们身上的闪光点,给他们的家长汇报。这样,家长会自然体会到老师是在实事求是的评价自己的学生,没有抹杀学生的成绩;同时也会使学生本人感受到老师是在真心实意地关心和爱护自己。

“喜忧兼报”的方法会增强家长教育子女的信心,会激发学生力求上进,最终有益于班主任工作的顺利开展。

4. 家访要做到“三位一体”

教育实践证明,班主任的家访活动应是班主任、学生和家长三位一体的活动。坚持班主任、学生、家长三结合比班主任背着学生“私访”效果更好。不论是向家长报喜还是报忧,班主任应当着家长、学生本人的面开诚布公地交谈。三位一体式的家访,其交谈形式主要选择三种。

(1)先让学生本人向家长汇报自己在校的表现,班主任后作必要的补充或证实。这种形式有利于培养学生的自我评价能力,有利于养成学生诚实坦白的好品性。在这样的场合,班主任要善于引导学生分析自己,要有意识地把学生作为家访时的主角来安排。当班主任补充与学生本人的意见不相统一时,要允许学生本人申辩,并帮助学生分析自己。要在民主的气氛中以理服人。这样,学生本人会心悦诚服,家长听后也较为满意。

(2)先让家长反映学生在家里的表现,然后由班主任反映学生在校的表现。

这种形式的交谈，班主任必须善于察言观色。有的家长对学生评价偏高，常常喜形于色；有的家长对学生的评价偏低，对学生的前途失去信心，常常湖光掠影般地显示出一种忧虑之情。班主任要善于观察，要捕捉家长的情绪信号。如果家长对子女的自信程度较大，班主任则要先扬后抑，即当家长反映情况完毕，班主任在对其子女于家中的表现表示赞许的同时，要适当多指出一点在校不足的地方，以防止家长放松教育；如果家长对子女的未来很悲观，班主任则要先抑后扬，即当家长反映情况完毕，班主任在对其子女家中的表现不作过多的评价的同时，尽量指出一些学生在校表现的长处，并分析学生在发展前程中的不利与有利，且指出利大于弊。无论是“先扬后抑”还是“先抑后扬”，都要有利于得到家长的协助和配合，能使家长、学生、班主任各方满意。

(3)先由班主任指出学生在校的长处和短处，并提出一些具体要求，然后征求家长的意见，并要学生当面表决心。这种形式的交谈，关键在班主任对学生的评价要中肯、语言要亲切，要易于家长和学生接受。对学生提出要求，一定要以征求家长意见的口吻出现，一旦家长和班主任的意见达到一致时，就要向学生发起心理攻势，要求学生当面表态、表决心。这种方式，直接增强了教育学生的合力，有利于鞭策学生不断地争取进步。

5. 家访要善于选择时机

俗话说：“人老一时，麦熟一晌。”“不到火候不揭锅。”言外之意就是做事情一定要选择时机。家访的工作要收到良好效果，除了坚持经常化、制度化而外，还必须善于捕捉有利的教育时机。那么，班主任应抓住哪些时机进行家访呢？

(1)选择时间进程的最佳时机。即把握学校工作进程的时序特点选择时机。如新学期或新的一年开始时，学生积极向上的心理特征表现得极为明显，班主任就不能坐失“开头”这个良机，应及时进行家访。

(2)选择活动方面的时机。学校为了全面贯彻党的教育方针，都要开展一系列有利于学生健康成长的活动，如重要节日纪念大会、各种知识大赛、听模范人物作报告等，班主任就要抓住这些时机，走访家长，这样有利于家长与班主任的及时配合。

(3)选择学生取得进步或出现滑坡的时机。中小学生不但有奋发向上的心理特征，而且具有珍惜自己荣誉的特点，一旦他们取得了一定成绩，会从心理上得到满足，并希望有一种新的奋斗目标来约束自己。中小学生在学校如果出现滑坡现象时，又易于产生一种消极悲观的情绪。因此，班主任要善于抓住这两个时机，进行家访，共同分析其原因，共同进行教育。这样，学生不但乐于接受，还会用实际行动来实现班主任和家长提出的一致要求。

(4)选择学生的某些要求得到满足的时机。每个学生都会有自己的愿望，如果教师对他的正当愿望给予适当的满足，这将会产生一个良好的教育时机。如高中生分文理科学习，个别学生被分到文科，但他本人又强烈要求读理科，最终老师让他如愿以偿，他们就会得到一种心理满足，这时，班主任就有必要抓住这个时机，进行家访，与家长介绍有关情况，形成一种教育合力，学生既会感激老师的“赐予”，又会发奋上进。

(5)选择师生感情融洽的最佳时机。中小学生由于缺乏较强的理智，对老师给予他的某些批评和帮助不能一时接受，有时还会产生一种反感情绪，遇到这种情况，班主任应冷静对待，不能急于到家长那里告学生的状，要当学生心情舒畅之时再与学生一道与家长取得联系，这时，师生间的感情较融洽，教师的谈吐才易于学生接受，也不至于出现家访时学生主动回避的难堪局面。“告状”式的家访总是事与愿违的，不仅没有正效益反而会产生负效益。“告状”式的家访一般是在学生犯了错误或成绩一时落后的情况下进行的，这时学生本来就有一种畏惧、羞愧、自责的心理，更希望得到老师的鼓励与关怀。如果老师在这个节骨眼上去家访“告状”，无疑是雪上加霜。在学生看来，这是你对他的不信任、不理解、不尊重，甚至认为你只有“向家长告状的本事”，一旦遇到对子女教育方法简单化的家长，学生有可能因此而遭受一顿皮肉之苦。于是，无论是肉体上还是心灵上的创伤，这笔账都会记在老师的名下，长此以往，师生感情上的裂痕就会加深，学生的思想工作也就不可能做好。

(二)请进来的艺术

“请进来”，即班主任把家长请到学校来共同商讨教育学生的方式方法，相互了解学生在家庭和学校的表现，以达到一致性的协调教育。“请进来”主要采用三种形式。

1. 召开家长会

家长会一般每学期开一到两次，通常在开学后和放假前。召开家长会是对家长进行集体工作的方式。召开家长会必须要做好充分的准备，这包括学校领导、科任教师、后勤部门的联系工作。召开家长会必须妥善地确定开会时间，尽量使大多数家长都能参加，开会时间一般以半天为宜。召开家长会的形式应不拘一格，可以茶话会的形式出现，可以报告会的形式进行，可组织家长参观学生优秀作业专栏，可组织学生给家长搞文艺演出。家长会的内容必须以解决一些迫切的问题为重心，可以由班主任向家长作本班工作的汇报讲话，可以由学生代表向家长汇报班级情况，也可以请家长介绍教育子女的经验，这种用家长来促进家长的方式效果更好。有条件的地方，也可以请教育专家作有关教育问题的报告。

召开家长会,最好能帮助家长从教育学的观点来理解班上出现的困难和问题,帮助家长分析自己教育子女的经验和问题。召开家长会的关键,在于班主任必须当着全体家长的面对班级提出一个切实可行的奋斗目标,并希望得到家长的大力支持,有的学校为了改革班级教育管理,充分调动家长的积极性,组建了由班主任、科任教师、家长代表,学生代表参加的班主任工作咨询小组,由班主任定期召开研讨会,共商班级的教育管理工作。取得了较明显的效果。

作为班主任,要善于创造性地工作,注意发挥家长会的职能作用,家长会的第一个职能就是沟通。即沟通家长与教师的联系。沟通职能要求家长和教师通过家长会全面地介绍学生的优缺点,实事求是地反映他们在学校和家庭的行为表现,要求教师和家长交流各自的教育计划、方法和经验,增进相互间的理解和信任;为合作教育创造条件,在沟通过程中,一定要始终坚持热忱坦率的原则,互相交流信息,互相借鉴方法,使双方感情发生共鸣。家长会的第二个职能是教育职能。这就要求班主任用教育学、心理学的知识对家长施加影响,在家长中普及教育科学知识,使家长教育学生的方法科学化。家长会的第三个职能是研究职能。它要求家长和教师围绕教育目标和学生的特点共同研究教育方法、管理方法,研究的形式可根据班级实际情况而定,可以集体研究,也可个别研究,共同研究是为了增强家长在教育学生中的主动性和创造性。

班主任必须注意这三种职能作用的发挥,要引导家长正确运用期待效应,尽可能让家长、班主任、学生三方面的期望值达到和谐统一,不能使期望值过高和过低。班主任就是要通过家长会教育督促家长履行家长的职责。

2. 家长接待日

家长接待日活动有两种情形,一是班主任在自己的工作计划里拟定一些问题与家长进行谈话,然后确定一个固定日期,首先给学生宣布,要他们通知家长在规定的时间内来到学校与班主任交谈。这是班主任作家长工作的个别形式。另一种情形则是班主任随时接待前来学校访问的家长。

在家长接待日活动中,班主任可当着学生的面或不当着学生的面同家长进行谈话。

随着教改的深入,请家长参与班级教育管理,搞家校的结合已不能传统地囿于与家长交谈的形式。家长接待日活动,一个有效的改革措施就是还必须把家长对子女的教育由被动变为主动,开放课堂,邀请家长听课。有的家长对自己的孩子在校表现了解不透,一发现孩子成绩下降,一听说自己的孩子在校犯了错误,他们轻则发一通怨气,重则体罚自己的孩子,结果是家长生气、学生受苦,又不能解决问题。为了让家长有机会亲眼看到学生在校各方面的表现，班主任应有“开放意识”，邀请部分家长在“接待日”活动中走进课堂听课，看看自己孩子的表现。也可以有针对性地重点地请个别家长参加班上活动，这样能使部分家长更能准确地了解自己的孩子，家长接待日活动，做到了对家长的开放，就是加强了家长对班级教育管理的参与意识，这对学生的学习进步和良好习惯的养成，都起着巨大作用。

3. 家长学校

家长学校是20世纪80年代在我国逐渐兴起的新事物，是一种方兴未艾的现象。鲁迅曾说，我们不仅要办师范学堂，而且要办“父范学堂”，这一预言在有的地方已付诸实践了。班主任要充分利用家长学校这块阵地，协同学校领导和教师把家庭教育的有关理论和方法传递给家长，以便家长自觉地、科学地培养教育好自己的孩子。开办家长学校的目的与任务是帮助家长掌握和了解教育理论，提高教育水平，保持学校教育与家庭教育的和谐一致。通过开办家长学校，可以为举办各种教育讲座，帮助家长了解孩子的生理心理特点，掌握正确的教育方法，协调和促进学校与社会、学校与家庭的联系，达到全面培养人才的目的。

开办家长学校，要求具备多方面的条件。由于我国各地区的差异较大，因而此种形式目前在我国并未普及。但我们相信在不久的将来，家长学校这朵教育领域的奇葩，必会在全国各地开花结果。因为，家长学校对于培养健康的儿童，对于提高全民族的文化教育素质，具有重要作用。“没有家长学校，我们就不能设想会有充满的家庭——学校教育。”①

（三）信号调控的艺术

信号调控是班主任争取家长支持班级工作的特殊形式。这种特殊形式主要有以下几种具体做法。

1. 与家长通信

即对班上的情况，学生的主要优缺点和对家长的一些建议，通过书信的形式与家长取得联系。与家长通信必须注意几点，一是文字必须简洁，不要冗长，二是内容必须具体，三是根据家长的文化层次的不同而运用不同形式的语言表达，四是说明请予回信。

2. 通过地方广播等宣传工具向家长祝贺学生的学习成绩

这种形式一般用于期末总结之后，它要求对学生的评价中肯，在祝贺学生取

---

① ［前苏联］苏霍姆林斯基. 给教师的建议（下）［M］. 北京：教育科学出版社，1981：266.

得成绩的前提下,要注意提出新的要求。这种形式具有较好的教育效果,因为它的信息传播面较广,易于刺激学生和家长。

3. 建立《家庭联系册》

为了与家长长期保持联系,班主任可建立《家长联系手册》。每个学生一份,对学生有何评价,对家长有什么建议和要求都写在上面,由学生带给家长,家长阅后签上意见和要求再带回交班主任。联系手册常存放在班主任处。这种方法比通信更优越,它便于保存起来供以后系统地进行研究。建立家庭联系手册要注意从中分析家长的情绪,也不要遇事都要家长签书,这样可能会使家长反感。

上述争取家长支持班级教育管理的工作艺术,无论是“走出去”、“请进来”还是“信号联络”,都必须注意一个至关重要的问题,那就是切实避免流于形式,应该不断积累经验,不断改革具体方法,以提高效益为唯一目的。

八、班主任之间交往艺术

为了搞好班级教育管理工作,班主任老师之间要相互进行交往,切磋经验,改进工作,提高工作质量和水平。每位班主任的思想政治素质、业务素质、道德素质和身心素质不同,决定了班主任对工作意义的理解和开展的方法不同,加之各个班学生构成不同,家庭环境、父母教育、性格特点、入学基础等各种因素的不同,给班主任工作增加了大量的复杂性和艰巨性。因为学生的千变万化、千姿百态,导致班主任工作不可能采用固定的模式,照抄照搬别人的方法,完全靠各个班主任在工作发挥自己的创造性,在学中干,在干中学。每个班的班主任应该针对本学生的各种特点,想出一些新办法,不断探索班级教育管理的新路子。

班主任与班主任之间不仅要真诚交流,相互关心,互相支持,还应该经常地交流信息,交谈经验,互相出点子,想办法。对其他班主任的长处要取经、学习,不怕别的班主任超过自己,要敢于承认自己的不足,激励自己赶上并超过他人,要树立竞争意识,在竞争中不断改进自己的工作。

拓展阅读10-1

孤独的男孩

我班有这样一个男生,刚进入四年级下学期,他就变了:动不动就与同学闹矛盾,挥舞拳头;上课不守纪律,一赌气就冲出教室;更让人头疼的是他居然养成了乱拿别人东西的坏习惯!

我也找他谈过话,谈一次收敛几天,可过几天他又犯了!我开始留心他的一切。他喜欢打篮球,一有时间,我就带着他去操场练球;他喜欢读《三国演义》,也喜欢绘画,我就经常让他描画书中的人物;有时我故意让他去我办公室帮我拿东西,让他感到我的信任;有时我陪他站在栏杆旁聊天。慢慢地,他亲近我了,几乎每节课下课就来办公室找我,有事没事说几句话。有一天,我又和他一起站在栏杆旁,他问我:“刘老师,你也有烦恼吗?”我说:“是的。我也知道你有烦恼,但是我不会告诉别人!”因为通过联系家长,我早就知道他父母离婚的消息了,我也知道这个孤独的小男孩发脾气、乱拿东西,正是他发泄内心苦恼的错误途径。我接着对他说:“好孩子,生活在不确定的环境中,要更能经得起生活的考验,这样才能培养一颗独立自主的心!”他的眼睛湿润了,泪珠吧嗒吧嗒地滴下来。

现在,这个孩子又变了:在开放日的国学展示课中,他背了四首诗歌;班歌比赛,他唱得不太好,却担任了领唱;整整一学期他未动过别人的东西;期末居然在信息技术比赛中连得五个奖状……往日灿烂的笑容又回到了他的脸上。

所以,我认为,班主任要主动创造机会走近学生,亲近学生,细心体察,全面、深入、细致地了解学生的内心世界,为学生摆脱烦恼、化解困惑,这样的情才能动人,这样的爱才具有说服力,这样有了亲近的教育才能打动学生心灵。①

---

① 刘志勇. 班主任工作的“近、小、实”(案例一:孤独的男孩)[J/OL].(2009-03-23)[2011-07-15]. http://public.bdfzgz.net/teacher/zhonghejun/keyuan/ShowClass2.asp? ClassID=27.

第十一章　主题班会艺术

【引导案例】

一场跑题的主题班会

新学年,我又接了一个班的初一新生。报到之后,我带领学生将尘封一个假期的教室彻底清扫了一遍。根据我的带班经验,一个整洁的学习环境,可不光是应付学校的卫生检查,对培养学生养成良好的生活习惯,甚至提高学习成绩都有很强的促进作用。

刚上初中的新生,别看在家都被父母宠着,可来到新的环境,见到新班主任,都想展现自己的风采。我一声令下,同学们争先恐后地又是擦窗户又是拖地,没多久教室就变得焕然一新,有几个细心的女生还将自己的课桌精心装饰了一番,我想,学生费这么大的劲才把教室打扫干净,肯定会爱惜自己的劳动成果。

谁知开学第一天的下午,我一走进教室,就大吃一惊——不说零落地面的纸屑和各种食品包装袋、墙角横七竖八的空饮料瓶,光是学生课桌上堆积的杂物,就已经让我火直冒了。我忍了几秒,突然一个好主意涌上心头……

我事先知道绝大多数学生家里都有数码相机,于是当天下午放学前,我开始布置作业,要求每个学生自由结合组成小组,利用周末时间,设计布置自己的家庭,并用数码相机把家中最美的环境拍摄下来,等到下周一班会,各提供一组照片参加评比,准备在全班评选出班级的最佳家庭环境奖、最温馨家庭奖、最佳卧室创意奖、最美书房奖……当然老师也参加。同学们一听这个新奇的作业顿时兴奋起来,纷纷呼朋唤友,不到下课,好几个小组就已经组建完毕了。

周一很快到了,对这个特殊的作业,同学们上交得异常积极,心急的班干部早已在黑板上写上了“我的家——主题班会”几个大字。我却不慌不忙,将同学们储存在数码相机中的照片文件一个一个传送到我早已准备好的电脑中,才宣布评选开始。

首先展示老师的作品,刚才还躁动的教室顿时安静下来,同学们两眼放光,不约而同地望向屏幕。

第一张照片出来了,同学们哄笑一片,叽叽喳喳说个不停:

“这是什么啊? 这么脏的卧室!”

“看那地上扔的啤酒瓶……”

“还有一双臭袜子呢!”

……

我当然知道这是我事先在自己卧室搞出的“西洋景”,我装着不明白,一边赶紧慌忙关掉这张照片,一边不好意思地解释,“放错了——不是这张……”同学们笑得更厉害了,我这才不紧不慢地把自己精心布置并拍摄好的家庭美景一一展现出来,同学们逐渐静了下来,很快地发出啧啧赞赏声。我停了一下,请同学评判我家的环境,同学们更来劲了:

“老师家真漂亮啊!”

“第一张没整理的环境不行,还没我的屋干净呢!”

“老师肯定忙了一天……”

我挥了下手,示意安静,笑着说:“同学们说得太对了——我家环境的美丑变化充分说明一个道理,只要付出汗水,荒漠也能变良田!”

同学们一片轻松。

接下来,放学生的作品,我注意到学生更专注了。说实话,学生拍的每一张照片都很美,不少还充满了艺术性,可以想象每个学生、甚至学生的家长都付出了不少的心血。

照片放完了,学生们急切地等着我评判。我却话锋一转:“同学们,在评比前我想问大家一个问题:为什么你们下这么大的劲,布置得这么美啊?”

“因为这是自己的家啊! 这还用问——”

“就是——布置好,自己住得才舒服呀。”

“老师——像你刚才那屋子我可受不了……”

哄堂大笑。

我也笑了:“不错,那种脏乱的环境没有人会喜欢。可是大家看看我们开学才打扫干净的教室——你们喜欢吗?”

同学们顿时静了下来,果然,由于这几天我有意没有督促学生打扫教室卫生,教室变得更脏了。同学们脸上的笑容没了,他们似乎第一次发现,自己竟然坐在垃圾中。

我追问了一句:"你们喜欢吗?"

停了几秒,同学们几乎异口同声:"不——喜——欢!"

我的目的初步达到,决定趁热打铁——

"那么,我请同学们再讨论思考几道难题,看看哪位同学有高招:

1. 为什么教室会有这么多垃圾? 怎么最大限度减少垃圾?

2. 能不能把这些垃圾分分类? 再想一个好方法来处理它?"

教室顿时炸开了锅,有的说是别人乱扔,自己也跟着扔;有人说以后在家吃饱饭,不再吃袋装零食,可以减少垃圾;有的同学出招,可将废纸和饮料瓶子整理收集起来,卖给收废品的攒班费……

我欣慰地看着这些可爱的孩子们,心中充满了希望和信心。

突然,一个学生喊起来:"老师——不对啊,我们跑题了! 不是说评选谁家美吗? 怎么跑到班级上来呢?"吵声小了下来,大家都不约而同地看着我。

我笑着转过身,在黑板上增加了"我的班级"几个字,变成了"我的班级我的家——主题班会"。

"同学们,因为我们爱自己的家,家才会变得美丽整洁,我们才会生活得舒适开心,才会有一个自己喜欢的环境来学习、休息! 现在,只要我们像爱自己的家一样爱我们的班级,我们的班级也一定会变得美丽温馨!"同学们顿时明白过来,不约而同地鼓起了掌。

"当然这只是第一步,只要充满了爱心,我们还可以做更多。下面请同学们模仿'我的班级我的家'来造几个句子!"

举起了几十只手。

"老师——我的校园我的家!"

"我的社区我的家!"

"我的城市我的家!"

"我的地球我的家!"

……

班会结束了,虽然评选暂时还没结果,但同学们都像是刚经受过一场洗礼一样神清气爽。从那次班会以后,我们班除了灰尘,地面上再也没有丢弃过一片垃圾,取而代之的是增添了三只箱子:一个装码好的空饮料瓶,一个装平整过的废纸张,一个装随时清理的垃圾。①

① 沈杰.我的班级,我的家——一场跑题的主题班会[J].班主任之友,2009(7):23-24.

班会是《九年义务教育全日制小学、初级中学课程计划》中活动课程的内容之一，是目前中小学全面培养学生高尚的思想道德、丰富的科学文化知识、良好的心理素质以及实际动手能力和实施素质教育的有效载体。因此，班主任要认真研究班会的内容和形式，充分发挥班会的教育功能。

一、主题班会概述

（一）主题班会的界定

1. 班会的概念

班会是在班主任领导下进行的学生会议，是班集体全体成员的会议，是学生组织生活的一种形式。它对于形成班级良好的集体舆论，建立良好的班级秩序起着重要作用。定期举行班会，是对学生进行教育的一种最普遍、最有效的工作方法。它的基本任务是讨论班集体工作的目标、讨论集体成员共同关心的问题、开展批评与自我批评、统一学生的思想认识、密切师生的关系、丰富班级的活动。

班会活动最大的好处在于通过班上的典型事例，让学生发表自己的意见，使大家在思想上弄清是非，明确努力方向，这对于建立牢固的班集体和促使大家互相关心、互相帮助都大有裨益。在班会上，每个成员都可以自由地发表个人的见解，可以对有过错的同学和不良现象提出批评，同时也可以进行自我教育。班会具有灵活、生动、适应性强的特点，它是对班集体进行教育的最常用、最有力的手段，是班主任充分发挥教育才能的广阔天地。通过班会，引导学生分析研究班集体的学习、思想品德和健康状况，提出巩固和发展班集体的措施，帮助学生分析和总结自己的班风。同时，通过班会，班主任还可以向班集体提出新的奋斗目标，制订新的工作计划，克服班集体中存在的困难，促使班级工作登上一个新的台阶。

班会内容丰富多彩，形式多种多样。从内容上说，主要围绕班集体中存在的问题，或大家共同关心的学习、生活、工作、劳动、健康等方面的问题；从形式上说，一般是讨论，但有时用批评形式、辩论形式，有时也可以先听报告，再进行讨论，或以讨论为主，辅以适当的文艺活动或游戏。形式尽管不同，但一般都要力争促使学生自己讨论或发表意见。单纯的听报告、班主任讲话，搞“一言堂”，只是班级活动，不会是班会。

2. 主题班会的概念

主题班会是班会活动中的一种形式。它是班主任根据学校培养目标，针对班级特点，围绕一件事，突出一个中心，运用班级集体对学生进行思想政治教育、科学文化知识教育的一种普遍的教育形式，也是中小学生进行自我教育的有效方式。主题班会能充分发挥集体的智慧和力量,让个人在集体活动中受教育、受熏陶,从而提高综合素质。教育实践证明,设计组织好的主题班会,是增强德育实效性的好形式,能促使学生形成健全的班级集体,进一步满足学生德、智、体、美、劳各方面的要求,有利于培养学生的创造性和独立工作能力。总之,无论是对学生世界观的形成、智慧的启迪,还是人生道路的抉择,它都起到重要的作用。正因如此,许多优秀班主任从班级实际出发,开展一系列生动、形象、富有教育意义的主题班会活动,使学生在一种积极向上,具有丰富想象力的气氛中,打下深刻的烙印,留下美好的回忆。北京市第四中学丁榕老师的一位学生毕业十年之后,对当年那些生动有趣的主题班会活动仍记忆犹新,他深有感触地说:"是这些活动教会我们如何做人。"可以毫不夸张地说,一次成功的主题班会往往能给学生的成长带来巨大的、深刻的影响,确实是对学生进行自我教育的行之有效的好形式。因此,中小学班主任应当重视主题班会的作用,善于运用主题班会来开展有效的思想教育工作。

(二)主题班会的作用

"成功的班会,可以起到感召、促进学生的作用,可以引发学生的集体主义情感,产生团结的力量,树立良好的班风,他的作用是不可估量的。"①主题班会主要有以下几个方面的作用。

1. 有利于形成学生良好思想品德

学生良好的思想品德的形成是家庭、社会、学校相互作用的结果,其中学校教育在学生思想品德的形成中占据主导地位。学校可以通过各种良好情境设计教育实践活动,有计划、有目的地对学生加以启发、引导和培植,帮助和教育学生形成正确的思想观念,在活动中培养学生良好的道德习惯,进而使之产生良好的道德行为。主题班会就具有这种功能。通过主题班会,使青少年学生在健康、活泼的集体意识中受益匪浅,逐步分清是非,提高认识,并起到丰富情感、充实精神世界的作用。实践证明,主题班会活动是道德认识的阶梯,陶冶情感的熔炉,转化行为的动力,在思想品德教育中具有多方面的作用。

2. 有利于形成正确的集体舆论,树立良好的班风

班风是班集体中大多数人的思想觉悟、道理品质、意志情感和精神状态的共同表现形式。班风的形成是班主任辛勤劳动的结果,也是班级成员共同努力的结果。而要形成良好的班级风气,首先就要在班集体中形成正确的舆论,借助于

① 周永花. 班主任要重视班会的作用[J]. 科技信息,2007(15):470.

舆论的指导、监督，支配集体成员的行为，培养集体成员的荣誉感、义务感、自豪感，美化集体生活，熏陶感染学生的思想意识，从而使班级形成一个富有凝聚力的、团结友爱的集体。而主题班会在集体舆论的形成方面起着主导的作用。通过主题班会活动，班主任可以将班上出现的好人好事和良好风尚，在全班同学中加以宣传、扩大、巩固和反复实践，也可以将别班、别校的优秀经验引到本班中来，使之在本班中得到支持和发展，对待一些不良风气、不正确的舆论，可以及时纠正、控制，使之消灭在萌芽中，从而达到鼓励先进、鞭挞后进的目的。

3. 有利于培养学生的能力

能力的培养是教育教学的重要目的之一，主题班会为学生培养多种能力提供了机会。在主题班会中，学生围绕主题联系实际、引发思考，并形成文字，继而公开述说，这一过程培养了学生思维能力、写作能力、口头表达能力及班干部的组织协调能力。在主题班会中，学生参与意识增强，从而增强了学生的自信心，提高了学生综合素质。

总之，从理论到实践足以说明主题班会确实是中小学一种较为普遍而又有效的教育形式，也是提高中小学德育工作实效性的好形式。当然，对于一次主题班会，即使是很成功的班会，我们对它的作用也不可估计过高，因为学生的思想品德是在不断发展变化的。我们班主任不可能仅仅通过几次主题班会，就把学生培养成合格的公民。所谓“十年树木，百年树人”。教育需要长期的努力，它的效果周期性长，具有滞后性。为此，就需要班主任抓住每一次机会，每一次活动，把思想政治教育工作不断引向深入。

二、主题班会的类型

(一) 主题班会的基本类型

主题班会的形式灵活多样，通常情况下的主题班会可以以故事会、报告会、座谈会、讨论会、汇报会、讲演会等形式召开。同样内容的主题班会，在不同年级或相同年级的不同班级，也应根据学生不同的特点和班级不同的具体情况，采用不同的方式。但概括起来看，主题班会主要有两种基本类型。

1. 专题班会

专题班会一般是根据班级需要，为解决某一问题而进行的此类班会。通常采用报告、讲座、辩论、演讲、对话等形式进行，有时也采取一些特殊的形式，如模拟记者招待会、竞赛、相声、诗朗诵等。通过听报告、座谈、现场调查，可以开阔学生的眼界，使学生切身感受到社会的发展变化，体会到只有改革，生产才能发展。生产发展了，生活水平提高了，但艰苦奋斗的光荣传统决不能丢。以此来澄清一些模糊认识，意识到社会向前发展，青少年将肩负着四化建设的更大责任。这种类型的班会将使学生在明道理、辨是非的过程中受到教育，达到教育学生的目的。

2. 综合性班会

综合性班会往往是围绕一个或几个主题开展一次或一系列的活动，它包含了活动的系列化、活动形式的多样化及主题的多元化。它不仅主题突出，而且活动形式也丰富多样，别具一格，它突出了学生的主体地位，适合学生的兴趣、特征，融教育性、知识性、趣味性于一体，教育效果较好，学生比较欢迎。

综合性主题班会的形式主要以下几种：

第一，具有时代性的主题班会。此类班会的主题突出时代性，从内容到形式都紧扣当前的形势和社会发展的需要，和学生的实际有密切联系。针对当前的时代特点，通过各种各样的方式，解决学生思想中存在的一些问题，使学生明确方向，认清形势，更好地理解当前的方针政策，从而端正学习目的。如为了激发学生的学习热情，可召开《为实现四化添砖加瓦》《珍惜时间》《为建设社会主义的精神文明而学习》《让我们拨快生命的时钟》等主题班会，使学生明白为什么而学，为谁而学，从而激发学生的学习动机。

第二，系列型主题班会。主题班会是作为系统教育的高潮而出现的，因而它的出现要求有完整的教育系统性。实际上对学生进行思想品德教育，不是一次、两次班会便能奏效的，必须将各类教育活动统一在一起，编排成一个体系，使之具有连续性、层次性，对学生进行持续不断、循序渐进的思想教育。这类班会在内容的深度和广度上有所突破，改变了某些班会的单一性、片面性、零散性的缺陷，教育效果将更为有效。如对初三学生进行理想教育，可以从“我最喜欢的一本书”或“我最喜欢的一句格言”，到一个成功者的自述、理想之歌或成才之路等班会作为一个层次，而后又以“共产主义就在我身边”或“让理想展翅飞翔”等作为另一更高层次来对学生进行理想教育。

第三，联合主题班会。通常情况下的主题班会以班为单位召开，这种形式是灵活方便，较易掌握。但有的时候，根据需要，主题班会也可以联合的方式召开，即联合几个班级同时召开。这种形式声势大，造成的影响也大。班与班之间可以互相交流经验，传递信息，取长补短，共同进步。这种形式一般不太常用。如若采用这种方式召开主题班会，一定要加强管理，切实做好组织安排工作，以免造成混乱。

（二）综合性主题班会的类型举要

1. 活动性班会

活动性班会是借助于具体活动而进行的班会，是以“玩”的形式出现的。这种班会大多在室外进行，有时也可在室内进行。活动性班会以游玩为主，玩中受益，寓教育于“玩”的活动中。通过活动，引导学生观察生活，激发情感，发展个性，扩展视野。如全国优秀班主任丁榕就把学生从北京带到山东长岛，搞“让理想展翅飞翔”的夏令营活动，让学生与当地的优秀班级结成友谊班，交流学习和工作经验，开展球类和游泳比赛，参观军舰和山中战备粮库，与解放军联欢，参观渔船，进行考古研究等。这就是一个典型的活动性班会的例子。

活动性班会以活动为主，所以进行这类班会必须事先有充足的准备，包括精神的和物质的准备。要充分估计到可能出现的问题和将面临的困难，计划好活动的具体步骤，应付各种风险的出现。同时，要求班集体要有良好的班风和较强的凝聚力。

活动性班会寓知识性、思想性和趣味性于一体。要使学生在活动中获得乐趣，体验到愉悦的情感，班主任就要对活动做必要的组织和指导，切实搞好管理和保护工作，尽可能满足学生的需要，依据学生的兴趣设计安排活动进程。既不能管理过严，挫伤学生活动的积极性，又不能撒手不管，放任自流。

活动性班会尽管以游玩为主，但自始至终都贯穿着明确的目的，即借助于游玩活动对学生进行思想品德教育，使学生获取一些课外知识。为使这些活动能取得预期的效果，在活动结束后，班主任要及时做好总结，有时还要进行评比，为进行下一次的活动奠定基础。

2. 知识性班会

知识性班会以学习知识、培养能力、增长才干为主，是发展个性的良好手段。知识性班会的内容很多，形式多样。可以是动脑的智力竞赛，也可以是动手的设计制作竞赛；可以是参观访问，也可以辩论会；可以是经验介绍，也可以是专题讲座等。不管以何种形式进行，目的只有一个：创造条件，把学生引进知识的海洋，鼓励学生放开思路，发展个性，增长智慧。

以学习知识为主的专题班会，设计和组织时要有针对性、专题性和趣味性，形式要灵活，特色要鲜明，要以诱发学生的兴趣和创作热情为出发点，既要扩大学生的知识面，发展学生的思维，又要对学生进行思想教育。如组织“追寻成功者的足迹”的专题读书活动，让学生有计划地阅读成功者的传记、撰写读书心得、刊出黑板报、进行读书心得交流等。通过活动，积累了知识，增加了信息量，丰富了学生的想象，开发了学生的智能。

3. 节日性班会

一年中有很多的节日,这是进行思想品德教育的极好机会。班主任应借过节之机,根据班级的管理目标和学生的具体情况,坚持开展不落俗套的班会活动,借以放松学生的情绪,增强学生间的团结,鼓励学生发展个性,丰富学生的生活,实现愉快教育之目的。节日性班会,一般要在喜悦、热闹、轻松、愉快的情境下进行,创造一种活泼、欢畅的氛围,使学生有一种新鲜感,乐于参加,让学生在愉快和笑意中感受到生活的真、善、美,享受班集体的温暖,从中受到教育。

节日性班会要各具特色,根据节日的性质特点,举办不同内容不同形式的班会,要最大限度地吸引师生参加,内容和形式,年年都应有新意,有创新,以便给大家留下深刻的印象,决不能千篇一律,滥调陈腔,给人以陈旧呆板之感。

节日性班会的形式,不拘一格,复杂多样。如展览会、篝火晚会、游戏、表演、比赛、演讲、朗诵、舞会等。如《中秋月光晚会》,有的教师一反过去吃月饼、做游戏、唱歌跳舞搞联欢的做法,代之以全新的设计:从嫦娥奔月的故事讲到阿波罗登月的趣闻;从中秋佳节倍思亲,想到一国两制、台湾回归祖国。由于内容的更新,形式的奇特,学生兴趣盎然。学生了解了人类征服和探索太空的成就,便激发了要为人类掌握太空奥秘作贡献的远大理想;认识了台湾和祖国的血肉联系,便树立了为祖国统一而尽力的伟大志向。

4. 教育性班会

教育性班会,可以是针对班内存在的问题,如班内纪律、学习态度、文体活动、劳动问题,以及为帮助个别同学而举行的班会,也可以是理想教育、人生观教育、青春期教育等班会。教育性班会一般由教师设计、准备及主持的,教师控制着班会的整个过程,引导班会向预期目标进行。

教育性班会的形式也是多种多样的,如教师的独幕戏、同学的间的辩论会、专家学者的专题报告、座谈会、学生的游戏活动等。哈尔滨市马家沟小学的辅导员莫炳慧老师针对学生大多不爱劳动的思想,特地组织安排了一次钉纽扣的比赛活动,并评出优胜者给予表扬。通过活动,激发了学生的劳动热情,加深了对"劳动光荣"的认识,增强了自我服务的本领,使学生受到了极好的劳动观念的教育。

教育性班会要求小而精,形式不宜过于严肃,要给学生创造一个宽松、愉悦的环境,使学生在愉快、舒畅中自然而然地接受教育。教育性班会的主要目的,是对学生进行思想教育,纠正学生的不良思想倾向和习惯,使之树立良好的思想观念。而良好思想观念的形成,又不是朝夕之间就能完成的,也不是一次两次班会所能解决问题的。因此,教育性班会应具有连续性、系统性、整体性的特点。

借助于多次的活动，使学生受到一次又一次的教育，加深印象巩固成果。

5. 民主生活性班会

民主生活性班会，也就是学生自己组织的班会。由学生自行设计、自行召开，借以培养学生的组织能力和管理才能，使他们在实践中受到锻炼，得到培养。

民主生活性班会要坚持以学生为主，教师为辅的原则；要有学生自己的风格，体现学生自己的特色，由学生自己组织，自己安排，教师只起启发、引导的作用，要充分尊重学生的意愿，决不能横加干涉。只要不违犯规章、纪律和政策，只要不产生不良影响，都要由学生自主活动。教师只在必要时出主意、当参谋。

民主生活性班会的内容、形式、步骤、方法、要求等，多数都由同学自己讨论确定，教师要充分调动学生的积极性，激发他们的热情，鼓励他们动脑筋，想办法，由班委会或团支部出面组织安排，有时也可指定某同学出面主持。

民主生活性班会，不限时间和场地，一切由班级的特点或学生的兴趣决定，寓教于玩，使学生在自己的天地和活动中受到良好教育。

（三）组织开展主题班会应注意的问题

班会对全班学生起着一定的影响，但影响的大小则要看班会的水平。班会虽是学生的会议，但它是在班主任领导下进行的。为保证班会的质量，组织安排班会时应注意以下几点。

1. 明确目的，选好主题

目的是活动最终所要达到的结果。一次班会要达到什么样的预期效果，作为组织者来说，事先是要非常清楚的。只有明确了活动的目的，才有活动的方向，所以确定班会的目的，是开好班会的重要组成部分。不同的班会有不同的目的，应根据学校各个时期的中心工作，结合班级具体情况和学生实际，适时确定班会的目的，做到有的放矢，讲求实效。同时，作为主题班会，最为重要的是主题突出，选择恰当。主题选择一要与班会的目的相对应；二要符合中小学学生的心理需求，能引发学生的兴趣，调动学生的积极性；三要内涵丰富，既有思想性，又有时代性；既有知识性，又有趣味性。

2. 良好的情境，充分的准备

所谓良好的情境，是指要注重会场的布置或场地与主题内容的和谐。情境，作为主题班会的客观因素，如果利用得好，将起到意想不到的效果。良好的情境，能使同学触景生情，增加感染力，给他们留下深刻的印象和难忘的记忆。

充分的准备也是主题班会成功的保证。俗话说，不打无准备之仗。要想提高班会的教育效果，达到预期的目的，班主任一定做好充分的准备工作。准备形式可以是公开的，即指定代表发言；也可以是保密的，悄悄让大多数同学都有任务，让同学们都带着想得到什么和想发现什么的求知欲来参加活动。不管采用何种形式，都要求组织者事先深思熟虑，精心安排，并把自己的意见、想法打算和所要解决的问题告诉学生干部和积极分子，向他们讲清楚，使自己的想法变成集体的想法，并采纳他们的合理意见，使准备工作更为周密完善。同时，做好思想动员工作，发动全班学生一起出主意、想办法，献计献策，充分调动学生的积极性，这种准备的过程也是教育学生的过程，它本身就具有强烈的集体主义和民主作风的教育因素。在组织班会过程中要克服两种倾向：一是包办代替，大包大揽，束缚学生的手脚，降低学生的积极性；二是全盘撒手，不闻不问，一切都推给学生。

要做好班会的准备工作，还必须有周密的计划。学期开始时，要根据学校总的教育工作计划，结合本班实际制定出本学期的班会次数、内容和方法。每次主题班会也要有详尽的计划，班会的内容要注意衔接，具有连续性，做到在前一个班会的基础上进行下一个班会，下个班会又为以后的班会创造条件。

但是，准备主题班会，千万不要为应付检查或观摩进行预演，因为预演过后，学生的感情无法真实流露。同时，在思想上也容易给学生带来弄虚作假的不良影响。

3. 学生为主体，教师为辅导

主题班会是对学生进行思想品德教育的较好方式，同时也是学生进行自我教育的一种形式。因此，在准备、组织和召开班会的过程中，要充分发挥学生的主体作用，让学生当主人，培养他们独立工作的能力和民主作风，尤其要注意培养学生干部的组织才能，尊重学生的意愿。班主任自始至终起启发诱导作用，引导班会沿着正确的方向进行，指导学生做好班会的各项工作，帮助学生在班会上进行认真地、民主地、自由地讨论，鼓励学生发表不同的见解，决不能压制、粗暴干涉学生的发言，更不能将自己的意见强加到学生头上。对于出现的一些差错，也要通过摆事实、讲道理的方式，加以耐心的启发和说服，澄清认识，辨清方向，以求逐步达到思想上和行动上的统一。这样，既能动员全体学生参与活动，调动学生的主动性、积极性，又能灵活掌握活动的过程，达到预期效果。

4. 做好总结，检查效果

每一次班会结束后，班主任都要做好总结，分析优缺点，加深学生的认识，并指出今后努力的方向。对于在班会中出现的曾经引起争议的问题，班主任应提出自己的见解，或者表示一种肯定的结论式的意见，以便统一全体学生的思想，把班会的决议贯彻到今后的学习和生活中去。同时，班主任还要做好班会效果的检查巩固工作，使班会的影响扎根到学生心中，引导学生将在班会中受到的教育落实到行动上,使班会起到它应有的作用。

三、主题班会设计的策略

(一)调查研究,突出主题的现实性

毛泽东同志说:“不论做什么事,不懂得那件事的情形,它的性质,它和它以外的事情的联系,就不知道那件事的规律,就不能知道如何去做,就不能做好那件事。”为了使主题班会具有较强的针对性,并达到预期的目的,班主任要事先搞好调查研究,了解学生的心理倾向,有目的、有计划地组织主题班会,才能收到良好成效。上海市劳动模范谢家骝老师所带的班级,在初一上学期,学生的精神状态和学习成绩都比较好,但到了初一下学期学生成绩由原来名列年级前茅,而突然落后了,这是为什么呢?谢老师找学生谈心,走访学生家庭,发现这些学生读书缺乏主动性,自学能力差,更没有提出问题、分析问题和解决问题的能力。进入中学以后,教师要求学生课堂上记笔记,课外多看参考书,养成独立思考的习惯,以开拓思路,发展智力,这样,随着课程加深就感到不适应,成绩也就上不去了。于是,他就组织一些学习用功而成绩不见提高的同学,参观、访问了上海无线电十八厂。工人同志告诉同学们说,产量要多,质量要好,关键是要搞技术革命,提高全体工人的技术水平。只花时间,不善于动脑筋,不搞技术革命,产量上不去,质量也不会稳定。学生由工厂的生产,想到自己的学习能不能也来个“技术革命”呢?谢老师接连召开了几个座谈会,同学们都反映学习要上去,方法要改进。于是她想到这样一个主题:“改进学习方法和时间赛跑”。在这次主题班会上,同学们发言踊跃。有的说,学习方法不对头,吃透了苦头;有的找来了资料,介绍名人名家的学习方法;有的以自己改进学习方法前后成绩的变化,说明学习方法的重要……会上老师总结了同学们的经验和教训,向他们提出了学习方法十六字诀:“专心上课,认真复习,独立作业,坚持预习”。会后,很多同学说:“过去根本不知道什么是正确的学习方法,这一下可摸到门路了!”学生普遍懂得了这样一个道理:要得到优秀的学习成绩,除了苦学还得巧思,只有把两者紧密结合起来,才能和时间赛跑。

(二)选好主题,把握方向

主题班会的“主题”,好比一支曲子的基调,它是定音的。主题选择一要符合中小学学生的心理需要,能引起他们的兴趣,能激发他们热点和兴奋点的;二要内涵丰富,能包含思想性、知识性、趣味性,适宜各种人以各种方式来表达;三要有深度,能细嚼品味;四要有鲜明的时代气息,反映时代的脉搏,体现时代的精

神和要求,具有强烈的时代性。有一位老师接了一个新班,班上大多数同学学习成绩较差,自卑感强,低人一头的精神枷锁束缚着同学。一部分同学苦恼、沉闷,情绪低落。根据这种情况,在班级组建不久,这位老师组织了题为"让理想展翅飞翔"的主题班会。会上让一些学习成绩好的同学畅谈自己的理想和今后的打算。同时也让一些情绪低落的学生,谈自己的认识和今后的打算。许多同学重新燃起了理想的火焰,班集体有了一个良好的开端。可见,主题应具有思想性、知识性、趣味性,才能避免空洞的说教,使班集体朝着健康的方向发展。

(三)优化设计,讲究效果

主题班会开得成功与否,能否达到预期的目的,提高教育的实效,关键在于事前的周密设计。列宁曾经指出:"如果要拟定一张包治百病的药方,或者一个适用于一切情况的共同准则,那是很荒谬的。"因此,对学生进行思想教育要寻找适合于所有条件的包罗万象的教育方法,那是不可能的。这就要求我们重视研究学生的特点——研究他们的生理、心理特点、文化素养、政治热情、技巧能力、兴趣爱好,从而寻找最佳教育途径,使制订的教育实施方案最优化。基于这个指导思想,强调班会的设计,使之收到应有的效果,就显得十分必要。注重主题班会的优化设计是开好主题班会的有力保证。北京四中特级教师丁榕,当班主任 20 年,20 个元旦晚会各有特色,她恪守这样一句名言:决不重复别人的路,也决不重复自己的路。有一年元旦,正当全班同学兴高采烈地化妆,圣诞老人祝贺新年的时候,忽然有人报告:"老师宿舍被撬!"热闹的晚会中断了。怎么办?她要求班委会迅速做出决定。结果同学们在班委的带领下,展开了一场抓小偷的战斗。当"小偷"抓住后,还没有同学想到这是她一手精心设计的一个游戏。可是,同学们却在这场游戏中找到了真正的自己:有的平日学习不错,关键时刻吓得尿了裤子;有的"淘气包"今天却机智勇敢;有的奋不顾身,也有的当了逃兵。这项活动深深震动了学生,许多同学在日记或作文中记下他们从中受到的教育和启发。显然,只有最优化的设计才能使主题班会收到最佳效果。但达到最优化设计必须做到以下几点:第一,强烈的时代性。主题班会活动要从火热的现实生活出发,富有鲜明的时代气息,反映时代的脉搏,体现时代的精神和要求,具有强烈的时代性,如《我为改革唱赞歌》《当代中学生风貌》等。第二,深刻的教育性。主题班会活动要体现"有理想、有道德、有文化、有纪律"和"爱祖国、爱人民、爱劳动、爱科学、爱社会主义"的全面发展的总目标和"面向现代化、面向世界、面向未来"的总要求,主题深刻,名称醒目,言简意赅,富有号召力和感染力,具有深刻的教育性。如《爱我中华》《克隆技术威力大》《国旗、国徽、国歌的由来》等。第三,鲜明的针对性。主题班会活动从各年级学生的实际出发,密切结合他们的思想、学习和生活等实际情况，符合学生的年龄特点，具有鲜明的针对性，才能扣开其心扉，使其产生共鸣，受到强烈的感染。如《火红的年华》《我的追求》《让青春闪光》等。第四，丰富的知识性。青少年正处于长身体、长知识的黄金时期，主题班会活动要具有丰富的知识性，让学生在知识的百花园里采花酿蜜，丰富自己的头脑，如《让我们走近 Internet》《标点符号大联欢》等。第五，浓厚的趣味性。兴趣，是人的认识需要的情绪表现，它是入门的向导，是点燃学生智慧的火花，是激励人们探求真理的动力。主题班会活动要内容新、形式新、生动、活泼、形象、高雅，引人入胜，具有浓厚的趣味性，做到寓教于乐，真正陶冶学生高尚的情操，如《道德门诊》《人生的价值》《我喜爱的一句箴言》等。

（四）充分发挥班主任的主导作用

班会仅仅是动态教育过程中的一环。在设计班会之前，对于学生各方面存在的问题，学生思想认识的实际水平以及他们能接受教育的程度，班主任要做深入了解和研究。根据学生的情况考虑班会的内容、目的要求和形式，再和班级学生干部（也可包括积极分子）进行商讨，共同提出计划，确定班会的主题、目的要求、会议形式和分工准备。班主任要善于把自己的教育要求和打算，转化为学生干部和积极分子的愿望和要求。班主任既不能作指令性的布置，又不能放手不管，而是要善于启发、引导，充分调动学生的主动性和创造性，并带动全班同学积极投入班会的各种准备活动。总的来讲，班主任要充分发挥主导作用，第一既会引，又善导；既敢放，又能收；第二既要发扬民主，又要善于集中；第三班会设计中既要充分吸取以前学生发挥主体作用所提供的各种半成品，进行加工；又要充分估计班会活动中学生的主体作用。只有这样，才能体现出班主任的主导作用。

（五）突出学生的主体地位

主题班会是学生自我教育的一种形式，在准备、组织、召开的过程中，班主任应充分发挥学生的作用，让学生当主人，自己当参谋。老师不要包办代替。即使出现差错，也没关系，学生是在受到充分信任的心理状态下去接受教育的，这种教育是愉快的，是自觉自愿的，这也是主题班会获得成功的决定因素。

班主任必须十分明确：发动全班学生积极投入班会的各种准备过程，就是引导全体学生集体进行自我教育的过程。某中学初一年级有一个班，在班主任老师的指导下，同学们在准备《心中要有祖国和人民》这个主题班会时，通过阅读有关课外读物，以及通过“走出去、请进来”等教育活动，对英雄模范人物进行调查研究。在使他们认识上有较大提高，情感上也有所触动的基础上，再通过主题班会，相互交流体会，从而进一步加深了同学们的思想收获和情感体验。

开好主题班会是对班主任各方面能力的综合检验。好的主题班会将对学生产生深刻的教育影响,给同学们留下美好的回忆。对此,班主任必须引起重视,要充分运用这种形式对学生实施行之有效的教育。

拓展阅读 11-1

别说不可能

教育目标

1. 通过案例教学,激发学生对自己的信心。

2. 通过集体讨论,帮助学生了解积极思维方式的意义和方法。

活动过程

一、介绍拿破仑·希尔的故事

(出示拿破仑·希尔的照片)

班主任:这人是谁?

学生:拿破仑·希尔。

班主任:你们知道他是什么人吗?

(本来我预测没有学生知道拿破仑·希尔,但是有一位同学居然了解一些关于他的信息)

学生:他是一名成功学家……

班主任:真是太棒了!居然知道拿破仑·希尔是谁,这说明他平时阅读面很广!这位成功学家究竟有多成功,让我们一起走近他。拿破仑·希尔小时候家里很贫穷,他所受的教育并不完整。为什么他会成为世界上最伟大的成功学家之一?你们想知道是为什么吗?让我们一起来看一个小故事:(播放幻灯片:《天才是教育出来的》)

一位年轻人从小有一个抱负——想当作家。为了达到这个目的,他知道自己必须精于遣词造句,字词将是他的工具。但由于他小时候家里穷,所接受的教育并不完整,因此好心的朋友告诉他,年轻人存钱买了一本最好、最完整、最漂亮的字典,他所需要的字都在这本字典里面,而他的信念是完全了解和掌握这些字。但是他做了一件奇特的事,他找到"不可能"这个词,用小剪刀把它剪下来,然后丢掉,于是他有了一本没有"不可能"的字典。之后他把他整个事业都建立在这个前提上,那就是对一个要成长,而且要成长得超过别人的人来说,没有什么事情是不可能的。

班主任:读完这个故事,相信同学们都知道这个年轻人就是拿破仑·希尔。从他的故事中,我们学到了什么?

（学生讨论，发言）

学生1：做人一定要有目标。

班主任：对！没有目标的人生就像是没有航向的船只，永远也到达不成功的彼岸。

学生2：做人一定要自信。

班主任：说得好！现代心理学研究表明，自信心强，大脑的思维就活跃，容易产生灵感和创造力；反之，缺乏自信，大脑活动就受抑制，很难行创造性思维。

班主任小结：拿破仑·希尔的故事告诉我们在信心、专心、耐心与恒心面前，人生词典里没有“不可能”这三个字。

二、介绍半人演讲家的故事

班主任：你们知道的让人感动的“别说不可能”的人有哪些呢？

学生1：海伦·凯勒。

学生2：斯蒂芬·霍金。

学生3：保尔·柯察金。

班主任：他们真的很感人，今天老师再向你们介绍一位。

（出示幻灯片：半人演说家约翰·库缇斯的照片）

班主任：你们知道这是谁的照片吗？他就是感动了整个世界的半人演讲家——约翰·库缇斯！他出生的时候，由于遗传疾病，两条腿发育严重不良，就像两条青蛙的腿。医生当时很遗憾地对他父亲说：“对不起，恐怕您得准备一个葬礼！”可是，约翰·库缇斯活下来了。他除了创造出生存的奇迹，还创造了让许多人难以想象的奇迹。下面，让我们一起来看一段录像带：

（给学生五分钟时间观看约翰·库缇斯日常生活及演讲片段）

班主任：

他没有双脚，可是他学会了游泳；

他没有双脚，可是他学会了开车；

他没有双脚，可是他学会了打乒乓……

在一次演讲中，他问道：“有多少人觉得自己的鞋子不合脚？”会场里很多人举起了手。他接着又举起自己行走时套在手上的手套问：“我用全部的财富来交换你的双脚，你愿意吗？”说完之后，他又问：“还有多少人觉得自己的鞋子不合适？”这一回，没有一个人举手。正如约翰·库缇斯所说：“我们觉得自己不幸时，永远有人比我们更不幸！”对于盲人来说，能看一眼这个世界，那该是怎样的幸福？对于哑巴来说，能亲口叫一声自己的妈妈，那该是怎样的幸福？对于从小瘫痪的人来说，能自由地行走在坚实的土地上，那该是怎样的幸福……这一切，我们都拥有,可是我们却没有感觉到幸福,而是感觉到这一切都是理所当然的!说到这里,我看见有同学开始流泪。同学们,以后当我们感到不快乐的时候,就想想约翰·库缇斯吧!面对他,我们还有什么理由抱怨生活?我们还有什么理由说自己无法做到?

三、讨论发生在我们班里的看似不可能的事

学生一:婷入学时,英语只考了 10 分。一个学期后,英语就达到了及格分数;

学生二:鹏入学时,英语只有 15 分,根本就没有考高中的希望。一个学期后,英语考到了 78.5 分。总分基本达到了可以上高中的分数线。

学生三:数学考试,全年级 9 个 100 分(全年级 9 个平行班),我们班有三位同学。

学生四:期末考试 4 门功课,我们班总共只有 5 人次不及格。

学生五:春,按照原来的成绩,连上高中的机会都没有,可是仅仅一个学期后,他的成绩就几乎达到了重点高中的分数线。

班主任:这些故事,都告诉我们什么样的一个道理?

学生齐答:在信心、专心、耐心与恒心面前,人生词典里没有“不可能”这三个字。

四、怎样与“不可能先生”告别

班主任:我们要怎样才能与“不可能先生”告别呢?最好的方法就是做一个积极思考的人!为什么做一个积极思考的人很重要?因为“积极思考”的人会选择语言。他们不会使用妨碍自己成长的消极语言(如果、做不到、不可能等),他们从自己的脑海中把那种语言完全清除出去。消极的语言证明你怀有消极的思想,不会对你产生好的影响,因此在积极思维中最重要的是不使用消极的语言。最好是能忘掉那些会引起失败的语言。

同学们,从现在开始,我们要采取行动与“不可能先生”永别。那么,我们要怎么做呢?请你们先拿出一张纸,写下你们自认为做不到的事情。

(给学生两分钟时间去完成)

等学生完成后,班主任发言:现在请同学们将自己手中的纸条放进我身边的这个盒子里。等班会结束后,我把它埋在校园里的一棵树下。以后,当你想说“我不可能做到”的时候,就请对自己说:“我已经将‘不可能先生’埋葬,现在对我来说,没有什么不可能!”

五、做一名乐观者

班主任:从阴暗的窗户往外看去,有人看到的是无尽的黑暗,有人看到的却是满天的星斗;饥渴难耐的旅行者,在道路旁看到半瓶水,有人会想:“太好了,我有半瓶水可以喝了。”而有的人却会想:“真是太倒霉了,只有半瓶水可以喝!”同样的事情,只因为不同的想法,导致两种截然不同的心情。前一种,我们通常称他们为乐观者,后一种人,我们称他们为悲观者。我希望我们班的同学都能成为积极开朗的乐观者,而不要成为整天怨天尤人的悲观者。那么,如何才能成为一名积极思考的乐观者呢?让我们先来思考几个问题:

1. 你走过一座大楼时,有人不断往下扔垃圾,其中有一个砸到你身上。
2. 有人无缘无故地骂了你。
3. 你一不小心把一道会做的数学题做错了。
4. 你上课走神被老师批评了。

(给学生几分钟时间讨论乐观者与悲观者会如何思考这些问题。)

班主任:我相信每一位同学都想成为一名乐观者,但是有时候以前形成的习惯会顽固地将我们拖回原有的思维,所以我们需要不断地提醒自己养成积极思维的习惯。为了每一位同学都能够做到这一点,我特意准备了一份材料,我们先来一齐朗读一遍,等下课后,我会把它贴在班级园地,希望同学们能够经常阅读它,直到里面的文字在你心底开花结果。

让我们来看《乐观者俱乐部守则》:

你得允诺自己……

内心坚强而不为任何事情困扰,

跟人只谈健康、快乐及成功。

告诉朋友他们身上所拥有的宝贵特质,

看事情的光明面并使之实现。

往最乐观的一面想,往最乐观的一面做,并预期最乐观的结果。

要为别人的成功高兴,就像是自己的成功。

要忘记过去的错误,迈向未来更大的成功。

随时保持愉快的心情,以微笑迎接每一个人。

多花时间来要求自己,少花时间去苛责别人。

对迎面而来的麻烦欣然以待,不忧、不怒、不惧。

六、我们是大自然最伟大的奇迹

班主任:别说“不可能”,那么,我们说什么?我们将说“一切皆有可能”!因为我们是大自然最伟大的奇迹!

同学们齐声诵读《世界上最伟大的推销员》。

班主任总结:同学们,从现在开始,就让我们用实际行动向世人证明,只要我们愿意,每个人都可以成为自然界最伟大的奇迹!①

拓展阅读 11-2　合理利用网络,提高学习质量

设计背景

初二年级的学生对于电脑技术的运用已有一定的能力,对于社会上的热门网络游戏尤其热衷,有的同学甚至达到了痴迷的程度。这样不利于学习,对自己的身心健康也造成了极大的危害。为了提高学习效率、合理利用网络资源,让学生体会到正确使用网络的乐趣,引导学生健康地安排课余时间,特设计、开展本次活动。

教育目标

1. 知识与能力目标:通过活动,让学生懂得不正确使用网络带来的危害,了解合理利用网络资源可以提高学习质量,扩大自己的知识面,知道一些健康实用的网址,有助于学习与丰富课余生活。

2. 过程与方法目标:通过学生收集案例资料,师生共同分析讨论,让学生辨析网络的利弊,并且通过学习法律知识,让学生深刻认识到痴迷网络的危害性、合理利用网络的优越性。

3. 情感、态度与价值观目标:通过学习,能指出班中同学存在的不足,树立正确的上网观,有自控能力,有抵制能力,有一定的鉴别能力。

活动准备

1. 学生准备:全班分组收集有关青少年上网的数据、经典案例,与学生学习生活相关的有用的网站。推选出辩手,组成正方与反方辩论队。请学生准备介绍自己的经验和收获。

2. 教师准备:查找有关资料;与学生、家长联系,了解学生对上网看法,以及本班的实际情况。

活动过程

一、导入

案例播放:一则杀人案

两年前,小新开始沉迷网络,学习成绩陡然下降,初中还没有毕业便辍学。小新曾经偷过爸爸2 000多元钱,并在网吧待了一个星期。之后,父亲对小新一

---

① 喻雪梅.别说不可能[M]//丁如许.魅力班会课(初中卷).上海:华东师范大学出版社,2009:54-62.

顿打骂，但对小新来说已经起不到任何作用。一天晚上他去爷爷家偷钱，看爷爷奶奶已经睡了，就去翻，可一想怕把奶奶吵醒了，就用菜刀把奶奶砍伤了再翻。睡梦中的奶奶倒在了血泊中，响声惊动了爷爷。不顾一切的小新又将菜刀砍向了他，爷爷受伤后逃出家门。小新翻箱倒柜也没有找到钱，只在奶奶兜里找到了两元钱。

事后，小新的爷爷说，那是奶奶为孙子准备的早点钱。小新捏着两元钱在村口的一个洞里躲了起来。思来想去，还是投案自首了。

讨论：网络有哪些危害性？

（学生回答：影响学业，影响学生健康成长，更有可能使人走上违法犯罪的道路等。）

教师：现在社会网络的广泛应用已经非常普遍，但是作为学生如果不能合理利用网络，而是沉迷在网络中不能自拔，这样不仅不利于学习，而且还会影响到学生的健康成长。

如果像这个案件中的小新，为了上网要去偷钱，并杀害了自己的奶奶，犯下了杀人的罪行，那更是不应该的。其实网络不仅仅是学生们想到的玩游戏，它可以给我们带来丰富的知识，拓宽我们的知识面，今天我们先来辩一辩网络的利弊。

二、网络利弊之辩论

主持人：首先介绍本场比赛的辩论规则：第一，由正反双方一辩亮出各自的观点，并简要说明。时间不超过 4 分钟。第二，由正反双方二辩辩论，时间不超过 3 分钟。第三，进入盘问阶段，由正反双方三辩提出问题，双方一、二、三辩都参与答辩。时间不超过 4 分钟。第四，由正反双方四辩作结束陈述。时间不超过 2 分钟。

（主持人请正方与反方学生代表就座）

主持人：现在我们的辩论主题是中学生上网利弊之比较，请双方亮出各自的观点。

主持人：这次辩论到此结束，我们在双方的辩论中听到了正反辩手的精彩辩词，更在辩论中思考自己该如何正确对待上网问题，希望我班同学都能合理利用网络资源，提高学习质量。

三、学生介绍经验

中队长：我班上有几位同学平时学习成绩好，并在校、区、市、国家的电脑科技等比赛中获得了各种奖项。他们是如何把握学习与用电脑的时间，又是如何把两者都学好的？接下来请我班的黎谨谦来说一下他的心得。

黎谨谦:我觉得利用好网络是可以提高学习成绩的。我很喜欢英语,平时,做完了功课我会上一些网站,如:博客英语网,这个网站可以提供全球的热点新闻;还有无忧英语学习网,这个网站也提供了一些英语学习的好方法。当然也有一些游戏,如果你能听懂英语的话,其中是有很多提示的,这样玩起来有指导性,我们也能玩得更好,所以玩游戏也能促进英语听力。不过在玩游戏的过程中,我们要把握好时间,不要玩起来没底,否则时间会很快过去的。我建议要玩游戏的同学一回家,首先把作业做完,然后再玩游戏,时间控制在一个小时左右。控制时间可以用闹钟,或是在电脑上设定时间,到时电脑会自动关机。

中队长:谢谢黎谨谦给我们的建议。我们班还有一位电脑神童,他多次获得电脑科技方面的大奖,人称“得奖专业户”,我们来听听他的高见吧!

黄子杰:班长过奖了!其实我是非常喜欢玩电脑的,但是玩电脑并不等于玩电脑游戏。我的时间还是花在学习上的多,花在电脑上的时间每天最多两个小时,双休日如果是要做作品的话就要多一些。当然,我父母看到我对电脑的兴趣,他们给我报了电脑学习班,所以我只不过是多读了一点东西,会制作一些动漫网页,借鉴已有的模板,再进行改进与发明,现在取得了一些成绩,但是学习是无止境的,我还会继续努力。

中队长:谢谢两位同学的介绍。

四、学生共同签订班级网络文明公约

中队长介绍班委会初步拟定的班级网络文明公约,征询同学们的意见。

初二(5)班班级网络文明公约

一、合理安排好上网时间,浏览健康网页。

二、不在网上发布不良信息,不能在校园网发布侮辱他人、诋毁其他班级及其他人的信息。

三、不与陌生的网友单独外出活动,学会保护自身的安全。

四、维护网络安全,不使用有病毒的移动设备。

五、不迷恋玩网络游戏,有节制地开展有益于身心健康的网络活动。

同学们达成共识后,举手表决,并集体诵读。

五、班主任总结

同学们的辩论非常精彩,双方各执一词。其实双方都有一定的道理。网络的利弊,关键在于人,在于我们自己如何对待。我认为,我们要合理利用网络资源,提高自己的学习质量,养成健康的生活方式。

这里,我向你们推荐一些优秀的网站。新闻类如东方网、上海热线、解放网、新民网,浏览这些新闻网页,学生可以了解到国内外的时政,有助于学生的学习,也有助于培养学生的爱国热情。教育类的有东方宣传教育资料网、未成年人网络天地、远播网、一课一练系列游学网。这些网站直接有助于学生的学习,帮助学生巩固所学知识,并拓展知识面。游戏类的有盛大在线、第九城市网、中国网络游戏服务网。生活类的有大众点评网、易文网、上海东方艺术中心官方网站、上海青年志愿者网、生命在线。这些网络我们都可以合理利用。

其次,针对我们班有的同学迷恋网络的倾向,我们大家都有责任帮助他们。对网络游戏,我认为在平时不能玩。现在学习紧张,不能分心。假期我们可以适当地玩一下,但一定要掌握好"度",要有时间的控制。营业性网吧不能去。如看到我班同学进入营业性网吧玩游戏,同学们应联系家长或老师,以求得帮助。家住得近的同学可以组织丰富多彩的课余活动,千万不要把时间花在玩电子游戏、聊天上。

最后,希望大家都有健康的生活方式,能充分利用高科技,合理利用网络资源,提高我们的学习质量。①

拓展阅读 11-3　高中生活如何起航

【设计背景】

《国家中长期教育改革和发展规划纲要(2010—2020 年)》"战略目标和战略主题"章节中指出:要坚持德育为先,坚持能力为重,坚持全面发展。这是对素质教育新的阐释,体现了党和国家对人才培养的战略规划。

高一学生步入新的学校,班主任应该指导他们根据党和国家对人才培养的战略规划,思考、制订自己的新学期计划,规划自己的美好人生,为此我设计了《高中生活如何起航》班会课,帮助刚进入高中学习的学生思考如何树立正确的目标;如何提升学习能力、实践能力、创新能力、独立生活能力以及人际交往能力;如何夯实基础,发展特长。

【课前准备】

1. 搜集生活中有关明确目标、提高能力和夯实基础发展特长的名人论述及典型事例。

2. 搜集学生开学以来军训和班级活动的图片资料以及励志的歌曲;

3. 准备与主题相关的 PPT 和视频。

---

① 胡逸. 合理利用网络,提高学习质量[M]//丁如许. 魅力班会课(初中卷). 上海:华东师范大学出版社,2009:197-206.

【教育目标】

1. 通过具体事例,教育引导学生树立正确的奋斗目标。

2. 指导学生在文化学习、班级活动、学校生活中努力增强学习能力、实践能力和创新能力。

3. 指导学生夯实基础,发展特长。

【课前准备】

1. 搜集生活中有关明确目标、提高能力和夯实基础、发展特长的名人论述及典型事例。

2. 搜集学生开学以来军训和活动的图片资料以及励志的歌曲。

3. 准备与主题相关的PPT和视频。

【教育过程】

一、导入

同学们经过幼儿园、小学、初中多年的学习,今天终于走进高中的校园。我们渐渐强健的身体告诉我们,我们长大了;我们日渐成熟的心理告诉我们,我们长大了;父母期待的眼神告诉我们,我们长大了!

高中是我们进入大学前的一个重要阶段,也是我们走向社会的准备阶段,它对我们成长的意义非同一般。那么,我们的高中生活应该怎样开始?我们的理想之船应该怎样起航呢?(板书:高中生活如何起航)

二、结合学情,提出建议

我认为,高中阶段的开始,重点要做好以下三方面的事:①确立目标;②提升能力(如学习能力、实践能力、独立生活能力、人际交往能力、创新能力等);③夯实基础,发展特长。

(一)确立目标

我想提出一个问题:"为什么高中伊始要确立目标?"(学生讨论,各抒己见。请部分同学做发言交流。)

同学们的讨论很热烈,我想,首先与同学们分享一个调查报告,那就是著名的哈佛大学的调查报告"成功与目标"。

1. 介绍著名的哈佛大学调查报告"成功与目标"

哈佛大学有一个非常著名的关于目标对人生影响的跟踪调查,对象是一群智力、学历、环境等条件都差不多的年轻人,调查结果发现:27%的人,没有目标;60%的人,目标模糊;10%的人,有比较清晰的短期目标;3%的人,有十分清晰的长期目标。

25年的跟踪调查发现,他们的生活状况十分有意思:

那3%的人,25年来几乎都不曾更改过自己的人生目标,他们始终朝着同一个方向不懈地努力,25年后,他们几乎都成了社会各界顶尖成功人士,他们中不乏空手创业者、行业领袖、社会精英。

那10%的人,大都生活在社会的中上层。他们的共同特点是,那些短期目标不断地被达成,生活质量稳步上升,他们成为各行各业不可缺少的专业人士,如医生、律师、工程师、高级主管等等。

那60%的人,几乎都生活在社会的中下层面,他们能安稳地生活与工作,但都没有什么特别的成绩。

剩下的27%的人,他们都几乎生活在社会的最底层,他们的生活都过得都很不如意,常常失业,靠社会救济,并且常常在抱怨他人,抱怨社会。

调查者因此得出结论:目标对人生有巨大的导向性作用。成功在一开始仅仅是一个选择。你选择什么样的目标,就会有什么样的成就,就会有什么样的人生。

什么是成功?成功就是达到既定的有意义的目标。

没有目标,就无所谓成功。所以我们说:成功的起点从确定目标开始。

2.如何制订目标

既然目标如此重要,那么我们应该怎样制订目标呢?我认为:

(1)目标要明确。诸如"我想考上大学"、"我希望过幸福的生活"此类的目标都是不够明确的。你究竟想考什么样的大学?重点、本科,还是专科?如果是重点大学,是北京大学还是复旦大学?什么样的生活才算是幸福的生活?这些必须要弄清楚。目标越明确,越容易执行。

(2)目标要合理。确定目标一定要符合自己的实际水平,可以略高于自己的能力,作为努力的动力,但不能过高,超出能力范围,根本达不到,其实等于没定。

(3)目标要形象。你还可以把你的目标用文字、图片的形式表现出来,比如你的目标是考取复旦,你不妨给自己写个口号:"杀进复旦!"还可以找来有关复旦校园风景的图片,贴在墙壁上或桌子上,时时看,常常看。

(4)目标要形成计划。如果没有一个切实可行的计划,你的目标只能是空中楼阁、海市蜃楼。

(5)目标要落实。要严格执行计划,每日检查计划的落实情况,并要鼓励自己:做好了今天的事,我又向目标靠近了一步!

(二)要努力提升各种能力

仅仅有目标还不够,要实现目标,还要有我们的能力作为支撑。在高中生活中，我们需要提升哪些能力呢？我认为主要提升以下几种能力：学习能力、独立生活能力、人际交往能力和创新能力。现在我们将问题分至各组，各组重点思考，然后我们一起讨论。（布置各组讨论。）

1. 讨论“学习能力的重要及如何提高”

（请第一小组同学发言）听了第一小组的发言，我想强调的是：

（1）学习能力的重要性

今天的世界已进入知识经济时代，这是一个知识“爆炸”的时代。新知识不断涌现，旧知识折旧加速。21 世纪知识更新的速度像磁浮列车一般，风驰电掣。如果跟不上知识的更新速度，我们将面临愈演愈烈的竞争和压力。正如英特尔总裁格鲁夫说：在这个快速变化的环境中，面对这么多强劲的对手，我们要始终能保持持久的竞争力，唯一的办法就是比别人学得更快。

学习能力，就是以最快捷的速度、最简便的方式、最有效的形式获取准确的知识和信息的能力。不管是英特尔公司还是微软公司，他们都走在了当代世界经济的最前面，就是因为这些公司拥有了最先进的知识和创新意识。而知识和创新不是凭空产生的，它一定是通过学习才能得到的，谁的学习能力强，谁获得的知识就多，谁的知识多 谁的竞争力就高，谁就能够抢占竞争的制高点。

据统计，美国现在排名最前的 25 家企业中就有 80% 正在运用学习型组织理论管理自己的企业，如杜邦、英特尔、苹果电脑、福特汽车、GE 公司，以及摩托罗拉等。在新浪，更推崇的是“学习能力”重于“专业和工作经验”。作为新兴的高科技行业，从业人员的经验并不是一个重要的因素，因为大家其实都在摸着石头过河，比如彩信、彩铃，都是最近两三年才出现的行业，做这行的有一年经验就已经很难得了。而一个员工，如果具有一定的理念基础和良好的学习能力，能够很快适应岗位的要求，可以结合实践用所学知识，就能做得非常优秀。高科技的迅猛发展令我们眼花缭乱，所以，在这个瞬息万变的环境中，如何适应这日新月异的世界，在千帆竞技的大潮中稳居浪头，关键要看我们是否有超前的学习能力。

（2）高中生如何提高学习能力

爱因斯坦有个成功的公式：A=X+Y+Z。A 代表成功，X 代表艰苦劳动，Y 代表正确方法，Z 代表少说废话。这个公式指明事业成功的三要素。对于学业来说，成功也有三要素：学习成功=心理素质+学习方法+智能素质。

①提高学习心理的素质。明确学习的动机、提高学习的兴趣、培养学习的情感、意志和态度。只有动机明确了，才能有端正的学习态度以及对学习的热爱，才会调动你的热情，发奋努力去学习。

②掌握科学的学习方法。比如要加强预习、听课、作业的方法、复习的方法。(请班级学习成绩优秀的杨思雨同学简介学习经验)

③发展智力,提高能力。发展观察力、提高记忆能力、发展思维能力、发展想象能力、培养自学能力。

2. 讨论“独立生活的重要及如何加强”

(请第二小组同学发言)听了第二小组的发言,我想强调的是:

(1)独立的重要性

易卜生先生曾经说过:“世界上最坚强的人就是独立的人。”是的,因为自立的人才会有所作为,自立的国家才会不受欺负,实现繁荣富强。陶行知先生也说过:“滴自己的汗,吃自己的饭;靠人,靠天靠祖上,不算好汉。”这些都说明了人要学会自立,更要懂得自立。因为总有一天我们会长大,许多事情都要自己解决,自己面对。我们不能事事都依赖于他人,因为不懂得自立就会被社会所淘汰。

当一个学生走出家庭,进入学校后,他必须要面对他人,必须学会融入社会,必须要学会独立照顾自己,学习自立自强。我们作为寄宿制学校的学生,更应该学会独立生活、自立自强。

(2)如何培养独立生活能力?

①从思想上培养责任意识。责任感就是自觉地把自己的事做好的心情。一个人的责任感强烈与否,很大程度上决定着他的独立生活能力的形成,只有树立强烈的社会责任感,一个人才能敢于面对生活的挑战,独立的承担责任,并很好地生活、生存下去。现在我班男生寝室内务不如女生。我建议男生内务不好的寝室长,要向优秀的女生寝室长请教,思考如何增强责任意识,做好工作。

②在生活中培养劳动观念。有了劳动的观念,才能使学生热爱劳动,培养独立劳动的能力。劳动观念不是一朝一夕就能形成的,潜在于从点点滴滴的小事中,在长期的生活实践中逐步培养。我们要充分利用各种机会,发挥学生的双手的作用,不管是在学校,还是在家中,我们都要做一些力所能及的体力劳动,感受到劳动的艰辛和劳动成果的来之不易。

(请劳动委员毛静谈班级值日中出现的问题,并分析原因。)

③在学习中培养独立思考的能力。独立思考问题,是独立解决实际问题的前提条件。一个人如果不善于独立思考问题,那么他面对许多新问题将一筹莫展,束手无策。独立生活要求我们要善于独立地思考问题。当然,独立思考并不等于刚愎自用,而是要善于对问题做出分析,做出正确的判断和选择。

(请学习委员谈我们班在这些方面存在的问题及解决策略)

④在意志毅力方面,培养不怕困难顽强拼搏的精神。

3. 讨论“人际交往能力的重要及如何加强”

(请第三小组同学发言) 听了第三小组的发言,我想强调的是:

(1)人际交往能力的重要性

曾经有一则报道:1986 年 3 月 28 日,日本著名的科学城筑波,第三批科技人员自杀,到此为止,已有十几名科技人员在筑波自绝于世了。那究竟是什么原因呢? 经过考察人们发现:这个完全现代化的科学城,由于建筑间隙过大,每座楼房都被绿茵环抱,彼此几乎隔绝,而且科技人员们人人杰出,不屑与人合作,这使人与人之间的感情交流几乎被降到了最低限度。加上一年一度的科技成果报告会,人们为了各自的“尖端”,彼此封闭,老死不相往来,难以形成充满人情味儿的人际关系,这可能是筑波城自杀日众的原因所在,所以为了推进共同的事业,为了创造一个和谐的生存环境,人们需要建立良好和谐的人际关系。

大量研究表明,人际关系影响人生业绩,且是成功者取得成功的重要途径之一。

(2)介绍高中生处理人际关系的方法

我向大家介绍四个“要”,要热情交往、要理解尊重、要以诚相待、要宽容谅解。

4. 讨论“创新能力的重要及如何加强”

(请第四小组同学发言) 听了第四小组的发言,我想强调的是:

前一阶段,我们参加了我校“创新实验室”的揭牌仪式,我们班也是创新实验班,这就是说,我们身上又多了一份责任与使命。而飞速发展的时代要求当代高中生还要学习、增强一种能力——创新能力。

(1)加强创新能力的重要性

创新能力是个体运用一切已知信息,包括已有的知识和经验等,产生某种独特、新颖、有社会或个人价值的产品的能力。

如果这个世界没有创新能力,便不会有今日人类的文明,可能人类还同猩猩一起过着原始的生活,如果爱因斯坦,爱迪生等人没有创新能力,他们何以取得巨大的成就与收获? 如果一个人不具备创新能力,可以说是庸才;如果一个民族没有了创新人才,它便是一个落后的民族。

创新能力是民族进步的灵魂、经济竞争的核心;当今社会的竞争,与其说是人才的竞争,不如说是人的创造力的竞争。

我们学校非常重视学生创新能力的培养,为学生搭建了增强创新能力的平台,如头脑奥林匹克创新活动。

（学生观看我校2008年头脑奥林匹克比赛代表队参加第28届头脑奥林匹克比赛并获得世界冠军的录像剪辑。）

我班也有同学参加了我校的OM队，机器人队，希望他们也能大有作为。

(2)培养创新能力的方法

① 在学习生活中，要培养自己自主、进取、勇敢和独立的人格；

② 要有好奇心、自信心、想象力和表达欲。比如，要大胆发言，勤思考，多讨论，大胆质疑，逢事多问“为什么”“怎么样”，自己拿主意，自己作决定，不依附，不盲从；

③ 积极参加学校为我们开设的“创新实验课程”，参加OM队、机器人队活动，利用这些方式，来开阔我们的视野，拓展我们的思维等。

（三）夯实基础、发展特长以及方法

1. 为什么要夯实基础，发展特长

“水滴石穿”、“万丈高楼平地起”，学习也同样如此。众所周知，知识、能力、心理历来是制约考生考试成绩高低的三大主要因素。其中知识无疑又是首要因素，因为学科基础如果不扎实，能力再强、心理素质再过硬也只能是“巧妇难为无米之炊”。没有基础知识，学习就成了无源之水、无本之木。但基础知识的积累是为了在某一方面有更深入的研究，因此应在此基础上发展自己的特长。它是构成自身全面发展的一个部分，也是为以后规划职业生涯和走向社会做好准备的重要前提，特别是在就业形势越来越严峻的情况下，在高中时期就应该未雨绸缪，发展自己的特长，毕竟只有过硬的看家本领，才能立足于社会。

2. 怎样夯实基础，发展特长

(1)书本是高中学习期间积累基础知识的重要方式之一，因此吃透每个知识点是达到“水滴石穿”的基石。当积累达到一定程度之后，通过梳理就可以形成一套知识系统。

(2)“兴趣是最好的老师”，而特长的发展首先是由兴趣所决定，然后根据社会发展需要和个人发展需要而选择的。因此应注重调动和培养自身兴趣并顺着兴趣发展。

(3)选择特长之后，还需要有坚定的信念，这样才能为达成目标去努力奋斗。

三、总结全课，明确要求

说起来容易，做起来难。

通过今天这个班会，我们探讨了高中伊始我们应该学会：1. 要确立明确的奋斗目标；2. 要努力提升各种能力（如学习能力、独立生活能力、人际交往能力、创新能力等);3.要夯实基础,发展特长。我希望同学们在今后的学习生活中,扬起理想的风帆,驾驭好你的小船,向美好的生活进发!

四、布置作业

请同学们回去写一篇周记《高中生活应这样起航》,写下自己的思考。[1]

---

① 王华.高中生活如何起航[EB/OL].(2011-09-02)[2011-10-03]. http://blog.sina.com.cn/s/blog_7101acfe0100xt0z.html.

第十二章　开展班集体活动艺术

【引导案例】

我的三招两式

开学了，班主任按惯例给学生们排座位。我们班47人，这就意味着有一名学生要单独坐。安排谁合适呢？我的目光在他们身上搜索着。对，王楠学习认真，听话懂事，不管坐哪里都让人放心。

大约过了两个星期，一天课间王楠对我说："朱老师，我不想一个人坐。""为什么呢？"我惊讶地问。王楠低着头不说话，看得出他很难过，我拉着他的手说："班级必须有一个学生一个人坐，老师信任你才这样安排的。""老师我知道，可是我一个人难受，平时没有人跟我讨论问题，没人和我背书。"说着说着，王楠哭了起来。望着这个伤心的孩子，我的心被震撼了，本以为自己考虑周到，可孩子的感受却被我忽略了。我内疚地说："老师太粗心了，我们再想办法。"

如果给王楠安排同桌，这就意味着另一个孩子要单坐，怎么办呢？

第二天，我把王楠的桌子从最后一排调到第一排前面，并宣布："老师给这个位子命名为'班级功臣席'，谁表现突出，就有资格做到这儿，享受和老师一起读课文讨论问题的特殊待遇。同学们，这个位子现在谁最有资格坐？"全班同学异口同声地喊："王楠！"

在同学们羡慕的目光下，王楠带着微笑做到"班级功臣席"上。我又告诉大家："铁打的营盘流水的兵，'班级功臣席'的主人每星期换一次，只要努力，谁都可以坐。"

现在我班的都以坐上"班级功臣席"为荣，它不再是一个被遗弃的角落，而成为班级关注的焦点，成为孩子们努力的动力。①

一、班级工作计划和总结

马克思说："蜜蜂建筑蜂房的本领使人间的许多建筑师感到惭愧。但是，最蹩脚的建筑师从一开始就比最灵巧的蜜蜂高明的地方，是在用蜂蜡建蜂房以前，已经在自己的头脑中把他建成了。"②班主任要把班级教育管理工作做好，就要有计划性；并且要对计划的实施进行总结，总结自己的工作经验和教训。

（一）班级工作计划

班级的教育管理工作，内容庞杂，千头万绪，为了使班级工作有条不紊，井然有序地进行，必须加强工作的计划性，在班级工作具体实施之前，规范好工作的重点、实施的步骤、采取的手段等，以避免工作上的盲目性和顾此失彼的忙乱现象。"班主任的工作，需要有周密的计划，而这种计划的目的是一切为了塑造学生的灵魂。"③

所谓计划，是指对班级的工作进行设计、规定和安排，预先决定做什么，谁去做，何时去做，如何去做，做到何种程度。它是我们当前的现状和所要达到目标间的一座桥梁，是现实的开端。在实际生活中，我们总是通过计划来实现我们的目的。"我们常常是先在想象中做什么事，然后再在现实中做那些事；先在想象中经历什么事，再在现实生活中经历那些事；先在想象中设想我们需要些什么，计划些什么，再在现实生活中得到那些事物。"④可以这样说，今天是昨天的计划的实现，明天的现实，将是今天的计划的实现或成果。

1. 计划的作用

首先，计划是班级教育管理工作的起点和指导方针。计划为班主任及班级成员确定了工作目标和共同的奋斗方向，以及实现它们的途径、方法等。班级的一切工作都是以计划为指南的，甚至班级工作的总结以及对班级各项工作进行评价都要围绕事先制订的计划来进行。

其次，计划是对班级进行科学管理的手段，科学管理的实质要求就是合理有效地规划、安排班级的各项工作，以便求得较高的工作效率和质量。计划正是从班级的整体出发，全面、综合、优化地对班级的所有工作进行规范，使班级的工作

① 朱丽娜. 我的三招两式［J］. 教师博览，2010（9）：34.

② 马克思. 资本论（一卷上）［M］. 北京：人民出版社，1975：202.

③ 林崇德. 教育的智慧——写给中小学教师［M］. 北京：开明出版社，1999：197.

④ 迪克·卡尔森. 现代管理［M］. 北京：国际文化出版公司，1985：21.

达到科学化、合理化、有效化。

再次，计划为班级成员提供了行动的纲领。班级工作是全员性的工作，它涉及班级的每一个成员，因此，必须使班级成员了解自己所处团体的奋斗目标，让他们预先知道自己的责任和义务，清楚自己在具体活动中该怎么干，以避免工作的盲目和无效。

最后，计划为班级工作总结和对班级工作进行评价提供依据和标准。计划包含了班级工作的所有内容，对班级工作进行总结时，可以根据事先制订的计划，回头逐一进行检查，查验一下各项工作是否完成，完成到什么程度。借此，便可以对班级工作进行全面的评定。

2. 计划的种类

(1)学期计划。这是在学期开始时制订的，是全学期的纲。它是根据学校教育教学工作的要求和本班的实际情况而制订的。它往往体现着对学生德、智、体、美、劳等各方面的要求。学期计划包含的范围很广，如对班级基本情况的分析、学期的教育教学任务、各项工作的内容、时间的安排等。

(2)周(或月)计划。是根据学期计划和某一阶段的任务，在每周(或月)开始时制订的。周(或月)计划要制订出具体活动的内容、时间、措施，以便在具体实施时做到准确、有序。

(3)具体活动执行计划。是为开展某一项重大的教育教学活动而制订的具体计划。内容较为详尽，时间较为准确。它是学期计划和周(或月)计划的重要组成部分。

3. 计划的评定标准

(1)目的性。班级的工作计划必须具有明确的目的。在计划中，一切内容都要体现学校的教育目标和对学生的培养规格的要求，绝不能随心所欲，自定有悖于教育目标的内容。

(2)科学性。所谓科学性，是指计划的内容要实事求是，措施和方法要切实可行。制订计划，要从本校和本班的实际情况出发，根据具体条件确定各项工作的任务、指标、措施和方法，既不夸大，也不保守，把尽力而为和量力而行结合起来，保证计划有完成的可能性。同时，计划又要留有一定的余地，以便在遇到意外事件时，可以随时调整和补充。

(3)连续性。所谓连续性，是指计划要前后衔接，首尾相顾，内部联系要紧密。学期计划、周(或月)计划、具体活动计划，要构成一个统一而有序的整体，不能支离破碎，互无联系。

(4)可验性。所谓可验性，是指计划要能够做到定事、定人、定时、定质、定量,便于检验和评价。计划是否完成,是否达成了预期的目标,只有通过检验才能知道。假如制订的计划无法检验,那么,这种计划便不具有任何现实意义。

(5)超前性。制订班级各项工作计划时,要高瞻远瞩,放眼未来,既有现实性,又有前瞻性,以便促进班级工作向前发展,保证其有远大的前景。

4. 计划的具体内容

班主任在制订计划时,一般都要围绕以下八个方面来进行。

(1)为开展德育工作,制订方向性计划。教育内容主要是班级德育,也包括评定学生操行。教育方式,主要通过班级活动和个别细致工作来进行。教育特点,注意经常性、及时性、细致性和个别性。

(2)为开展学习目的教育,提高教学质量,制订核心计划。教育内容,包括学习动机、学习目的、学习能力、学习方法等。教育方式,主要根据学生成绩起伏,进行针对性的工作;结合学科教学,给予具体指导;利用课外活动,培养学习兴趣等。教育特点,注意个别性、互助性、交流性(组织交流学习经验,提高和改进学习方法)和兴趣性等。

(3)为开展健康教育,制定机制性计划。教育内容,包括身体健康、心理健康和社会适应性等。教育方式,主要制定合理的作息时间表。安排好劳逸结合;注意卫生,特别是青春期卫生,培养卫生习惯;亲自进行或协助有关教师抓好心理健康和社会适应性的教育;安全第一,防止少年期的“意外伤亡”。教育特点,注意制度化、习惯化、预防性和细致性。

(4)为开展社会教育,制订实践性计划。教育内容,包括生产劳动、军事训练、课外活动、校外活动和社会服务性工作。教育方式是要通过各种社会实践活动来进行。教育特点,注意实践性、兴趣性、坚持理论联系实际等。

(5)为指导组织活动,制订自治自理性计划。涉及内容,包括班委会、共青团和少先队工作。教育方式主要通过培训班干部,发挥班干部的作用;抓好组织,发挥组织的功能;培养良好集体,发挥上述集体力量。教育特点,注意组织性、独立性、群众性和有效性。空洞无味或不符合学生年龄特征的活动或不利于学生身心健康的活动,不宜开展。

(6)为联系家长工作,制订辅助性计划。涉及内容,包括家访、家长会、电话联系,请家长参加班级活动,协助学校办好家长学校等。教育方式,主要是有计划地与家长保持联系,共同教育学生。教育特点,注意尊重家长、互通情况、利用亲子关系、辅导家庭教育方法等。

(7)为联系社会工作,制订扩大教育空间性计划。联系内容,主要是宣传部门、文娱单位、生产劳动部门、部队和专政机关等。教育方式,取得社会对教育的支持，体现社会办教育、教育社会化的趋势。教育特点为广泛性、丰富性、严肃性和注意处理各种关系。

(8)为开展创造教育，制订提高性计划。涉及内容包括教学内容、教学方法等。关键在于班主任本身是否有创造性，并能否尊重学生的创造性。教育方式，“敢不敢让学生多提几个‘为什么’；敢不敢让学生有不同的看法和不同的做法；敢不敢让学生可以‘不听话’或否定自己的意见；敢不敢让学生提出‘我自己来’；敢不敢允许学生有自己的思路和方法，尤其是有‘新方法’，或‘新招术’；敢不敢让学生超过自己。”①教育特点注意允许“创新”，讲究实效。班主任应成为学生创新求实的支持者、关心者和引导者。

5. 制订工作计划的基本要求

(1)要以党的教育方针政策为指导，贯彻学校教育教学工作的总要求和规定，符合班级的具体实际情况，这样才能使计划既有针对性和现实性，又能体现出学校的总的工作要求。因此，在制订工作计划时，既要吃透上级和学校总的精神，又要深入了解和全面研究本班学生的情况。这是制订好工作计划的前提和保证。

(2)要全面具体，而又中心突出。制订计划时，要兼顾班级各方面的情况，不可偏废。但每个班级都有自己的具体情况，都存在着一些亟待解决的问题。因而，在保证计划全面性的同时，又要突出重点内容，要做到以教学为中心来安排全部工作计划，争取学生获得优良的学习成绩为重点，同时，也要加强思想政治教育。

(3)和团、队组织的工作紧密配合。在制订计划时，要考虑到和团、队组织工作的配合，广泛征求科任教师、团组织和班干部以及积极分子的意见，使计划更具完善性，以便能更好地调动各个方面的积极性，保证计划的顺利实施。

6. 计划的结构

班级工作计划的结构没有一成不变的固定模式。但一般来说，应包括以下一些主要部分。

(1)序言。它是指本班学生情况的基本分析和班级教育教学工作的基本任务。

(2)基本内容。包括：①学生的思想政治教育和道德品质教育；②加强同科任教师的联系；③组织和指导学生的课外、校外教育活动；④和团、队组织协同工

① 林崇德. 教育的智慧——写给中小学教师[M]. 北京：开明出版社，1999：200-201.

作;⑤家长工作。

总之,班级计划是班级工作的依据和出发点。班级作为学校教育的最基本的细胞,工作范围广泛,承担着对班级成员进行教育和教学的双重任务。因此,制订班级工作计划时,要做到全面、详尽而具体,要保证计划的可行性。

(二)班级工作总结

为了积累教育工作经验,提高教育教学工作的水平,班主任除了必须加强工作的计划性外,还应及时认真地做好工作总结,以便及时发现工作中的失误和成就,进而发扬成绩,克服不足,把班级工作推向一个更高阶段。"一位优秀的班主任工作总结,不仅有助于班主任工作,而且对于丰富和发展教育科学理论来说也是十分重要的。"①

1. 工作总结的种类

班级工作总结,一般可分为全面总结和专题总结两种。全面总结,应反映本学期全班学生在德、智、体、美、劳等各方面变化的基本情况及其原因,找出主要的经验和存在的问题,检查计划在各个方面的实施情况,获取班级工作的整体情况。专题总结,是就学生中发生了显著变化的某个方面,或就班级中已取得显著成绩的某项工作进行总结,也可以就其中某项工作的失误或存在的具体问题进行总结,以便纠正失误,落实计划。不论是全面总结,还是专题总结,其目的都是为了克服缺点,发扬优点,更好地搞好班级的下一步工作。在具体的工作过程中,班主任选择哪种方式进行总结,要视学校的要求和本班的具体情况而定。

2. 班级工作总结的基本要求

(1)要按照工作的实际成果进行总结。在完成工作任务、实施既定计划的过程中,要认真研究分析自己工作中的优缺点,实事求是,不夸大成绩,不掩盖或缩小失误。

(2)注意积累平时材料,真实记载教育教学活动的情况、效果、过程、体会,找出宝贵的经验教训,供今后工作借鉴。要在分析典型事例的基础上,探索带有规律性的东西,上升到教育理论的高度上来认识。以提高自己的教育管理工作水平,不断改进今后的工作。

(3)注意总结并推广优秀班主任的工作经验,以利于指导其他班主任的工作,丰富和发展教育科学的理论和实践,完善班级的教育管理体系。

(4)进行经常性的总结。偶尔进行的检查,或过于滞后的检查,带有片面性

---

① 林崇德. 教育的智慧——写给中小学教师[M]. 北京:开明出版社,1999:210.

和贻误性。不能使自己经常了解情况，不能及时研究和调查事情的过程和实际工作中发生的各种问题，因而也就不能预见和防止缺点、错误的产生，也不能及时、准确而有效地纠正失误。所以，班主任在日常就要注意记载和整理本班工作的具体情况，对工作中的经验和教训进行随时随地的总结。

(5)分析实质，寻找规律。工作总结，不能只是罗列现象，直叙过程，不能记流水账，平铺直叙，而应有事实、有分析、有结论，要透过现象，揭露本质。既要总结成功的经验和失败的教训，也要分析使活动成功或失败的原因，并从中找出规律，以便进一步提高下一阶段工作的质量。

(6)走群众路线。在进行班级工作总结时，不能搞“一言堂”，要发动班干部、科任教师和有关同学一起参加，共同研究，多方听取意见，不能仅凭班主任个人的意见而作终结性结论。要了解一下班级成员对班级工作的看法，以求总结的全面、准确。

3. 总结的作用

(1)激励、督促作用。通过总结，可以评判班级工作的优良程度，衡量工作的完成情况，从而确定优劣，激励先进，督促后进。

(2)目标调节作用。通过总结，可以了解前一段的工作是否完成了预定计划，完成的程度如何，目标的制订是否合理，有哪些地方需要改进。这样，在制订下一阶段的工作计划时，可以有的放矢，重新调整新目标，以使新工作计划更加合理，更加完善。

(3)经验交流作用。借助于总结，找出工作的一般规律，获得工作的经验和教训，通过和别人的交流，使经验得以推广，进而也可以看到别人的长处，吸收他人的优点，认识到自己的不足，有利于改正失误，取长补短。

二、学生座位的安排

班级授课，主要是在教室中进行的。学生在校的学习生活，大部分时间是在课桌椅上度过的，因此，座位的安排包含了很大的学问。从表面上看，安排座位是班级工作中的一件小事，但若排得好，对提高教育教学质量，发展学生个性，促进良好班集体的形成，都会起到潜移默化的影响作用。若排得不好，无意中便会影响班级某成员的学习成绩或身心健康，进而影响到班级的教育目标的达成。

(一)座位安排应考虑的因素

1. 生理因素

班级成员的身材高低不同，而身高与座位排列又有直接的联系。高个同学如坐前排，矮个同学坐后排，高个同学势必会挡住后排矮个同学的视线，影响矮个同学听课的效果和学习的积极性。另外,学生注视黑板或教师时,视力消耗比较大,长期固定使用某一座位,对学生的视力造成不良后果。普通教室的自然采光往往受窗户位置的制约较为明显,靠窗座位的光线一般优于另一侧,在阳光强烈的季节,强烈的光线会刺激这些座位上的学生的眼睛,久而久之,使学生的眼睛受到损害。而长期坐在光线较暗一侧的学生,因光线不足,其视力也可能会因此受到影响。再者,学生有的视觉能力强,有的视觉能力弱,若把较弱视力的学生排在后座,会影响其对黑板内容的注视,造成视觉的负担和注意力的分散,进而降低听课效果。

2. 心理因素

中小学学生兴趣广泛,心理需求丰富多彩,其中,重要的一种需要就是人际交往的需要。学生座位在空间距离上的远与近,会影响学生相互间的接触、交流、沟通的机会,对学生的人际交往,对学生的气质、性格、智力等都可能产生或多或少的影响。

人的气质分为胆汁质、多血质、黏液质和抑郁质,四种气质类型各具不同的特色。四种气质类型的学生在空间上错开搭配,对学生形成较完善的心理品质会有很大益处。

人的性格分内向、外向两种。内向者感情深沉细腻,待人接物谨小慎微,自我控制力强,较为安稳。外向者开朗大方,不拘小节,较为活跃,果断而轻率。两者结合就座,使他们之间的空间距离缩短,增加接触和交往机会,能互为影响,互相学习。

人的大脑左半球以抽象思维为主,右半球以形象思维为主。据研究表明,长期就座在教室左侧者,在那些特点需要语言表达与分析能力的课程中,学习成绩往往较为出色;反之,长期在教室右侧就座者,则在需要形象化、综合化或整体化能力的课程中,成绩较好。若能对学生座位左右定期调换,对促进学生智力的全面发展无疑会有帮助的。[①]

3. 教学的信息沟通因素

就师生之间信息交流与沟通的机会和效率而言,每一座位的学生所受到的教师行为的影响是不一样的。换言之,每一座位的学生所接受的教育机会是不均等的。一般来说,离教室中间行列愈远,学生与教师之间在课堂上的信息沟通和相互互动机会就愈少;总之,坐在前排座位上的学生,教师接触和照顾的机会

---

① 白凯,白燕. 教育生态学[M]. 沈阳:辽宁教育出版社,1992:282-284.

就多。

4. 地域因素

地域相同或相近的学生,如同一个街区、同一住宅楼或同一乡村的学生,若坐在一起或聚集在同一组,易产生狭隘的乡土观念,产生不宜控制的非正式群体,甚至形成帮派。

5. 个人爱好及性别因素

安排学生座位时,应考虑不同学生的特长和个人爱好,避免将具有同一爱好或特长的学生编在同一个组,否则将不利于班级课外活动的开展。另外,学生的性别也是安排座位时应考虑的因素之一。

(二)学生座位安排的对策

既然学生座位的安排受上述各种因素的影响,班主任在安排学生座位时就要力求遵循以下策略。

1. 优生与差生相搭配,以利于以优带劣。班干部或积极分子与落后生搭配坐,以利于帮助和促进落后生的进步。体育爱好者、文艺爱好者等有特长的同学要按组均匀分配,以利于将来组与组之间的各类比赛。

2. 定期轮换组与组之间的座位。每隔一两个星期或一个月,都要整组地从左至右或从右至左进行一次平移式的调整,以促进学生智力身体的健康发展。

3. 高个同学坐后排,矮个同学坐前排;视力好的同学坐后排,视力弱的同学坐前排。

4. 不同性别的学生搭配坐。这样,可以利用学生都有在异性面前表现自己的特点,来帮助他们克服自己的缺点,吸取对方的长处,也有利于促进两性的正常交往。

5. 在了解学生性格和气质类型的基础上,将不同性格或气质类型的学生安排在同一桌。可以使不同性格或气质类型的学生取长补短,相互促进。同一地域的学生应力争分散在班级的各个部位,避免集中。

6. 应避免根据自己对学生的好恶态度来编排座位。决不能将自己喜欢的学生或学习好的学生排在前座,而将不喜欢的学生或学习差的学生安排在后座或教室的角落,以免影响学生的学习质量和个性的发展。

总之,安排学生座位时,应考虑多种因素,根据班级和学生个人的具体情况,本着有利于学生的学习和个性的发展,有利于班集体的建设的目的,进行合理而有效的安排。

拓展阅读 12-1　开学，你排座位了吗？

开学了，对于所有班主任来说，第一件事情，便是看似“无关紧要”的排座位。随着家长对学生的学习越来越重视，座位也成了家长们关心的问题。在家长看来，班里的位置有好坏之分，孩子坐的位置会影响成绩、学习习惯的养成，等等。因此开学之际，便有家长向教师要求，给孩子调换座位，这让接到“订座”电话的教师左右为难。甚至有媒体报道，个别家长已经早早为孩子准备好了“买座费”。

排座位，这个看似班主任工作中的小问题，实则关系到一个班级的稳定和良好班风的形成，也关系着学生身心健康的发展。仅仅按照过去的依高矮、成绩和男女搭配，就能实现良性循环吗？现在看来，这些方法显然已经过时了，那么如何较好地解决这个问题呢？开学初，网友之家俱乐部发起夜话活动，邀请网友畅谈“座位”话题。

“座位”问题，你遭遇了吗？

乡下人：农村小学，最头疼的就是一年级新生的座位问题。报名之后，教室外面会趴着一圈家长，等着给孩子排座位。能找的借口都找到了——近视、听力差、个头小，甚至连调皮都能作为要求坐前排的理由。

小眯眼：前几天，我一位考取省重点高中的学生打电话给我，说想换学校，我问他换到哪里，他说愿意到市重点一中借读，原因是座位在最后面。

xtmxzzx：前两年，我一位同事的儿子在市某重点小学上学，成绩不错，但因班级人数逾90，座位一向靠后，同事急，于是提两只土公鸡找班主任请求，班主任诺。第二周，将其孩子座位调至第三排中间，只坐了一周位子又移动了，同事无奈，复提二鸡再去，又坐好位子，过一段时间之后，又被换成差位子。一段时间之后，同事感觉提鸡不及，把儿子转到其他学校了！

追根溯源，是教师功利还是家长盲目？

刘义富：给学生排座位原本是很简单的，之所以成为大家关注的问题，导致家长揪心，班主任为难，很大程度上归咎于社会弥漫的急功近利的思想！

乡下人：现在社会，家长最怕的是孩子的落后，因而无所不用其极，争取最好资源。当然有时候，家庭状况等也影响孩子的座位，形成另类的“拼爹”。

小眯眼：座位是小事，伤了学生自尊，影响了学生情绪，让教育染上了铜臭味，让教师丢掉了师德是大事。首先是考试惹的祸，然后是分数、位置，又掺杂了人情关系，教师睁一只眼闭一只眼，没有背景、成绩落后的学生就永远只能坐后面和两边。成绩导致了两极分化,座位又分化一次,伤了几次心,学生还有自尊吗?所以要消除座位和分数挂钩,座位和人情后门关系挂钩的现象。

龚清平:目前中小学城乡教育质量的差别日益凸显,同时,现实生活中的巨大压力,对生活质量的过度追求,导致人们教育观念的悄然转变,对优质教育的渴望一年胜似一年。

frankguan:其实,“座位费”的事情也许有,但不过是偶尔的一两个案例,却成为众矢之的,并被大家无限地扩大,就成了一个社会问题。我认为,对待一个问题,应该考虑其普遍性,而非个体性,应该正确客观地评价。

徐永晨:家长“买座”,说明了座位的安排存在问题,有问题就会有家长钻“空子”,班主任不去解决问题,不是缺少教育策略、观念陈旧,就是想“图利”。

坤子:今天讨论的问题从表面上看是座位问题,深层里暴露出很多教育问题,更折射出一个学校的校风、一个班级的班风问题。

不为“座”发愁,网友言妙招

在追梦:我通常采取平等竞争的方法,把成绩相当的同学放在一起,为同桌之间开展平等竞赛创造了条件,并在此基础上引导他们开展竞争。

zhg821023:我认为在新课堂的前提下,可以分成6个大组,每组10人左右,让学生按照优秀生对中等生,中等生对待提高生,实行分组。具体方式是按照男女生的比例,各分成ABC三层,按照互助原则,A——B——C为一组,A为带动、B为努力、C为待提高,大家互相影响,形成一个良好的学习氛围,这样能力和成绩会有很大的提升。

天心月圆:到目前为止,我采用协商制对座位进行局部微调,学生都很认同。在此想法成功的基础上,我有个构思:第一步,教室里的每一个座位都有机会被每个学生坐过,体现平等原则。第二步,根据学生投票选出最佳座位。第三步,教师组织学生讨论,拿出座位分配的最佳方案并集体宣誓共同执行。第四步,教师必须在学生遇到问题无法解决时进行指导,在学生之间产生利益冲突时再协调。

熊振鸿:我的做法是改变传统的“插秧式”分座位的方法,取而代之的是小组合作的“圆桌式”的新课堂新座位方式。还采用过4人一组按“S”形调换座位的方法,效果也不错。

梁恕俭:我曾采用过的排座位的方法是:以中央辐射周边的方法,即中央左侧是班委成员,前后位次由班长协调;中央右侧是小组考核第一名的位置,小组的前后位次由组长决定。小组考核最后两名的排在两边。考核根据制度由班委检查打分。班委成员则要接受全班同学的定期投票,还实施末位淘汰,由第一名组长替补。两周兑现一次考核,同时调位。实施效果不错。

顺其自然:我借鉴近两年来教育战线人事改革的方法在班级进行了聘任编位的尝试,即在原定的几个小组的基础上(把全班学生分成几个小组,每组男女生搭配、优秀生与学困生搭配),班干部任大组长,大组长聘选两名小组长(负责收语数作业和辅导学困生),大小组长一起聘选成员。聘任编位分两轮:第一轮,组内聘任,落选者参加第二轮的双向选择,实在没有聘上的,老师出面给组长做工作,落选人向组长保证不给本组拖后腿而安排到某组。

禹治科:我在排座位方面采取的策略是给座位命名,比如说"自律桌""进步桌""自觉桌""优秀桌""爱心桌"……命名的方式要根据学生的学习状况、一段时期的教育目的来定,可以是教师命名,也可以是组织学生有创意地命名。

活力吊兰:我的总原则是不变的:①公开、公正、透明;②关注每一个学生,营造积极向上、和谐团结的班级氛围;③只在乎学生的要求,不支持家长的干预。

吴要金:其一,自由与自治相结合。排座位前,可以先召开学生座谈会,倾听学生的看法,了解学生的第一需求。然后,教师表明自己的观点:既自由又要控制,既独立又要合作。接下来,让学生依据学科和个性特点来自由组合,对于那些扎堆在同一组的学生请他们理性地分析原因及存在的问题,再请其他学生谈谈对此事的看法,以此来裁定。对于被孤立的学生,教师要寻找其身上的优点,并建议部分学生与他们相伴。一旦排好座位,就不要随意更改。最后,再让每个学生信守承诺,激励学生自治。其二,分散与整合相结合。可以把学生按照高矮来区分,然后把高个同学置于教室两边,矮个同学置于中间就座。每竖排学生每周一次依次朝后位调整,最后一名学生调至最前排。坐于中间的矮个学生与两边的高个学生每月调换一次。当然,对于个头特别矮或特别高的、眼睛特别近视的学生,则要区别对待,尽量顾及。

鱼儿跳跳:作为教师,在新学期排座位时确实要动一番脑筋。不但要考虑到孩子的个头高矮、视力情况,还要考虑每个人的性格特点、学习自觉性,等等。除特殊情况的孩子,一般一周到两周进行一次整体座位调换,既保证孩子们的视力不受影响,又能使他们有新鲜感。作为教师,要处处为孩子着想,想到孩子的所需所求。若是把孩子的座位也贴上了金钱的标签,那就玷污了人民教师的称号。

倾听花开:在当班主任期间,每每开学初,我一般都是放手排座次,大致程序是:由学生推荐或自荐小组长,力求将最有号召力和影响力的学生选择出来;由小组长依次选择自己的组员;小组长就职宣言;由小组长排本组成员座次。通过实践,我发现,小组长很有头脑,在排座次的时候能考虑到同学之间的很多因素,如性别、性格、学习行为习惯,等等。更重要的一点是,学生似乎更愿意接受这种

方式，而且老师可以在中间充当适合的角色，协助组长调控。（以上发言人均为网名）①

三、课外活动的组织

课外活动是指学校在课堂教学之外，有目的、有计划、有组织地对学生实施的各种有意义的活动。这种活动如果是在校外进行的，则称校外活动。

课外活动是整个教育体系中的一个重要组成部分，是实现教育目的的重要途径之一，在促进学生德、智、体、美全面发展，合理安排学生的课余生活等方面具有重要的作用。因为学生每天除了上课之外，还有大量的课外的时间由学生自由支配。中小学学生正处在长身体、长知识的阶段，他们精力旺盛，活泼好动，兴趣广泛，富有好奇心。如果不能很好地组织安排好这部分课外时间，不用有意义的活动去充实他们的课余生活，他们就可能受到不良思想的影响而去从事有害的活动。所以，积极地有计划地组织好学生的课余生活，开展丰富多彩的有意义的课外活动，可以抵制各种不良思想的侵袭，使学生的身心得到全面而健康的发展。

课外活动不是课堂教学的延续，它有自身的特点。但是，课外活动与课堂教学目的又具有一致性，二者之间存在着一定的联系。借助于课外活动，可使课堂教学的有关内容得到充实和完善，加深对某些教学内容的理解和掌握；同时，教师在进行课堂教学时，也可以充分利用学生在课外活动中获得的某些具有认识意义的材料或制作的教具等来提高课堂教学的效果。

（一）课外活动的特点

1. 学生参加课外活动是自愿的

学生可以根据自己的兴趣、爱好和特长，根据自由选择的原则，自觉自愿地参加某一项或几项课外活动，学校和教师可以对学生的活动进行指导，但不能做强制性的规定。由于学生是出于自愿，所以，在活动中，学生的主动性和积极性会很高，这些活动适应了他们的兴趣和爱好，满足了他们的某些需要。借助于课外活动，他们可以自己教育自己，有利于学生自觉地接受教育，养成良好的纪律习惯和高尚的道德品质。

2. 课外活动的内容不受课程计划和课程标准的限制

课外活动的内容是依参加者的愿望和要求，以及学校、班级的具体条件决定

① 周广玲，陈娥，牛福萍. 开学，你排座位了吗？[N]. 中国教师报，2011-9-7（16）.

的。活动的广度、深度和次数有较大的伸缩性，内容可多可少，可深可浅，可以因地因校因学生的愿望及指导力量而定活动内容，教育行政部门、学校或教师可以编制一些活动纲要或指导性的资料，以备活动的组织者在制订活动计划时参考，但不要求像课程标准那样严格执行。

3. 课外活动是由学生独立自主地进行的，教师仅做指导

进行课外活动，应鼓励学生自己动脑，自己计划，自己组织，自己检查和总结，充分发挥学生的主动性和积极性，突出学生的独立活动。教师、辅导员在具体活动中，一般处于指导和辅导的地位，帮助组织好课外活动，做学生的参谋。

4. 课外活动的形式多种多样，具有灵活性

学生开展的课外活动，无论是活动规模的大小，还是活动时间的长短，都可以根据学生 年龄特征、工作能力、实际需要、学生愿望以及指导力量和设备条件等具体情况而灵活确定。

5. 课外活动的成绩考核与上课不同，独具特色

课外活动的成绩考核一般不采取考试评分的方法，它往往采用展览会、汇报会、经验交流会、读书报告会、演出会、运动会、墙报、黑板报、不定期的小报刊等方式进行。形式多样，灵活性强。这种考核方式不会给学生产生心理上的压力，而且还会增强学生的责任心和集体荣誉感，培养学生团结友爱的精神。

（二）课外活动的意义

1. 扩大视野，增长知识，发展智力

课外活动不受课程标准、教科书的限制，学生可以根据自己的兴趣、爱好、特长和设备条件自行决定活动的内容，广泛涉猎课外读物，借助于参观、访问、座谈、表演、调查等多种形式，广泛接触社会和自然界的各种事物，大量吸收多方面的信息，进而可以开阔视野，拓宽知识面，获取在课堂上无法得到的一些知识，发展智力。同时，在课外活动中，有时需要解决一些实际问题，这样，一方面使在课本上获得的有关知识得到应用，另一方面也可以学到一些新知识，培养各方面的能力。

2. 发挥学生的主动性、创造性，锻炼学生的实际工作能力

课堂教学以传授间接经验和理论知识为主，学生进行实际操作的机会较少，学生的主动性和创造性受到一定程度的限制。课外活动正好可以弥补课堂教学的这种缺陷。在课外活动中，学生多数以亲身实践为主，以自觉、自治、自理为主，学生独立自主地去获取知识、解决问题，根据自己的兴趣、爱好组织各种活动，这样可以充分发挥学生的主动性、积极性，体现学生的创造性，使学生的独立工作能力、组织能力和创造能力得到一定程度的发展。同时，也可以借助课外活

动,发展学生的各种特长,有利于培养、发现和选拔各种专门人才。

3. 适应学生的多种需要,丰富学生的精神生活,增进学生的身心健康

学生的需要丰富多彩。他们不仅有求知的需要,还有社交的需要、友谊的需要、独立自主活动的需要、从事创造活动的需要、对美的欣赏和追求的需要,以及娱乐的需要等。这些需要仅仅靠课堂教学是无法全部得到满足的,只有借助于多姿多彩的各种课外活动,才能满足学生多方面的需求,从而使学生感到生活充实、精神愉快,更加热爱生活,珍惜生活,充满青春活力,具备健康的心理品质。

4. 陶冶学生情操,培养高尚的道德品质

学生情操的陶冶、高尚道德品质的形成,是多方面因素影响的结果。除了课堂教学和班主任工作以外,课外活动是最重要的途径之一。中小学学生精力充沛,兴趣广泛,喜爱从事多方面的活动,他们易受来自各方面的感染。在具体活动中,他们所受到的影响和教育,远远超过于课堂。在课外进行的灵活多样的、生动的、形象化的教育,往往会在他们的心灵上留下深刻的印象,产生良好的教育效果。借助于课外活动对学生进行思想品德教育,形象鲜明,生动有趣,符合中小学学生的身心发展特点。寓教育于活动中,既有潜移默化的陶冶作用,又能有效地磨炼学生的意志,培养他们良好的行为习惯,帮助他们做到言行一致,知行统一。

5. 增强学校和社会生活的联系

课外活动内容广泛,形式多样,有些活动和社会实际接触比较密切。通过活动,学生可以更好地了解社会,观察生活,社会也可以更好地了解学校,这样,使学校和工厂、农村、社会团体的联系加强了。通过和社会各界人士,如科学家、艺术家、政治家、英雄模范人物等的交往,可以使学校更好地反映社会生活的要求,为改进社会生活服务。同时,也可以吸引社会力量来支持办学、指导办学,增强学校的实力和教育力量,扩大影响。

(三)课外活动的内容

课外活动的内容丰富多样,主要内容有以下几个方面。

1. 政治思想教育

结合国内外大事、节日和纪念日等组织学生开展各种活动,使学生了解我党我军的光荣革命历史,了解祖国建设的成就,从而关心政治,热爱祖国,使学生受到时事政策教育和思想品德教育。

2. 科学技术活动

通过各种科学小组活动和科技讲座、展览、竞赛、参观访问等活动,培养学生对科学技术的兴趣和爱好,加深学生对课内外所学科技知识的理解,扩大视野,

尽可能使学生了解一些课本上所没有而又为学生所能接受的科学技术的最新成果，满足学生旺盛的求知欲望和多方面的兴趣爱好，鼓励学生多动脑、多动手，培养他们的创造能力。

3. 文化艺术活动

文化艺术活动的内容包括文学欣赏、电影电视评论、文学创作、音乐、舞蹈、绘画、戏剧、书法、花卉等。通过课外的文艺活动，一方面丰富学生的精神生活，寓教育于文艺活动之中，寓教育于娱乐之中，培养学生的审美情趣，提高学生的文艺欣赏水平，发展学生的文艺才能；另一方面，可发现文艺方面的专门人才，注意早期培养，更好地为国家输送文艺新生力量。

4. 体育活动

体育活动的内容主要包括各种球类、棋类、游泳、田径、登山、游戏、体操、滑冰、滑雪、武术等。主要目的是发展学生的体力、增强他们的体质，训练他们的运动技能，满足他们对体育活动的兴趣和爱好，培养他们的勇敢、坚强、机智、耐劳、勇于进取、团结合作的精神，磨炼他们的意志，并及早发现和培养体育专门人才。

5. 劳动工艺活动

除结合劳动技术课搞一些生活劳动和服务性的劳动外，还应让学生根据自己的兴趣、爱好和专长，搞一些工艺美术活动，制作一些有教育意义和美学意义的工艺品，掌握一部分工艺品的制作技术，学会美化生活环境的本领，培养学生心灵手巧、勤劳细致的品质。劳动工艺活动的具体内容主要有：雕刻、刺绣、编织、剪纸、泥塑、贝雕等。

（四）课外活动的形式

课外活动的形式是多种多样的，概括起来主要有三类：群众性活动、小组活动、个别活动。

1. 群众性活动

群众性活动通常是由学校行政部门和校外教育机关来领导和组织的。这种活动的特点是能同时使大批学生都来参加，他们或是作为观众或听众，或是作为集体劳动、团体演出、竞赛、游戏和娱乐活动的参加者。群众性活动有全校性的，也有全班性的。学校开展的群众性科技报告会、文学讲座、文艺联欢、科技竞赛、体育竞赛、夏令营等都属于群众性的活动，这种活动参加的人数多、声势大，受教育面广，并能激起热情，给学生留下深刻的印象。开展这类活动要有明确的目的、周密的计划和细致的组织准备工作，才能有较好的效果。

2. 小组活动

小组活动是课外活动的基本组织形式。它是根据学生对某项活动的兴趣、爱好和要求,由一定人数参加,按照小组制订的计划,在规定的期限内完成所选择的活动的一种组合方式。如学科兴趣小组、科技小组、艺术小组、体育小组、公益小组等。小组成员不宜太多,可以跨年级、跨校,但小组成员一定要有共同的兴趣爱好。辅导员可请教师、家长或校外有某方面专长的人担任。小组活动的特点是小型分散、灵活机动,能照顾到学生不同的兴趣爱好,有利于发展学生的个性和才能。

3. 个人活动

个人活动是学生根据个人的兴趣爱好和特长,在教师或辅导员的指导下,在课外进行的独立活动的形式。如阅读课外书籍、报纸、杂志,进行某些观察和记日记、采集各种实物、制作各种模型和标本、进行科学小实验、练习书法、演唱、创作、进行体育锻炼等等,它的特点是能最大限度地照顾学生的兴趣和爱好,满足学生的某种需要,能够充分发挥学生的积极性、主动性和创造性,使有特殊才能的学生得到充分的发展,有利于培养学生独立工作的能力。

(五)课外活动的基本要求

1. 要有明确的目的,详尽的计划

课外活动的开展要有利于学生思想品德、智力和体质等方面的全面发展,有利于培养社会主义所需人才的教育目标的实现。所以,每一项活动都应有明确的目的。学生虽是自愿参加,但自愿并不等于自流。同时,还要根据目的制订切实可行的活动计划,计划应在教师或辅导员的指导下,由参加活动的成员自行讨论制订。计划应包括活动要达到的目标、内容、人员、时间、地点和物质条件等。

2. 要照顾学生的兴趣和爱好,适合学生的年龄特征

活动的内容和形式要为学生所能理解、所能胜任,内容要丰富多彩,具有科学性、知识性、趣味性、新颖性,形式要灵活多样,富有吸引力。同一性质的活动在高年级和低年级的要求应有所不同,在同一年级,还要考虑学生的个别特点,绝不能强求一律,对有特殊才能的学生要予以照顾,可由有专长的教师进行指导,或选送到校外教育机关去培养。

组织学生参加各种课外活动,要尊重学生的个人意愿。一方面不要硬性规定学生参加某项活动;另一方面,学生要求参加的活动,要尽可能允许他们参加。应根据他们的兴趣爱好,因势利导,促使他们健康成长。

3. 抓好课外活动的组织落实

进行课外活动,要由班主任、科任教师、班干部、学生代表,甚至家长代表组成领导机构,对活动进行必要的组织和指导,有时还需要取得学校领导的支持。对学生自发成立的兴趣小组,班主任一般都应亲自过问,给予指导和帮助。在以

学生为主体的前提下，帮助他们制订计划，筹措经费，安排时间，落实组织，决不能放任自流，撒手不管。

4. 要因地制宜

开展课外活动，要从实际出发，因时、因地、因校制宜，要根据学校实际、学生水平和社会需要来制订计划，切不可好高骛远，贪大求全，搞不切实际的形式主义。各地各校的差异较大，要考虑本校的承受能力，依据当地的实际状况，机动灵活地组织课外活动，决不能搞攀比，赶时髦。

5. 注意信息反馈

每次活动结束之后，都要及时进行总结评议，发扬成绩，克服缺点，对在活动中出现的问题做及时处理。要根据反馈上来的信息，适时调整活动的计划，充实或更新活动内容。同时，要善于推广先进的经验，帮助学生分析活动不完善或失败的原因，以便保证下一次活动的顺利开展。

6. 合理安排活动时间

课外活动的时间，可占用学校课程计划中的部分自习时间、课外活动时间及机动安排时间。如果条件允许，每周一般应有两节科技活动课，两节文体活动课，一节课思想教育课，一节课卫生教育课。这些时间可分散使用，也可以集中使用，并应设法与课堂教学活动的结合起来，以便使课外活动和课堂教学活动相互促进，相互补充。

四、团队工作的组织

学校共青团、少先队是在学校党组织领导下的中小学学生的群众性组织，他们是学校党组织和行政组织对学生进行教育的有力助手。由于团、队组织的干部都是本班学生，他们年纪尚小，知识少，社会阅历肤浅，身心各方面都还很不成熟，需要成年人的指导和帮助，因此，班主任就和共青团支部、少先队组织发生着直接的联系。指导和帮助共青团和少先队开展工作，自然也就成了班主任工作的一项重要内容。

共青团、少先队工作是学校教育工作不可缺少的组成部分。共青团、少先队的性质任务决定了它是班集体的核心力量，是班级中各项活动的积极支持者和参加者。要建立一个坚强的班集体，树立良好的班风，组织同学搞好学习，就必须充分发挥好班上团、队组织的作用。班主任在工作中应充分依靠班里的团、队组织，根据团、队组织的特点，积极支持和引导团、队开展好各方面的工作，当好团、队组织的参谋。

(一)帮助团队开展工作

1. 帮助团队组织制订和实现工作计划

班主任在制订班级工作计划时,要考虑到团队组织的活动,将团、队组织的活动作为班级工作内容的一部分。同时,也要帮助团队组织制订好工作计划,协调团队的活动与班级的工作,使班级工作与团队活动步调一致,还要帮助和指导团队组织寻找实现计划的方法和途径,和团队干部一起研究、协商、选择和安排团队活动的程序和步骤,帮助他们解决活动中遇到的各种困难,更好地实现预定的计划。

2. 指导团队干部加强自身建设

毛泽东同志曾经指出:"领导者的责任,归结起来,主要的是出主意、用干部两件事。一切计划、决议、命令、指标等等,都是属于'出主意'一类。使一切主意见之实行,必须团结干部,推动他们去做,属于'用干部'一类。"①团队干部是团队组织的带头人,是团队各项活动的直接组织者和领导者。团队干部自身素质的水平如何,将影响到团队组织作用发挥的程度。因此,班主任要帮助团队干部提高思想认识,培养和锻炼他们的工作能力。尤其是队干部和低年级的团干部,更应对他们进行具体的指导和帮助。在研究班级工作时,要征求他们的意见,充分考虑和吸收他们的建议,对他们的工作成绩要及时给予表扬或鼓励,对工作中的失误,要进行适当的批评,并帮助他们纠正失误,要耐心、认真地培养他们独立完成工作任务的能力,以便更好地发挥他们的模范带头作用。

3. 协助团队组织搞好人际关系

班集体的人际关系影响到班级工作的质量,作为一个好的班集体,应有和谐、融洽的人际关系。从现实情况来看,团队组织和同学关系不融洽的原因主要有两方面:一是团队干部骄傲自满,看不起一般同学,不愿去帮助其他同学;二是同学看见某些团队干部存在着缺点错误,因此产生不服气心理,不愿和团队干部接近,从而使团队干部和同学之间产生隔阂,影响了班级成员的团结一致。所以班主任要重视团队干部和同学的关系问题,协助团队干部关心群众,帮助他们树立良好的威信;同时,也要说服、动员同学积极参加团队组织的活动,热情支持团队干部的工作。另外,作为班主任,还要积极为团队组织挑选和培养积极分子,做好组织的发展工作,关心团队组织的建设。

4. 指导团队组织过好生活

团队组织生活是团队活动的重要内容,也是团队组织对其成员及同学进行

① 毛泽东. 毛泽东选集,二卷[M]. 北京:人民出版社,1991:527.

教育的有效途径。班主任应为团队组织开展活动创设有利条件,提供各种方便,帮助团队组织开展好各种有意义的教育活动,不仅要号召同学积极热情地参加各项团队活动,而且,必要时,班主任也要亲自参加团队组织的重要活动,并给予具体的指导和帮助,以保证团队组织活动的顺利开展和进行。

5. 对团队组织的工作给予经常的检查

尽管班级团队组织直接受学校党、团组织的领导,不是受班主任的直接领导,但由于班主任是班集体的主要领导者,而团队组织又是班集体的重要组成部分,所以,在具体的实际工作中,班主任在团队组织的领导和建设中,仍会起着非常重要的作用。班主任除了要帮助和指导团队组织开展工作以外,还要切实抓好对班级团队工作的检查和监督工作,发现问题,及时解决。既要发挥团队组织在班集体中的模范作用,又要经常督促和指导团队组织开展工作,帮助他们克服工作上的失误,及时总结经验教训,推动团队工作迈上一个新的台阶。

(二)指导团队工作的原则

1. 活动原则

班主任要帮助团队组织开展多项活动,借助于活动来增强团队组织的吸引力,在活动中,使团队干部受到培养和锻炼,使群众受到教育。活动是团支部、队委会工作的基本内容,也是班主任的重要指导原则,团队活动主要是学习活动,其次是文体活动及其他一些辅助性的课外活动。团队组织通过开展丰富多彩的活动,可以帮助团员、队员确立共产主义的理想信念,掌握实际本领,增强团队组织内部及团队组织和群众的凝聚力,帮助班级搞好各项工作。

2. 创造性原则

为适应社会主义现代化建设的需要,培养国家需要的新型人才,在团队工作中,应开展以培养创造型人才为主要目标的活动。班主任应增大和指导学生用新思维、新方式去分析问题,解决问题,用创造性的思路来设计和组织各项活动,积极鼓励和支持学生大胆创新,勇于开拓,打破旧思想的束缚,充分发挥中小学学生敢想敢干的特长,培养他们创造性的才能,绝不能拘泥形式,故步自封。

3. 自我教育原则

中小学学生思想品德的形成和发展,是他们自我意识和外界力量相互作用的结晶。其中,自我意识起着很重要的作用。学生的自我教育、自我评价是学生进步的内在动力。班主任要加强对学生自我教育能力的培养和训练,通过指导团队成员阅读进步书籍、访问模范人物、专题讨论、参观、座谈等形式,来提高学生自我教育的能力,使团队成员逐步学会实事求是地分析和评价自己,培养坚强的自我意志,树立良好的道德风尚,成为一个身心健康的合格人才。

4. 协调原则

班主任对班级团队组织的工作，应起协调和指导作用，既不能大包大揽，搞包办代替，又不能撒手不管，放任自流。既要协调好团队组织内部的关系，又要协调好团队组织和其他群众组织及班级成员的关系。实行自我管理，自我建设，使班级的整个工作能在和谐统一的原则下得到全面的发展。

5. 因材施教原则

班级团队组织的成员，尽管大多都是班级的佼佼者，但由于种种原因，每个成员的学习、思想状况也会有很大的差异，因而，班主任在指导团队组织的工作时，要针对每个成员的具体情况，实行不同的教育方式，要因人制宜，区别对待。对起积极作用、表现好的团队干部或成员要及时表扬和鼓励，对有缺点的团队干部或成员要给予中肯的批评和热情的帮助，善意地指出他们的缺点错误，并想办法帮助他们改正错误。对不称职的团队干部要及时地进行撤换，以保证团队组织的纯洁性和模范性。

（三）团队工作组织的技巧

从小学升入初中的学生大多是少先队员。初一年级的学生，环境比较生疏，学习经验不足，因此，班主任应亲自参与对少先队中队的指导工作，帮助他们拟定中队工作计划，创设各种有利条件，帮助他们实现预定计划。同时，还要做好总结考查工作，帮助他们总结经验，及时发现问题，改正自己在工作中出现的失误。另外，班主任还应充分利用自己的条件，去影响、吸引有关的科任教师一同来参与少先队的工作，保证少先队工作的顺利进行。

到了初二年级，班主任应不失时机地帮助和引导少先队中的积极分子入团，充实共青团的力量，满足学生入团的愿望，当班上已有部分同学加入团组织后，可在班级建立团小组或团支部，并对团组织的工作给予热情的指导，对团组织的活动进行检查和监督，启发和引导学生开展批评和自我批评。

班主任在吸收学生入团时，应避免以下不正确的做法：一是整批入团。不考虑学生的情况和入团条件，盲目地、成批地吸收学生入团。这种做法势必会损害共青团的威信，降低入团学生的自豪感、荣誉感。二是只根据学习成绩来吸收学生入团，只吸收那些学习成绩好的学生入团，而将学习一般但在其他方面表现优秀的学生拒之于团的大门之外。这种片面看问题的思想，不利于对学生的全面培养和教育，会使学生产生“只要学习好，其他方面差也没关系”的错误想法，影响团组织的纯洁性。三是入团采取包办代替的办法。用班主任的职权和威信来包办学生的入团工作，只会对团组织的民主原则带来破坏性的作用，对以后入团的工作和班级工作带来不利影响。因此，学生入团应遵循自主自愿的原则，充分尊重学生本人的意愿,决不能搞包办代替。

学生到了初三以后,班级团组织的活动已基本走上正轨。团干部也已有了一定的组织管理能力。因此,班主任此时应放手让团干部自主地进行领导,尊重学生的独立性和创造性,遵守团组织的民主生活原则,充分考虑学生的兴趣和意愿,依靠团干部和积极分子来开展工作,班主任只起协调和指导作用,以便使团干部和积极分子得到充分锻炼。

五、班级墙报工作的布置

班级墙报是形成和发扬学生集体舆论,提高学习质量,反映班级成员的生活的极好阵地。借助于这块阵地,可以反映学生的学习、生活状态,可以使学生的书法、写作、编辑水平得到一定的提高。所以班主任必须重视班级的墙报工作,抓好对班级墙报工作的管理。

墙报是一面镜子,在这面镜子里,可以反映出某一班级甚至是全校的教育教学工作。所以,它必须注意登载一些有关学生在学习方面、纪律方面以及社会活动方面的表现,反映学生在各项活动中的成就和不足,也可以报道一些班内外、校内外发生的重大事件并加以适当的评论及学生对这些事件的反应态度。同时也可以登载学生的文学作品等。总之,墙报的题材内容较为广泛,不拘一格。可以是各门学科专题,也可以是理想、纪律、道德、法律、美育专题,还可以是幽默和讽刺栏、娱乐生活栏,可以刊登音乐、美术、妙语、格言等,也可以刊登表扬批评、建议、评论等。但不管什么内容,都要讲求科学性、教育性和趣味性的统一,要注意和学生的实际生活相贴近,注重内容的健康性。在形式上要讲求图文并茂,色彩艳丽,给人以美感,切忌内容单调,形式单一。

墙报总编辑可由团支部宣传委员或某少先队队委员担任,也可另选同学担任,可由一名同学负起全责,也可由几名同学组成编辑委员会共同负责。低年级的编辑委员会最好由一名教师参与,以增强其领导性。有的班级有时也将全班分成几组,每组指定专人负责,定期出版。这样做的好处是可以使更多的同学受到实际锻炼,提高全体学生的参与意识,增强学生对墙报工作的重视程度。

墙报的出版应有定期,或为周刊,或为双周刊,或为旬刊,但注意不要只出节日性墙报,或一学期只出一期墙报,这样容易失去墙报的意义,使墙报工作流于形式。墙报的设计应新颖、艺术,字迹应清晰明了,文章不宜太长,以短小精悍为宜。布局要合理,各类题材的安排要恰到好处。既不能单调呆板,又不能杂乱无章。

班主任既是班级一切工作的指导者,又是各项工作的监督者,所以班主任必须重视对班级墙报工作的管理，决不能撒手不管，放任自流。每期墙报，班主任都应力求亲自审查、过问，尤其是对批评性和表扬性的稿件，班主任更应认真检查，以防止产生不良影响。班主任要耐心细致地帮助学生做好墙报工作，指导墙报的具体过程。必要时，班主任或科任教师也可以写些指导性的文章刊于墙报，以保证墙报工作能按正确的方向进行。只有这样，才能使班级墙报越办越好，使其成为“班级的眼睛”，成为推动班集体前进的一种动力。

拓展阅读 12-2　**让班级墙报栏“活”起来**

“勇敢亮出我自己”、“帮助别人，快乐自己”、“好习惯，伴我走好人生路”……给学生一面会说话的教室墙壁，是北京市顺义区俸伯中心小学让学生自主建设班级文化的一项举措。近年来，该校在对学生进行文明行为习惯养成的教育中，发挥班级墙报的教育功能，充分发挥学生的自主性，让学生自己设计主题、版面样式和具体内容，使学生在与墙报的“零距离”接触中越来越懂事、越来越文明。

五年级(3)班根据班上同学之间经常出现矛盾、不能和谐相处的现象，共同设计了以“与人为善，和谐你我”为主题的墙报。“温情故事——盲人点灯”告诉学生帮助别人就是帮助自己；“懂事的邢阿荣”激励学生要多为别人着想；而“善良大使——我身边的榜样”活动则使学生在讲述自己或他人相互帮助、和谐相处的感人事迹时受到教育。

六年级(4)班“节约金点子”的墙报在栏目设计的过程中，发动学生利用新闻联播、报刊书籍、家长问询、网上搜索等形式，搜集节约能源的“点子”，然后将这些“点子”汇总，评选出方便实用的“金点子”，粘贴在教育专栏中，使节约能源教育贯穿在“点子”搜集、“金点子”评比和“金点子”专栏设计的展示中。

丰富多彩、生动活泼的墙报栏目内容，在班级文化教育活动中，激励了学生自尊、自信、乐观、向上的精神，学生获得了多方面的知识，培养了合作意识，锻炼了动手操作能力，丰富了内心情感体验，受到了深层次、多角度的教育。①

六、班级环境的优化

班级是学生进行学习活动的主要场所。如何对教室进行合理的布置，美化

① 赵正元. 让班级墙报栏“活”起来[N]. 中国教育报，2007-06-14(2).

教室环境,应是班主任加以考虑的工作内容之一。目前,我国很多学校,尤其是农村中小学校,迫于教育经费的短缺,对教室的布置都比较简单。有的学校和教师对于在简陋条件下美化教室,创设优美的教育环境缺乏必要的信心,甚至根本不予重视,并没有把它当作一项工作内容来抓。实际上,班级环境对学生的文化学习和思想品德的陶冶,都有一定的影响。如果班级布局合理,室内优雅清新,色彩和谐,会使人感到心情舒畅,无疑会激发学生的学习热情,增进学生对班集体的热爱,陶冶学生的情操,所以作为班级的管理者,要设计、布置好班级环境,尽可能在力所能及的条件下,为学生创造一个美观、典雅、舒畅的学习场所。

对班级环境的优化应注意以下几方面的问题。

(一)寓教育于布置之中

布置教室的目的,是力求给学生创造一个优美、舒适、激励的环境,使学生在日常的学习活动中受到潜移默化的教育。因此,要注意将教育因素融于教室的每一布置活动中。每一张标语,每一句格言、每一幅图画,都要与学校、班级的中心工作相结合,使其起到一定的教育作用。

(二)精心安排,布局合理,给人以美感

班级环境布置的基本要求是:热情朴实、美观大方,因此,应力求墙白地平,窗明几净,格调清新,搭配合理。对于班级所要悬挂的条幅、张贴的标语、图画以及专栏、图表等,都要精心选择,切忌杂乱无章,要注意其形式的美观性,力求使整个教室的环境布置既起到装饰作用,又以给人以美的享受。张贴物忽高忽低,大小不等,长短不一,疏密不当,都会破坏教室环境的整体美,给人造成一种失去平衡的不安定感。所以,标语、字画等张贴物,要善于利用空间,做到因地制宜,结构合理。

在色彩的搭配上也要注重醒目和谐、庄重简练、雅致清新,切忌把一间教室布置得色彩缤纷,花里胡哨,令人眼花缭乱,目不暇接。不仅不能给人以美的享受,反而会分散学生的注意力,不利于学生的学习。但也不能清一色,缺乏生气,给人以沉重感。教室的窗台也是可利用的地方,例如在窗台上可摆放几盆鲜花,不仅可美化环境,而且可净化空气。窗户上挂上淡雅的窗帘,以调节室内的光线、温度。

(三)注意学生的身心特点,趋利避害

对班级环境的布置、美化,要考虑到学生的年龄特点和心理因素。对低年级学生,在选择名言、警句或办学习专栏时,要使学生能看懂,能理解其含义并易于接受,色彩也可以稍微艳丽一些。对于高年级的学生,要以更高层次的启迪为主，以庄严、凝重、和谐为宜。为避免学生上课时分散注意力，一般来说，在学生视线的正前方，应以素雅的基调为主，不宜布置色彩鲜艳的装饰物，而且内容也最好集中在有关纪律的要求方面。所以，教室的前上方或黑板两侧一般应悬挂或张贴党的教育方针、校训、课堂常规、卫生条例等，教室两侧的墙壁一般应缀以格言、警句、诗词、图画等，教室后面的墙壁为板报或墙报，可设计一些色彩明畅的学习专栏、文化园地等，让人赏心悦目，精神振奋。

（四）发挥学生的主体作用

对班级环境的布置，班主任最好不要包办代替，应帮助和指导学生自己动手，充分发挥学生的主动性、创造性，让学生自己设计、自己布置。因为学生布置教室的过程，实际上也是美育过程的一部分，学生可通过自己的创造，提高审美能力，增强审美情趣。同时，也是培养学生自治能力的一种有效手段。

总之，班级作为学生学习、生活、交往的主要场所，其物质环境既有德育、智育的效用，也有美育作用。它像一面镜子，反射出班级的风貌；它是一块园地，对学生进行着“五讲、四美、三热爱”的教育。因此，充分利用已有的物质设施，改善和美化班级环境，应该引起班主任的高度重视。

参考文献

一、著作类

[1]张宝臣.班主任工作的理论与实践[M].北京:中国科学文化出版社,2003.
[2]张宝臣,张玉森.班级管理概论[M].哈尔滨:黑龙江少年儿童出版社,1993.
[3]张玉森,张宝臣,安风有.班主任工作艺术[M].哈尔滨:哈尔滨工业大学出版社,1994.
[4]赵治修,兰保民,何向阳.班主任工作与技能训练[M].北京:中国建材工业出版社,1997.
[5]张万祥,席咏梅.破解班主任难题[M].福州:福建教育出版社,2006.
[6]万玮.班主任兵法[M].上海:华东师范大学出版社,2004.
[7]张万祥.给年轻班主任的建议[M].上海:华东师范大学出版社,2006.
[8]高谦民,黄正平.小学班主任[M].南京:南京师范大学出版社,2005.
[9]朱永新.差生心理与教育探索[M].杭州:浙江大学出版社,1989.
[10]任顺元.批评学生的心理原理与实用技法[M].杭州:杭州大学出版社,1997.
[11]李学农,陈震.初中班主任[M].南京:南京师范大学出版社,1997.
[12]刘福国.班主任工作概论[M].重庆:重庆出版社,1991.
[13]白铭欣.班主任的科学与艺术[M].北京:华龄出版社,1996.
[14]王兰英,闵嘉国.班主任工作方法[M].北京:光明日报出版社,1989.
[15]周明星.班主任工作创新[M].北京:中国人事出版社,1999.
[16]李兆德.魏书生教育方法100例[M].沈阳:辽宁教育出版社出版.
[17]肖琪坤.教育改革家——魏书生[M].北京:北京教育出版社,1992.
[18]李洪元,陆士杰,龚维珍.后进生的心理特点与教育[M].北京:科学出版社,1987.
[19]周俊,周大虎.21世纪中小学主题班会设计实例集锦[M].杭州:杭州出版社,2000.
[20]林崇德.教育的智慧——写给中小学教师[M].北京:开明出版社,1999.

［21］刘吉，华琪. 对话的艺术［M］. 北京：解放军出版社，1989.
［22］班华，王正勇. 高中班主任［M］. 南京：南京师范大学出版社，2003.
［23］张延权. 21 世纪班主任工作案例［M］. 杭州：杭州出版社，2001.
［24］柯小扬. 小学班集体建设与活动［M］. 南京：南京师范大学出版社，1999.
［25］班华，陈家麟. 中学班主任实施素质教育指南［M］. 南京：南京师范大学出版社，1999.
［26］高谦民. 今天，我们怎样做班主任：小学卷［M］. 上海：华东师范大学出版社，2006.
［27］王宁. 今天，我们怎样做班主任：中学卷［M］. 上海：华东师范大学出版社，2006.
［28］齐学红. 今天，我们怎样做班主任：优秀班主任成长之路［M］. 上海：华东师范大学出版社，2006.

二、论文类

［29］李宏斌. 试论道德舆论的功能及本质［J］. 信阳师范学院学报（哲学社会科学版），1999. 19（4）.
［30］钱清华. 谈谈培养良好班集体的几点尝试［J］. 中等医学教育，1999. 增刊.
［31］丁琰. 思想道德建设与舆论导向［J］. 湘潭大学学报（哲学社会科学版），1998. 22（2）.
［32］岳战新. 班主任在素质教育中的作用［J］. 新课程 · 教师版，2005（11）.
［33］陈中友. 班主任的威信在班级管理中的作用［J］. 职业与教育，2008（1）.
［34］李书印. 班主任怎样树立自己的威信［J］. 中国教师，2007（S1）.
［35］王赛君. 班级人际关系剖析［J］. 新课程 · 教师版，2005（7）.
［36］葛宁一. 后进生形成的原因及其转化的对策［J］. 成都教育学院学报，2005（10）.
［37］冯桂辉. 后进生十大心理问题分析［J］. 心理世界，2006（3）.
［38］张宝臣. 谈后进生转化工作中的师爱［J］. 安徽教育，2003（7）.
［39］邹勇，张苗根. 优良班集体形成因素分析［J］. 成都航空职业技术学院学报，2002（1）.
［40］冯志蕊. 建立优良班集体的基本要素［J］. 云南教育，2001（17）.
［41］王巧梅，陈艳平. 班主任应该怎样热爱学生［J］. 山西教育，2000（13）.
［42］刘成旭. 了解学生是班主任工作的基石［J］. 青海教育，2000（12）.
［43］周永花. 班主任要重视班会的作用［J］. 科技信息，2007（15）.
［44］赵学坤. 积极发挥主题班会的作用［J］. 机械职业教育，2001（3）.

[45]李敏.班主任如何进行人际交往[J].科技信息,2007(13).
[46]徐冰.班主任表扬艺术研究[J].教育艺术,2008(3).
[47]穆灵敏.班主任运用表扬的艺术[J].河北教育(综合版),2007(6).
[48]杨晓晖.班主任表扬艺术浅谈[J].河南教育,2002(12).
[49]陈红.浅谈班主任批评教育学生的艺术[J].教书育人(高教论坛),2007(8).

后　记

当我把这本并不十分成熟，甚至也许还有许多缺陷的书呈现给读者的时候，昔日班主任及恩师的音容笑貌，对我的教导、关怀和鼓励一幕幕浮现在眼前，千言万语涌上心头。

我出生在黑龙江省依安县红星乡互助村。对曾度过天真无邪的少儿时代的“遥远的小乡村”，总是有一种眷恋之情，且随岁月的流逝，更加思念。因为那里不仅曾经有给予我生命的父母，养育我成人的双亲，现在还有我的兄长姐妹；而且还有传授给我知识，为我种下理想之树的老师。没有父母给予我良好的启蒙教育和家庭教育，没有恩师们的培养和教导，尤其是我的小学、中学、大学时代的班主任对我的关心、爱护、培养和教诲，我根本不可能成为大学教师。也正是他们“辛苦而不失其理想，艰苦而不忘其奋斗”的崇高敬业精神深深地感染了我，教育了我。虽然我没有机会在中小学担任班主任，但我希望我的学生都能成为优秀的班主任。为了报答班主任及恩师的培育之恩，为了千千万万的孩子都能像我一样遇到一生都无法忘怀的班主任老师，自北京师范大学教育系深造(1986.9—1988.7)工作伊始，就特别关注有关班主任工作的研究。在本书付梓之际，我还要对亲爱的读者讲一讲，曾经对我的学生、中小学校长培训班学员、幼儿园园长岗位班学员、新教师培训班学员、班主任培训班学员、中学一级教师继续教育学员等讲过无数次的，为我的成长付出辛勤汗水的许多班主任中的几个“故事”，权作我对班主任老师及恩师诚挚的谢意！

当时作为一个农民的儿子，我比较羡慕村学校的老师，他们既有“口粮田”，每个月又可以领到工资，我就想到村里的学校当老师。1980 年初中毕业，我报考了中师。那时每个公社(现在的乡)只有一个名额，初考时有 60 多人，录取了 4 个，我是其中之一，但在统考时我名落孙山。由于中师和重点高中不能兼报，我被录取到普通高中。寒假里，我到县城去买东西，巧遇在依安四中读初三时的班主任——万惠芬老师。当时万老师问我：“你考中师考上了吗?”我说：“没考上。”万老师说：“那你现在干什么呢?”我说：“我在××高中上学。”万老师说：“××高中的教学质量没有实验中学高，你回咱校的快班(专给优秀学生分的班级)补习半年，你一定能考上实验中学，考上实验中学，你一定能考上大学。”“一定”

二字体现了班主任老师对学生的期望,我是许许多多老师对学生“期望效应”的受益者。我说:“老师,咱学校的领导我一个也不认识,我家又是农村的,学校不能要我。”万老师说:“这件事老师给你办,正月初七开学,到时候你就来上学。”就这样重读了半年初三,考到了县城的重点高中——依安县实验中学。虽然万老师只当了我一个学期的班主任,但是没有她,我不可能考上县重点高中,也许就没有机会上大学。

小时候,由于家里穷,照相是比较“奢侈”的消费,已经读初中了,我还没有照过一张相。当我离开村里的初中转到依安四中读初三时,先后担任过我小学高年级、初一、初二班主任的李天翔老师、于守彬老师对我说:“宝臣,你要到县里读书了,老师真有些舍不得让你走,老师和你照张相,留个纪念吧。”当时我高兴极了!有生以来的第一张照片,是我的两位班主任老师请我照的。

在大学读书时,担任我们辅导员的牛殿庆老师不仅给予我自信和勇气,而且培养了我处理工作和学习的关系、妥善处理人际关系等能力,以及提高自己的工作能力和从师技能。没有他的谆谆教诲,我不可能在大学读书期间入党。而且,在我工作以后的多年生活中遇到困难,他总是给予我无私的帮助。

在此,我要致以深深谢意的还有几位恩师:张一恒老师,他是我的初中化学老师,家住在县城里,距我们村有8里多的路。他每天骑自行车到我们村的学校上班,是他把我从村初中介绍到依安四中读初三的;范仲臻老师是我上大学时的教育学老师,若没有他的鼎力推荐,我不可能在“大三”的时候被学校选送到北京师范大学教育系深造(1986.9—1988.7),也就不可能成为教育学老师,更不可能成为一名教育理论工作者。范老师老家在成都,支边到黑龙江,曾有几次调回成都的机会,由于学校的再三挽留,他都放弃了。他把自己的一生献给了边疆的教育事业,献给了黑土地。如今他已经永远离开了我们,我没有机会回报他的知遇之恩、培育之恩,只有像他一样关心热爱学生,以告慰他的在天之灵。

回首十几年的读书历程,当我徘徊在人生十字路口时,没有班主任老师及时指点迷津,我也许会走许多弯路,也许不能“成才”;没有恩师们辛勤的汗水,我不可能成为大学教师。我真诚地祝愿普天下的孩子都能在优秀班主任老师的关心、培养、教育下茁壮成长。

张宝臣

2012年1月5日